星河乡土文库⑥

太行抗日英烈碑

北京星河公益基金会
《星河乡土文库》编写组 编著

山西出版传媒集团
北岳文艺出版社
BEIYUE LITERATURE & ART PUBLISHING HOUSE
—太原—

图书在版编目（CIP）数据

太行抗日英烈碑 / 北京星河公益基金会《星河乡土文库》编写组编著 . — 太原：北岳文艺出版社，2021.5
ISBN 978-7-5378-6411-4

Ⅰ . ①太… Ⅱ . ①北… Ⅲ . ①抗日战争 – 革命烈士 – 生平事迹 – 山西 – 青年读物 Ⅳ . ① K820.825-49

中国版本图书馆 CIP 数据核字（2021）第 101925 号

太行抗日英烈碑

编 著 者：北京星河公益基金会
《星河乡土文库》编写组
责任编辑：庞咏平
红碑传拓：毛上虎
封面题字：郭齐文
装帧设计：北京华泰联合图文设计制作中心

出版发行：山西出版传媒集团 · 北岳文艺出版社
地址：山西省太原市并州南路 57 号　邮编：030012
电话：0351-5628696（发行部）　0351-5628688（总编室）传真：0351-5628680
经销商：新华书店
印刷装订：山西基因包装印刷科技股份有限公司

开本：787mm × 1092mm　1/16
字数：254 千字　印张：14.5　插页：4
版次：2021 年 5 月第 1 版　印次：2021 年 6 月太原第 1 次印刷
书号：ISBN 978-7-5378-6411-4
定价：38.00 元

发扬革命传统
争取更大光荣
毛泽东

北京星河公益基金会《星河乡土文库》编写组

名誉顾问：皇甫束玉
顾　　问：霍恩儒　林玉平　刘改鱼　王喜增　杨德贤
　　　　　李明珍　刘云飞　王占文　皇甫建伟　韩卫平

主　　编：刘廷儒
副 主 编：郝彦田
编 委 会：李　煜　郝玉强　王晋波　王文霞
编　　辑：弓宇杰

庆祝中国共产党成立100周年·乡土文化纪录片

《红碑》创作团队

总 策 划：刘英魁　王亦农　刘廷儒
顾　　问：杨蕴玉　王孝柏　尚荣生　沙　峰　孙广兴　郝雪庭　张晓明
　　　　　邢晓寿　王艾甫　张基祥　刘晋海　何君兰　冯耀武　姜　杉
党史顾问：郭秀翔　　技术指导：温建梅
导　　演：弓宇杰　　首席摄影：赵　飞　王小飞
摄　　影：陈晓宏　田　苗　赵　亮　马　超　牛俊毅　冯钰铭　乔平均
摄影助理：张思源　刘青松　朱　翔　　前期剪辑：陈晓宏
完成剪辑：蓝祥洲　庞雨欣　赵俊苗　铁钰婷　蔡兴豪　邱　琦　陈晓宏
采访支持：王艾甫　张基祥　何君兰　张雪平　巨晓华　石湘涛　李　岩　石壮志　曹彦明　李旭清
　　　　　张凤鱼　刘凤岐　李爱兰　田成挣　田庆元　邓善安　刘凤兰　白小马　巩卿玮　郑福仓
　　　　　白维良　张云庆　刘书香　霍忠儒　贾建明　刘小帮　常先锁　曹仲喜　刘忠汉　郝先江
　　　　　赵卫忠　李旭林　乔瑞宏　张国清　王建民　刘建华　刘建明　胡子燕　郭　倩　解玉珍
　　　　　李敦武　霍瑞平　刘改英　闫　雪　郝映鲜　李拉娣　左节恒　张旭青　禹右云　赵献春
撰　　稿：刘红庆　　音　　乐：施万春　　旁　　白：宋常云　王晓东
红碑传拓：毛上虎　　片　　名：郭齐文　　篇章题写：李　玮　　字　　幕：弓宇杰　高帆帆
特别鸣谢：中共晋中市委宣传部　中共左权县委宣传部　左权生态文化旅游示范区
　　　　　左权县教育科技局　左权县文化和旅游局　左权县文物局
　　　　　左权县麻田八路军总部纪念馆　左权县烈士陵园　左权将军殉难处
　　　　　湖南省醴陵市委组织部、宣传部　湖南省醴陵市左权镇　湖南省醴陵烈士陵园
　　　　　晋冀鲁豫烈士陵园（河北邯郸）　晋冀鲁豫抗日殉国烈士公墓旧址（河北涉县石门村）
　　　　　八路军太行纪念馆（山西武乡）　阳泉百团大战纪念馆　昔阳县烈士陵园
　　　　　和顺县烈士陵园　榆社县烈士陵园

制　　作：山西电视台　山西传媒学院　北京星河公益基金会

序 言

刘廷儒

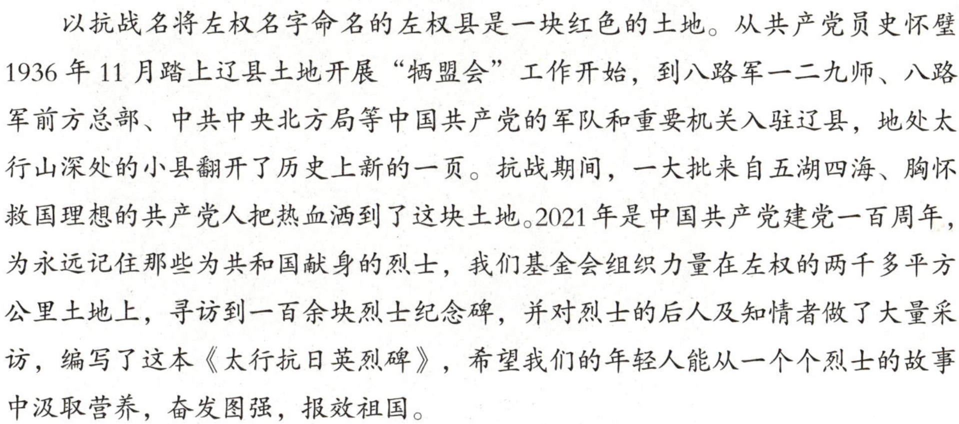

以抗战名将左权名字命名的左权县是一块红色的土地。从共产党员史怀壁1936年11月踏上辽县土地开展“牺盟会”工作开始，到八路军一二九师、八路军前方总部、中共中央北方局等中国共产党的军队和重要机关入驻辽县，地处太行山深处的小县翻开了历史上新的一页。抗战期间，一大批来自五湖四海、胸怀救国理想的共产党人把热血洒到了这块土地。2021年是中国共产党建党一百周年，为永远记住那些为共和国献身的烈士，我们基金会组织力量在左权的两千多平方公里土地上，寻访到一百余块烈士纪念碑，并对烈士的后人及知情者做了大量采访，编写了这本《太行抗日英烈碑》，希望我们的年轻人能从一个个烈士的故事中汲取营养，奋发图强，报效祖国。

我们村有一位烈士叫刘崇仁，我从小听老人们说他是一位德高望重的乡绅。在抗日战争期间，为支持抗战，护乡安民，他曾出任维持会长，白天与驻扎在炮楼的日本人对付，晚上在家里接待八路军。1945年日本宣布无条件投降前，受抗日政府委派，他曾去上其至炮楼做伪军的工作，促成驻扎在上其至炮楼的警备队起义，并打死了六名日本兵中的五人。县城里的日军接到逃回的鬼子报告后，举兵扫荡我们村，烧毁了刘崇仁家里的房子。他在那次扫荡中被抓，最后在平定被杀害。

阅读抗日纪念碑，就是阅读我们民族血与火的历史；阅读太行英烈碑，就是阅读咱们脚下这块土地承载的苦难与希望。我们希望大家不论脚步走多远，都不要忘记太行红碑，永远感恩太行。

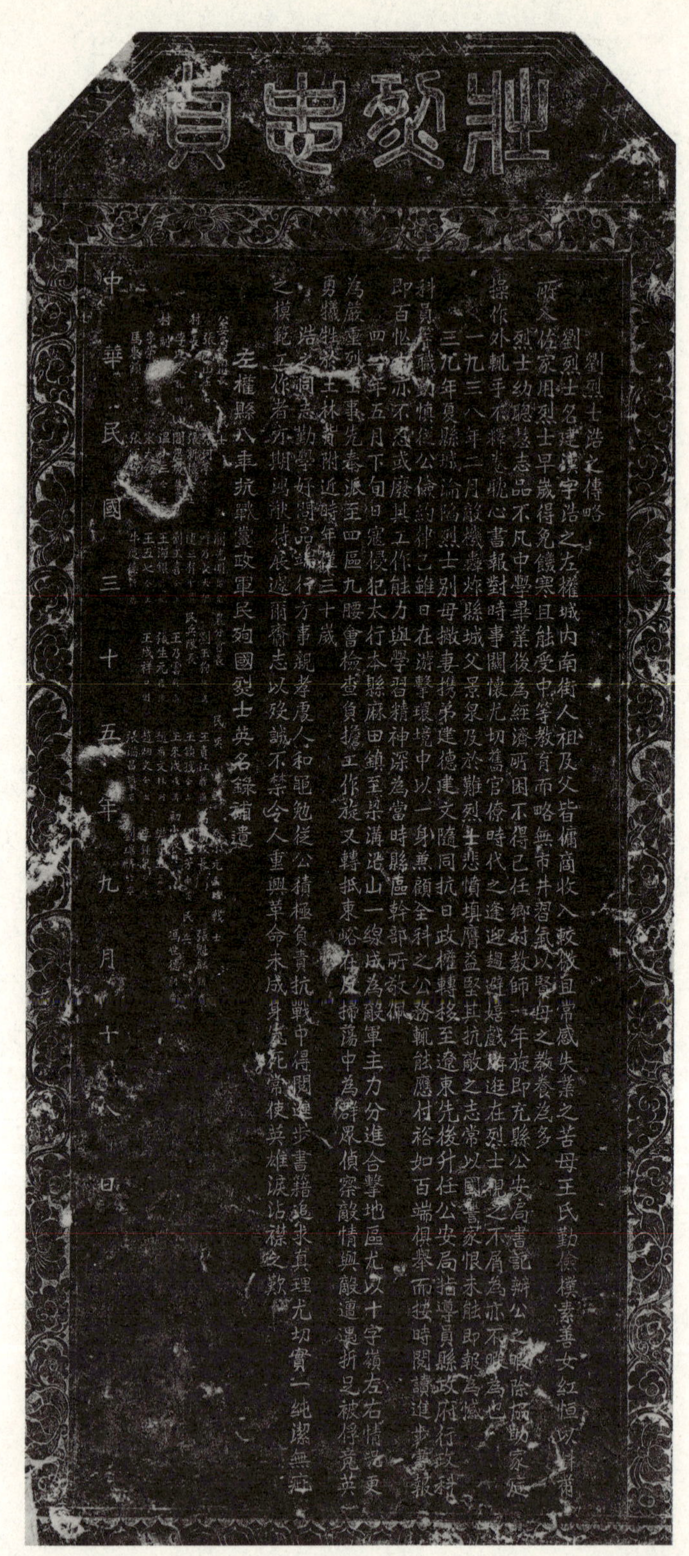

左权县烈士陵园“刘烈士浩之传略”碑拓片。（毛上虎 拓制）

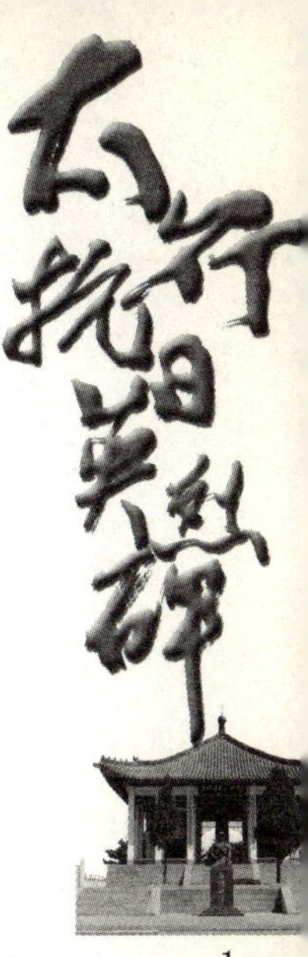

目　录

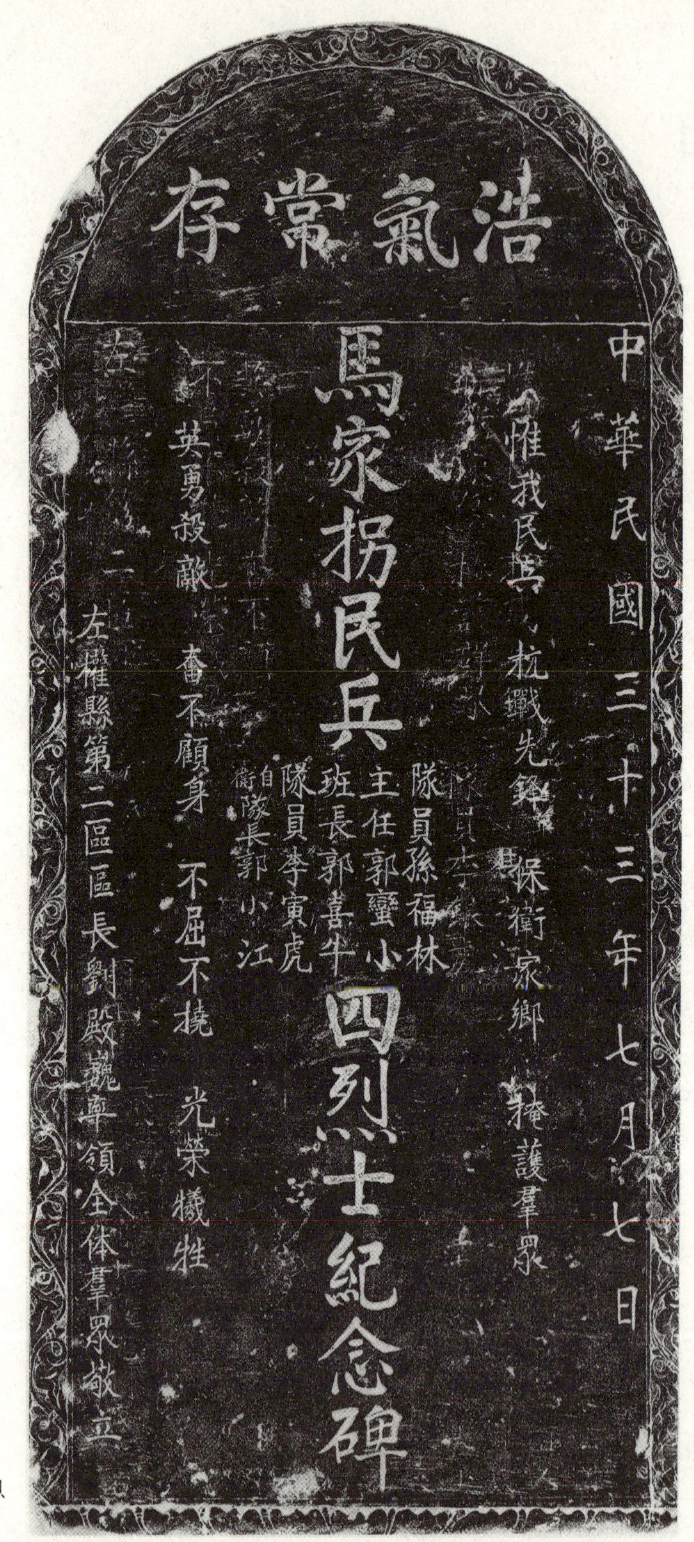

“马家拐民兵四烈士纪念碑”拓片。

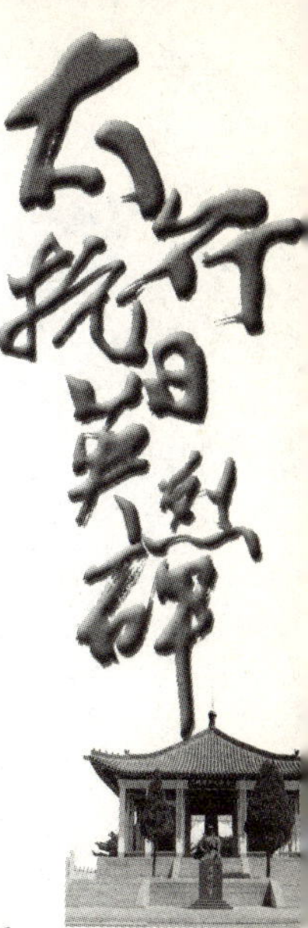

引　言

刘红庆

2018 年，北京星河公益基金会启动了“拓制辽州石碑工程”。在左权县委、县人民政府的支持帮助下，我们试图把散落在乡野的古代碑刻搜罗起来。2022 年辽县旧城中心的“洋楼”落成就一百年了，我们想在“洋楼”里举办《辽州往事展》。

我陪邀请到的运城籍著名传拓专家毛上虎走上太行田野，寻找辽州古碑，但发现更容易碰到的是革命烈士纪念碑（红碑）。那时，我们的立项是拓制旧碑，红碑并不在拓制计划中。毛上虎和我说：“明年是新中国成立七十年，把这些红碑拓制下来，办个展览，可以向新中国华诞献礼。”

巧的是，我在文物局碰见了本土文物专家姜杉，闲聊时，得知他手上有拓制现成的红碑拓片。于是我们约定，一起向新中国献礼。2019 年 7 月 1 日中国共产党的九十八岁生日，我们率先在榆次美术馆举办了《太行英烈碑拓片展》。

在此基础上，田野工作中的毛上虎也拓制了更多的红碑。不仅在左权县，周边武乡、榆社、和顺以及河北涉县等地也存有一定数量的红碑。它们和左权红碑一样，讲述着太行革命根据地的艰苦卓绝与浩然正气。这样，2019 年 9 月 3 日，我们在山西大学美术馆举办了规模更大的扩容版《太行英烈碑拓片展》。当时美术馆上下两层五百多平方米的展厅，我们专门准备了篷布将屋顶遮盖，仅靠射灯打在展品上，布展庄重而令人心生敬仰。这个展览接着在山西传媒学院、山西农业大学、山西师范大学、晋中市博物馆、晋中市图书馆、左权中学校等单位展出，无数年轻学子和省内的党政干部、专家参观，并给予高度评价，新华社、中新社等国家级媒体还就此刊发了报道。

那时想到了 2021 年将迎来中国共产党的百岁生日，于是决定“星河乡土文库”就以“太行抗日英烈碑”为讲述对象，呈现血雨腥风的太行。编一首高大上的颂

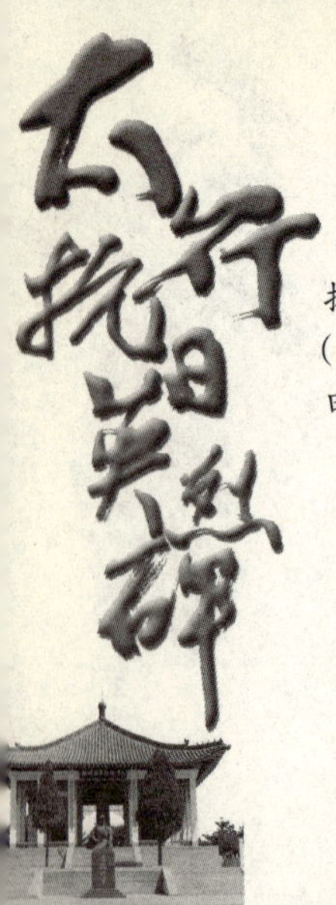

《太行英烈碑拓片展》海报。（郭齐文 题签，田甲 设计）

歌容易，把中国共产党领导太行军民与敌抗争的历史讲清楚难。但我们决心顺着英烈碑的脉络，钩沉太行英雄史诗。

如何向“互联网的新新人类”，即90后、00后、10后们，讲述石头上记载的历史？他们愿意相信手机，还是相信石头？他们迷恋游戏世界，可还会有兴趣追溯过往？我们心中忐忑过。但是，我们坚信，不管多少人信奉讨巧的人生，不管多少人迷失在眼前的繁华中，人们每每想到抗战中的太行英雄，就不能不肃然起敬。他们的崇高，不会因为时间的流逝而消解；他们的牺牲，不会因为风雨已过而贬值。相反，越是在幸福的时候，越是在和平的年代，更应该懂得他们历久弥新的精神品格：无私地以鲜红的血奉献于绿色的大地，并与大地上的绿色永生！

“用革命的事迹，来教育我们的子孙万代。”这是刻在英烈碑上的邓小平同志的题词。以抗战为主题的不同时代的英烈碑，和古碑一样，是研究那段历史的重要文献。著名书法家、文献学家启功先生曾说：“所谓‘文献’，‘文’为文字留存，‘献’为长者口中的讲述。”借助文献，是我们学习历史并有责任地成长的重要途径。

生长在太行山里，尤其在左权县，你是否去寻访过那些让中华民族为之骄傲的英雄故事发生地呢？比如麻田，比如西河头、桐峪，比如西黄漳、蒿沟，比如十字岭，比如县域周边的长乐战役遗址、关家垴大战遗址、王家峪八路军总部旧址、砖壁八路军总部旧址、八路军太行纪念馆、东汇马定夫故居、石拐会议旧址、百团大战纪念馆、邯郸晋冀鲁豫烈士陵园、石门村莲花山晋冀鲁豫抗日殉国烈士公墓陵园、黄崖洞保卫战遗址……

人生总会有很多的不如意。但是，面对这些英烈碑上我们陌生的名字，那曾经鲜活的生命，难道我们不会心痛吗？记得左权中学校老教师王喜增看到这些拓

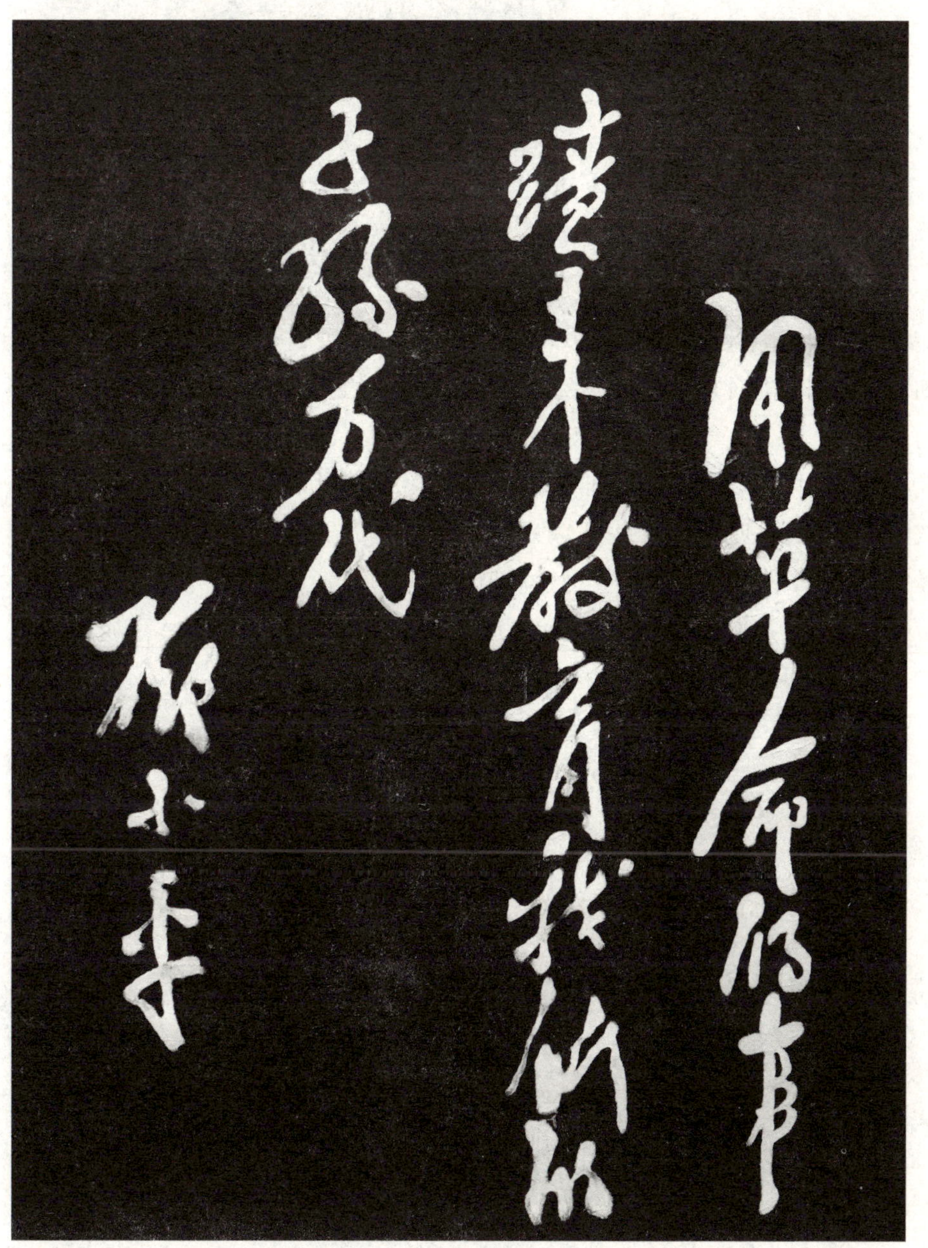

武乡县“长乐村战斗纪念碑”上邓小平题词拓片。

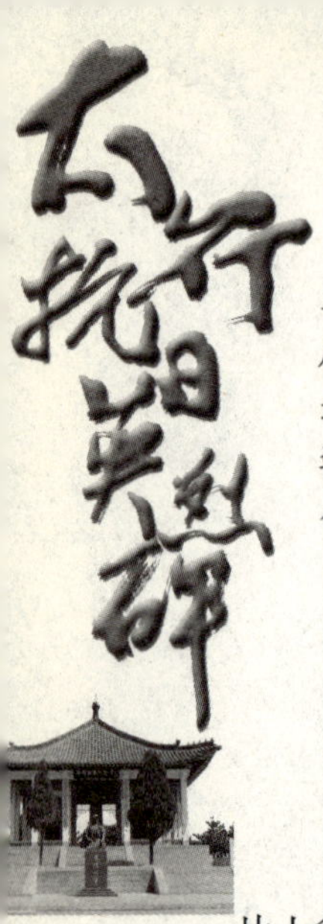

《太行山》（群雕，八路军太行纪念馆，武乡）是国内展示领袖人物形象最多、规模最大的八路军将领群雕。由鲁迅美术学院院长、清华大学美术学院教授李象群设计创作。▶

片上很多英烈殉国时只有二十来岁，甚至十几岁，他哽咽了。我想，那一刻，他想到了烈士们殉国时是那么年轻，那么美好，他们的名字是不应该早早被刻上石头的！

在纪念中国共产党成立一百年的日子里，我们面对太行抗日英烈碑，革命事迹教育了我们什么呢？我以为是：珍爱和平，感恩先烈，不忘初心，牢记使命，传承精神，砥砺奋进！你说这样理解对吗？

接下来，让我们走进太行抗日英烈碑讲述的故事中……

《十字岭》（刘恩荣 作）

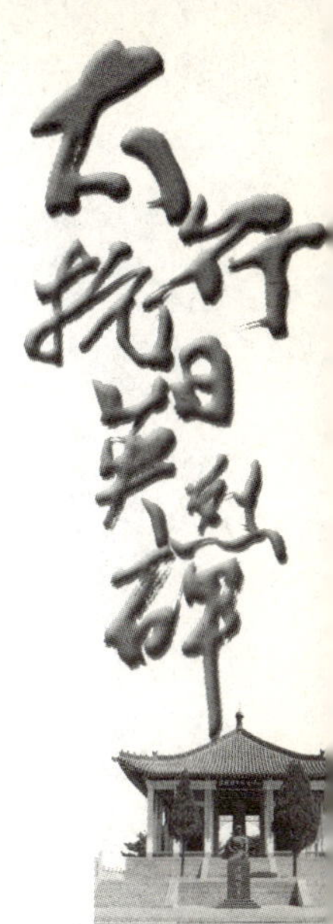

第一讲
战死沙场乃本分

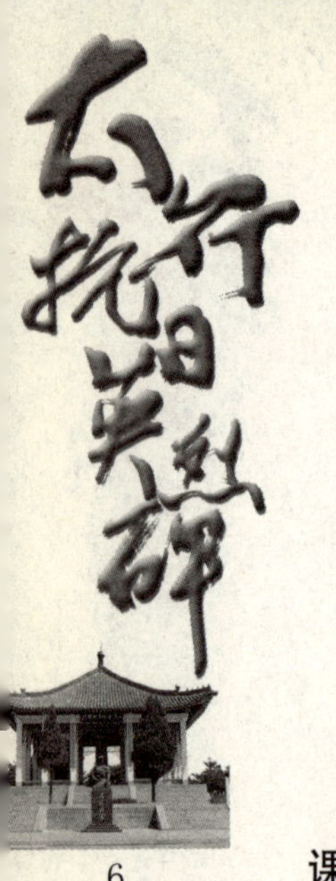

课前提示：

★阅读陈毅元帅的《过太行山抒怀》，请把其中的精彩片段背诵下来。理解太行抗日根据地在中国共产党历史中的地位。

★到西关前街“辽县抗战纪念馆”参观，听一听王艾甫老人与辽县抗战文物的故事。

★太行抗日根据地的史料，你接触过哪些？是否有人给你讲过左权人民抗战时期的故事？如果有人给你讲，你想知道些什么？

◀◀ **前页图片**：为了抗日上太行，此后留居太行山的老红军。如图所示，照片拍摄于 1963 年 11 月 15 日，当时留居太行山的老红军中有不少人年纪已经很大了。他们来自福建、江西、安徽、湖南、湖北、四川、陕西等长征沿线省，其中以川北人为多。他们远离家乡，跟上红军走，北上抗日，在太行山经历了大大小小的战役，负伤后留在了山里。他们曾和英雄一起浴血奋战，他们本身就是英雄。幸运的是，他们活了下来，他们的眉目间映照着英雄实实在在的故事，他们更懂得和平的珍贵。请参阅《长征走来老红军》，了解他们的往事。第一排左起（不算小孩）：赵卯士（民政局）、马瑞卿、干文光、赵永怀、赵文祥（民政局局长）、席元华、向廷科、王喜江（农村工作队）；二排左起：龚正川、邵成友、刘新成、刘士贤、李金财、杨永公、何代英、岳登成、曹振声、辜正堂、弋德恩；三排左起：杨九林、李正银、郭春云、李荣发、李保银、许子厚、周世龙、孙克堂、张尚文、郝天恩；四排左起：杨传成、王永汉、丁启明、李凤仪、康世桂、刘德胜、孙国才、唐效智、杨俊山。（马万仙 供图）

◀太行山峻拔嶙峋，横亘在晋冀之间。

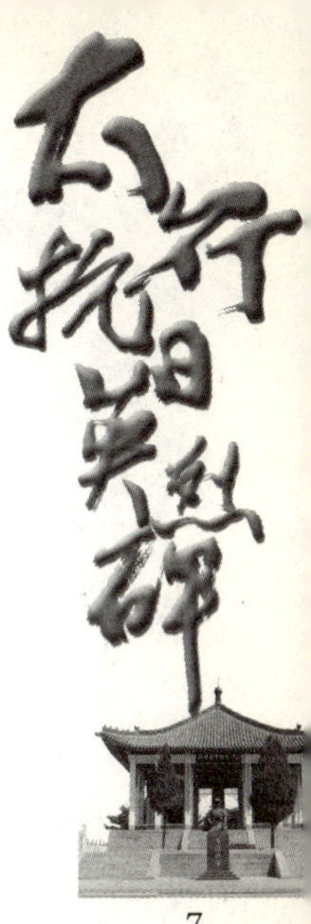

太行之山何崔嵬，岩幽谷隐藏风雷。
汉军已料骑士屈，魏武重叹车轮摧。

这首明人石珝的七绝，写尽了太行山的险峻。而位于太行山深处的古辽州，《辽州志》载：“环辽皆山也。地蹲太行，界交晋豫，南带漳水，北枕箕山；右蟠青龙，左踞黄泽。崇冈峻阜，邃壑丰林。虽曰瘠壤，实属岩邑。”青龙指八赋岭上的青龙关，而黄泽即今羊角十八盘黄泽关之谓也。岩邑，意思是地形险要的小县。旧志上一句“舟车不行”道尽大山深处古辽州的窘境。自古太行有八陉，但没有一陉走辽州。估计当时人就视辽州为畏途。

既已与世隔绝，辽州人便过着“世外桃源”般散淡的生活，历朝历代成就功名的人很少。方志里把古代军事家先轸、张纂算作辽州人物，可能的理由是，这两位带兵打仗的或多或少与辽州有点瓜葛。传说河南村后有先轸墓，不知真假。

从宋代起，在军事方面略有建树或者在外地任武职的辽州人确切的有二十来位。比如，北宋武官赵武，《辽州志》无载，但《三晋石刻大全·晋中市左权县卷》有其墓志铭。这说明确有其人，但明人编撰《辽州志》时此碑已埋没很久无人知晓了。元朝，辽州城刘家起于武，下武村许家兴于武。明朝最著名的辽州人是事迹载入《明史》的高巍，其忠义高过武功，今桃园村仍存有清人为其立的碑。至于清代的几位“千总”，事迹则较容易找寻了。

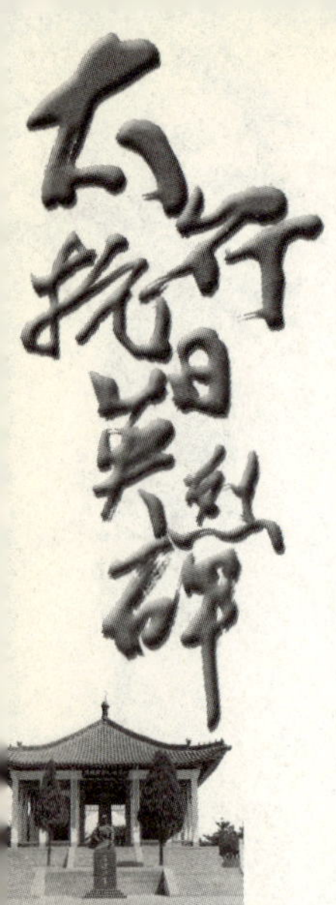

太行山佑护着我们的▶家园。

附表一：辽州历代武职人士简表

朝代	姓名	年代	武职	资料来源及与辽州关系
春秋	先轸	？—前627年	晋国名将、军事家	传说有墓在河南村，《辽州志》载为本州人，实际上是曲沃（今山西闻喜）人。
北齐	张纂		参军、护军将军	《辽州志》载为本州人。实际是代郡平城（今山西大同）人
北宋	薛超	939—995年	将领，团练使。天武指挥使	事载《辽州志》。
	赵武	1020—1088年	供备库副使、上骑都尉	墓碑收入《三晋石刻大全·晋中市左权县卷》。
	马辉		率府副率	事载《辽州志》。
元	刘义	1220—1279年	武略将军	墓碑原应在车道拐，现存文物局。
	秦立		明威将军	载《辽州志》
	许庆安	1344年在世	湖广征行管军千户	载《辽州志》。许氏在桐峪镇下武村。从县志上看，就是元代出了几位武职人员。《三晋石刻大全·左权卷》收元至正四年（1344年）刊刻的《古箕许氏创修茔原记》，这几个人的名字名列其上。
	许义		湖广征行管军千户	
	许仲良	1344年在世	万户府管军中副千户	
	薛希岳		团练使	载《辽州志》

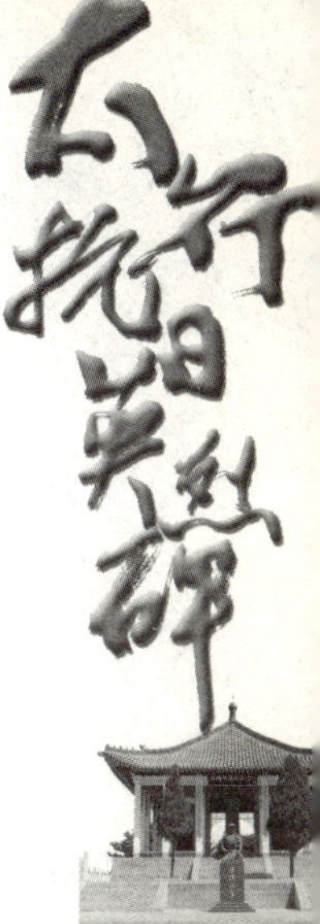

《大元武略将军辽州知州刘公神道碑》原在车道拐，现存左权县文物局。这是一通名碑，记载了元武略将军刘议事，早入典籍。碑首为如今较为鲜见的巴思文。碑文记载了刘家从河北到辽州的原因，而刘家兴旺发达，主要是因为刘义武勇而能打胜仗。

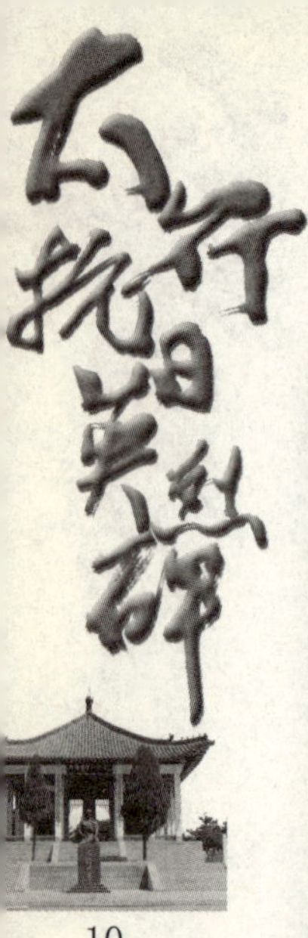

殷家庄王诏墓，是左权县境内保存相对完好的古墓。王诏的孙子王身范，1645 年中武举，后任泰州卫千总。《辽州志》有载。

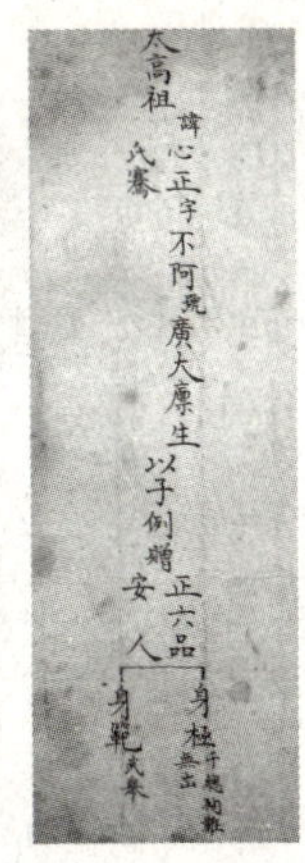
太高祖 諱心正字不阿
廣大庠生
以子例贈正六品
氏寨
安人
身範
身極 無出

◀殷家庄清代《王氏家谱》保存相对完好，从上可知王身范的宗族谱序。（原件由王乐业保存）

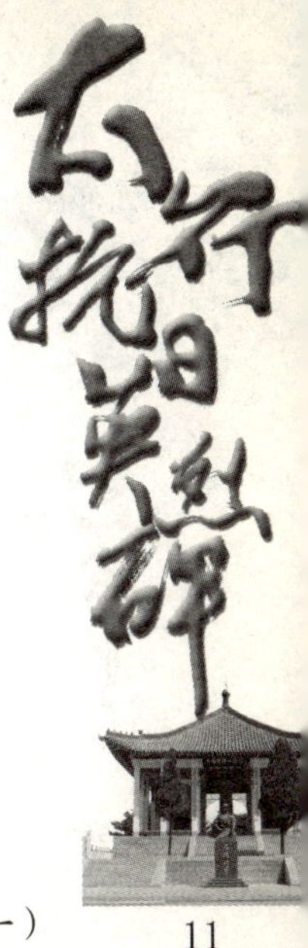

续表（一）

<table>
<tr><th>朝代</th><th>姓名</th><th>年代</th><th>武职</th><th>资料来源及与辽州关系</th></tr>
<tr><td rowspan="11">明</td><td>高巍</td><td>？—1402 年</td><td>前军都督府左断事</td><td>《明史》《辽州志》有载。桃园村有墓碑。</td></tr>
<tr><td>马英</td><td></td><td>将军，锦衣卫千户</td><td rowspan="10">《辽州志》均有载。州城内的薛家，武职较多。而这户今不知何之。马家、孟家，是明朝辽州望族。傅家从江西来辽州，定居苏公里，《辽州志》有载，黄泽关留有傅明道撰写的碑。傅明道、傅明伦兄弟俩，嘉靖年间（1522—1567）曾到辽州。</td></tr>
<tr><td>薛泰</td><td></td><td>锦衣卫百户</td></tr>
<tr><td>薛清</td><td></td><td>锦衣卫将军衔</td></tr>
<tr><td>薛纪</td><td></td><td>锦衣卫总旗</td></tr>
<tr><td>薛纲</td><td></td><td>锦衣卫百户</td></tr>
<tr><td>马通行</td><td></td><td>旗牌官</td></tr>
<tr><td>孟俭</td><td></td><td>锦衣卫百户</td></tr>
<tr><td>傅明伦</td><td>1591 年中举</td><td>把总</td></tr>
<tr><td>杜辅</td><td></td><td>千户</td></tr>
<tr><td>王伏龙</td><td></td><td>宁武府千总</td></tr>
<tr><td rowspan="5">清</td><td>王身范</td><td>1645 年中举</td><td>泰州卫千总</td><td>《辽州志》有载。殷家庄王家家谱有名字。</td></tr>
<tr><td>刘昌寿</td><td>1747 年中举</td><td>千总</td><td>《辽州志》有载。车道拐有墓碑。</td></tr>
<tr><td>王文华</td><td></td><td>千总</td><td>《辽州志》有载。</td></tr>
<tr><td>王正宗</td><td></td><td>把总</td><td>《辽州志》有载。</td></tr>
<tr><td>郭我疆</td><td>1771 年中举</td><td></td><td>《辽州志》有载，为连壁村郭家。</td></tr>
</table>

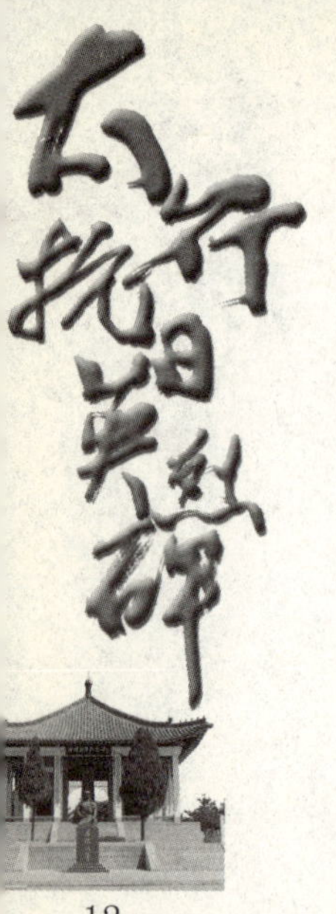

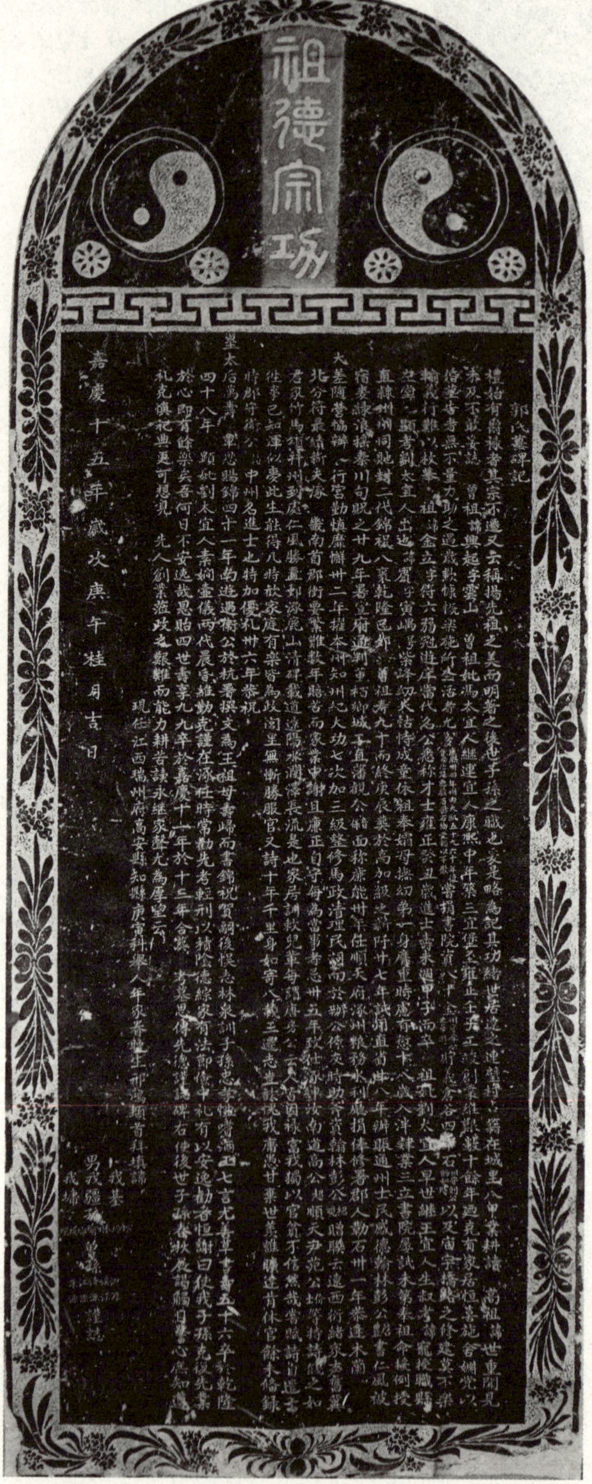

《郭氏墓碑记》讲述了其高祖郭世重、曾祖郭兴起、祖郭金立、父郭宾几代人传承的家风。碑文说："思传先德谨志碑右，使后世子孙春秋展谒，触目惊心，庶知遵礼克慎祀典更可想见先人创业莅政之艰难，而能力耕苦读，永继家声，尤为厚望云。"

◀赵登禹，字舜诚（一作舜臣），山东菏泽人。1914年加入冯玉祥的部队。后任国民党军第二十九军三十七师一〇九旅旅长。1937年7月28日对日作战中壮烈殉国，年仅三十九岁。他是抗日殉国的第一位师长。

因为地处偏僻，所以典籍里记载辽州“兵荒马乱”的事件并不多。留在《辽州志》中最令州人心惊胆寒的军事事件是“壬申寇变”和“乙丑兵燹”。壬申寇变发生在明崇祯五年（壬申年，1632）。那年十二月廿四日，李自成起义军张献忠部所属王自用率兵攻陷辽州城，辽州士人多毙命。乙丑兵燹发生在1925年（乙丑年），民间叫“樊老二打辽县”。那年的12月6日，国民党军人樊钟秀（1888—1930）率豫军突袭峻极关后直逼辽县，城边数场恶仗令军民伤亡惨重。这两件事，应该有碑记，但目前未见。

“乙丑兵燹”后的1931年，爱国将领赵登禹（1898—1937）以国民革命军第二十九军第三十七师第一〇九旅旅长的身份，率部入境，在此练兵一年有余。1932年赵登禹旅离开辽县，辽县农工商学各界民众一起立“荫庇辽阳”碑以纪念之。碑文曰：

> 中华民国二十年秋九月，我陆军第二十九军三十七师一百零九旅旅长赵公登禹率部驻辽，一载于兹。纪律严明，训练有方，军民相安，俨如家人。而全旅官佐士兵夫尤能开诚布公，和蔼可亲。况我辽僻处边鄙，宵小环伺，地方赖以安谧者，实我赵旅所赐也。爱戴之余，爰勒石恭颂，藉表铭感云：
>
> 唯我赵旅，坐镇辽阳，军纪整肃，诚信慈祥，声威所播，丑虏远扬。惠农恤商，口碑载扬。师贞之吉，干国之光。泐诸瑱珉，用志不忘。

此碑将赵登禹旅官兵姓名勒石纪念。他们是中将旅长赵登禹、副旅长柴建瑞、参谋长李成蹊、副官长孙肇孔、少校参谋耿德星、少校军械穆玉山、少校军需蒋德纯、少校书记赵众咸、少校军法杨式谦、少校军医孙瑞琦、电台台长孟庆麟、

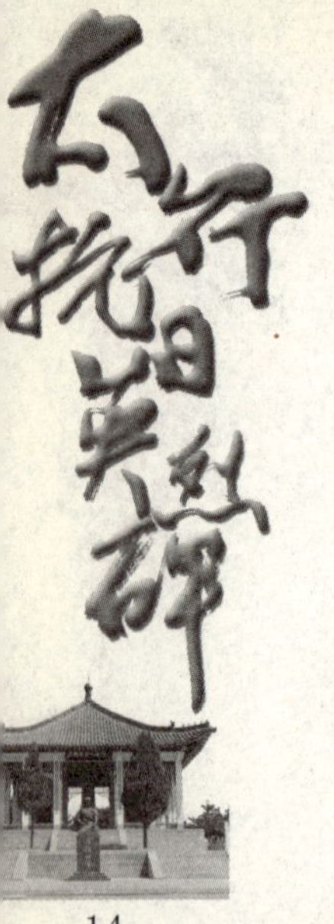

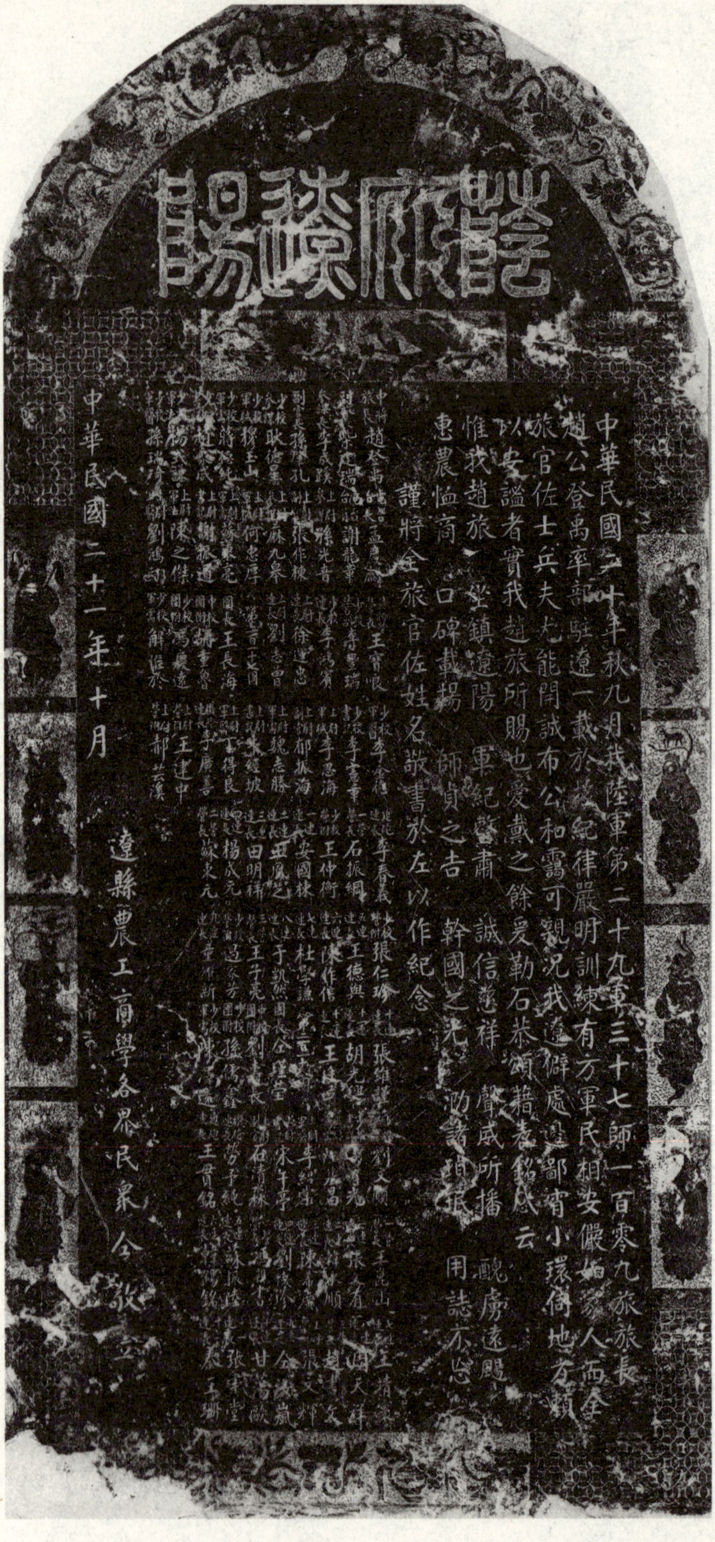

"荫庇辽阳：赵登禹旅去思碑"拓片。碑现存南街服装厂旧院。

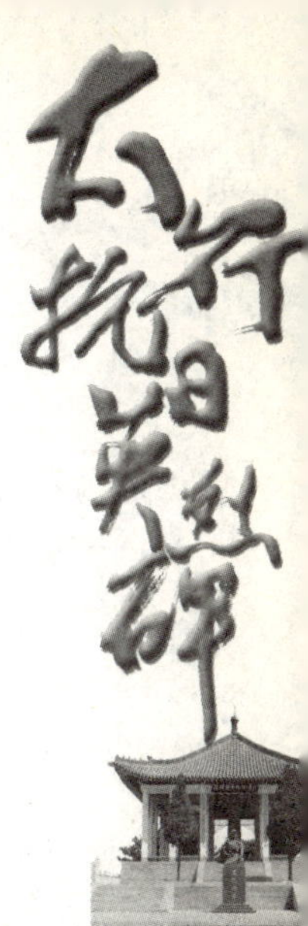

“陆军中将第十一军军长赵公之室李夫人玉芳之墓”碑拓片(碑阳)。墓碑现存于左权县政协。

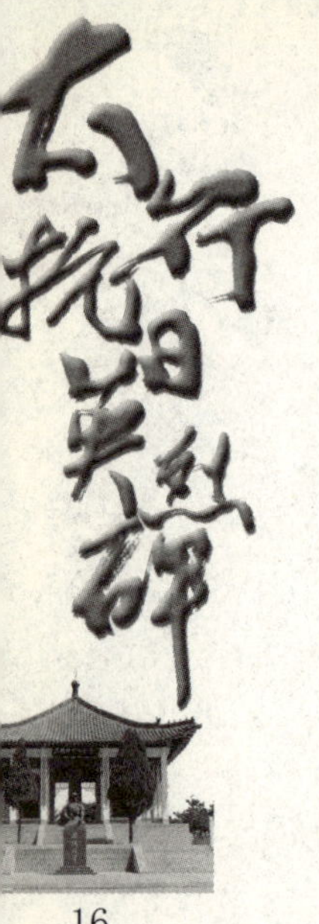

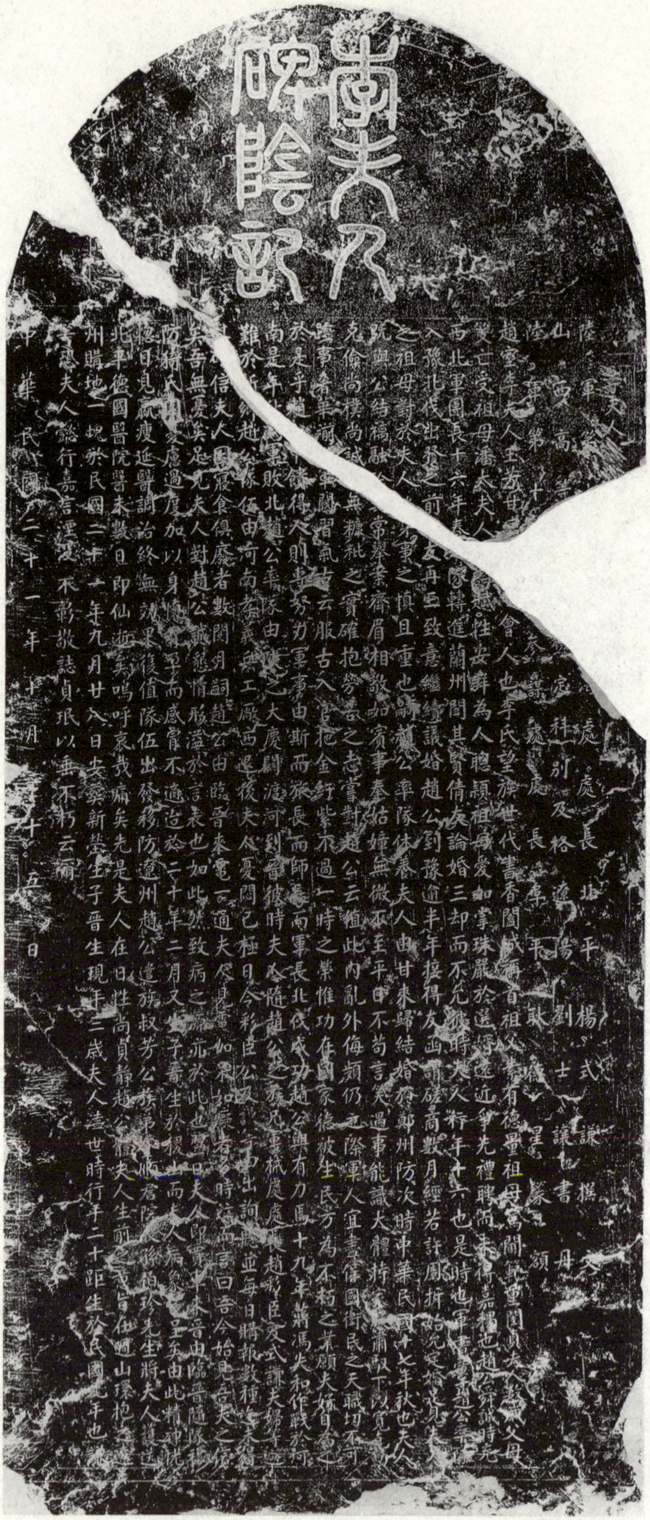

“陆军中将第十一军军长赵公之室李夫人玉芳之墓”碑拓片（碑阴）。墓碑现存于左权县政协。

◀“大刀向鬼子们的头上砍去”（〔美〕王晋保 供图）

◀赵登禹

◀佟麟阁（1892—1937），河北高阳县人。1937年7月28日，在与日寇作战时壮烈殉国。

电台台员谢龙章等共计七十二人。他们离开辽县之后奔赴抗日前线，每个人的结局如何呢？我们无法一一考证。

一〇九旅在辽县期间，赵登禹的夫人李玉芳因病去世，埋在了七里店和小会村之间的土岗上，并有墓碑为证。读碑可知，李玉芳是甘肃人，与赵登禹 1928 年在郑州结为连理。年仅二十岁的李夫人生子后病逝。二人相亲相爱，通情达理的李夫人曾对赵登禹说：“值此内乱外侮频仍之际，军人宜尽保国卫民之天职……唯功在国家、德被生民，方为不朽之业，愿夫好自为之。”

赵登禹北上抗日，战功卓著。1937 年 7 月 28 日，赵登禹殉国于北平御河桥。临终前，他让传令兵转告副军长佟麟阁：“我快不行了，军人战死沙场原是本分，没有什么可悲伤的，只是家中老母年事已高，受不了惊慌。你回去告诉她老人家，忠孝不能两全，儿子为国而死，也算对得起祖宗……”话未完，赵登禹闭上了眼。他实现了夫人叮嘱的“唯功在国家、德被生民，方为不朽之业”。那时，他只有三十九岁。国民政府追授他“陆军上将”。中华人民共和国成立后，中央人民政府追认赵登禹为“抗日烈士”。2009 年，赵登禹被评为“一百位为新中国成立做出突出贡献的英雄模范人物”之一。

赵登禹殉国三个多月之后，刘伯承率领八路军一二九师司令部进驻西河头村，这是 1937 年 11 月 15 日。不久，陈锡联率三八五旅七六九团进驻与西河头村隔河相望的马厩村。目前已知左权县境内最早的与八路军有关的墓，就在马厩村外，有碑为证：“陆军第八路军办事处宋莲芝之母之墓”。碑文显示，这位革命老妈妈于 1937 年（民国廿六年）5 月 27 日病故。据《中共左权县历史大事记述》[1]记述，一二九师先遣队和工作团进入辽县的时间是 1937 年 10 月。那么，宋妈妈

〔1〕 中共山西左权县委党史研究室编：《中共左权县历史大事记》，山西人民出版社，1993。

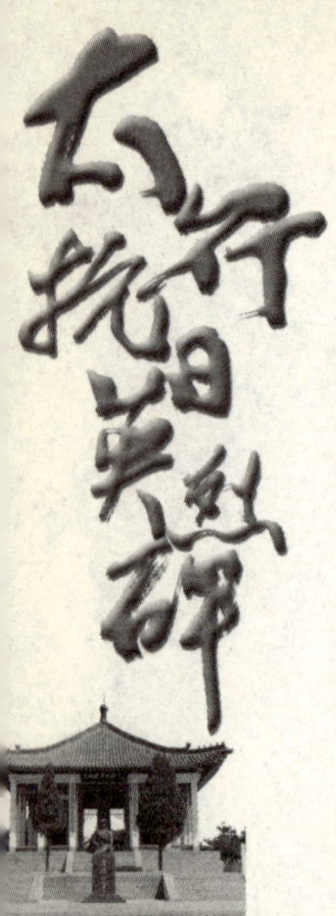

陈赓、韩先楚题长乐战斗。

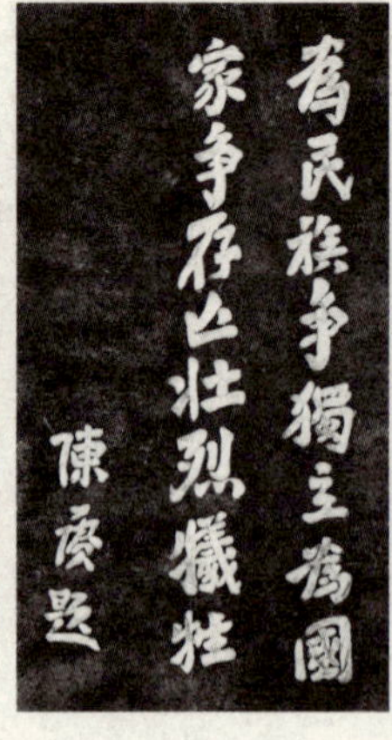

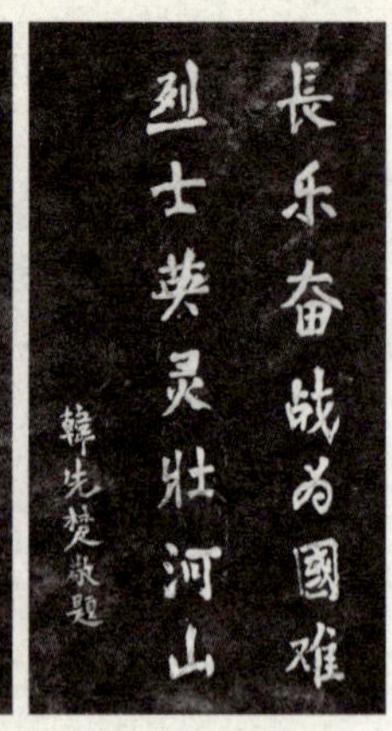

著名抗战文物收藏者王艾甫讲述“宋莲芝之母之墓”墓碑的保护。（弓宇杰摄）

是怎么来到辽县？宋莲芝是哪里人？为何带着母亲一起来？

1938 年 1 月 18 日，邓小平来到西河头村，接任一二九师政委。二十天后，陈赓率领三八六旅进驻寒王村。这年，刘伯承、邓小平、徐向前指挥“神头岭战斗”“响堂铺战斗”“长乐村战斗”，指挥部在辽县。战事发生在山西潞城县（今山西长治潞州区）、河北涉县及山西武乡县，三个战役的纪念碑分在上述三地，不在辽县。

“长乐村战斗”纪念碑，立得很早，但后来遭到日军破坏，现在能见到的“长乐村战斗纪念碑”，是 1986 年新立的。碑文说：

> 1938 年春，侵华日军在我军民重重打击下，恼羞成怒，遂于 4 月初调集重兵三万，由博爱、邯郸、邢台、石家庄、阳泉、榆次、太谷、沁县、长治等地，分九路向我晋东南地区围攻，妄图在辽县、武乡、榆社地区消灭我八路军主力，摧毁我初创的太行抗日根据地。
>
> 4 月 16 日，日军二十五旅团第一一七联队，附骑兵辎重三千余人，北犯榆社扑空后，毁弃武乡县城沿浊漳河向襄垣方向窜去。我八路军一二九师主力与一一五师一部，遵总部朱德总司令和彭德怀副总司令命令，在刘伯承师长、邓小平政委和徐向前副师长直接指挥下，以四个团的兵力平行追歼日军。三八六旅旅长陈赓亲率七七二团叶成焕部和六八九团韩先楚部为左纵队，沿浊漳河北岸追击，七七一团徐深吉部为右纵队，沿浊漳河南岸疾进，七六九团陈锡联部为后续纵队沿大道进迫。上午 10 时，我军以急袭手段将日军后续部队压在马家庄、里庄滩至长乐一带河谷，截为数段，各个击破，并击溃敌返援之先头部队。激战竟日，歼敌二千二百余人，取得了粉碎日军九路围攻决定性胜利，为晋冀鲁豫边区的形成奠定了坚实基础。是

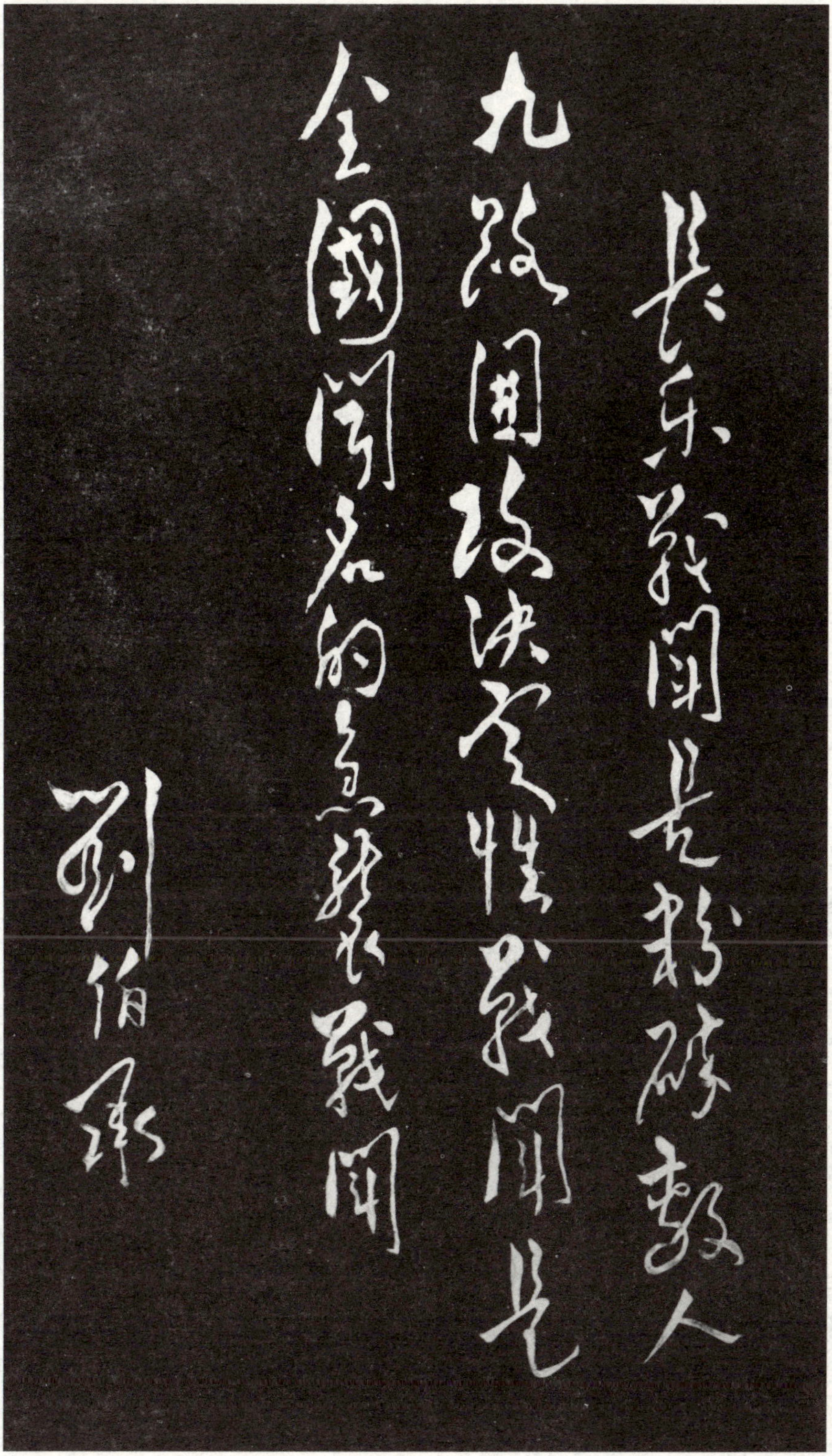

長樂戰鬪是打破敵人
九路圍攻決定性戰鬪是
全國聞名的長樂戰鬪
劉伯承

武乡县『长乐村战斗纪念碑』上刘伯承题词拓片。

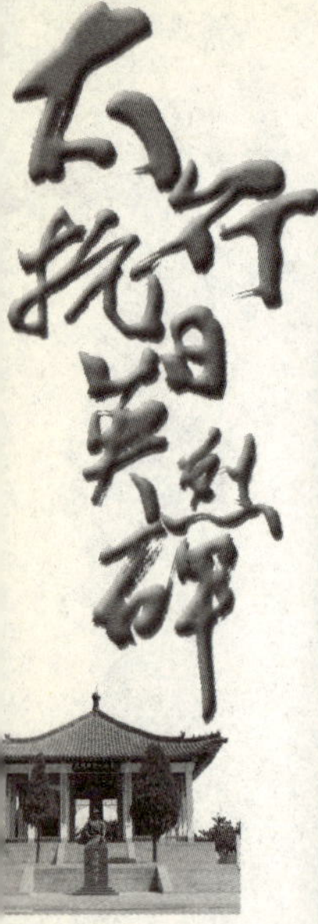

粉碎日寇的九路围攻胜利万岁

徐深吉题

武乡县『长乐村战斗纪念碑』上徐深吉题词拓片。

武乡县长乐村战斗纪念碑。

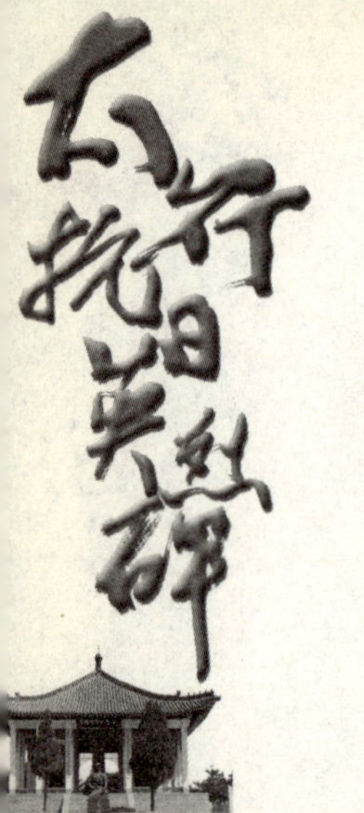

叶成焕。▶

役我七七二团团长叶成焕以下八百将士壮烈殉国。

为缅怀先烈，激励后人，永昭老一辈革命家的丰功伟绩，特树碑勒石以志。

“长乐村战斗”中殉国的战士约八百人，其中叶成焕是八路军优秀的指挥员。他 1914 年出生在河南新县，1929 年参加革命，同年加入中国共产党，1930 年参加鄂豫皖红军。1937 年抗日战争全面爆发后，叶成焕任八路军一二九师三八六旅七七二团团长，在长生口、神头岭、响堂铺等战役中，屡建战功。1938 年 4 月的长乐村战斗中，他为国捐躯，年仅二十四岁。2009 年 9 月 14 日，叶成焕被评为“一百位为新中国成立作出突出贡献的英雄模范人物”之一。

马厩村有一块“陆军第十八集团军一二九师张将军义侠之墓”碑。张义侠将军去世的时间是 1938 年 11 月 28 日。据碑文记载，张义侠是陕西长安县（今西安市长安区）人。笔者曾与长安区联系，但公安系统的电子档案是 1987 年之后创建的。要想找到张义侠的线索，实在太难。

辽县东部山区沟壑纵横，多支抗日队伍曾在此生产、战斗。在辽县芹泉镇杨家庄村，据说曾建有抗日部队的兵工厂，村内存有三块墓碑：

陈有信，河北东鹿城北南四塚村，民国廿八年（1939）三月廿六日未时。

孙慎言，年五十六岁，河北深泽县城南河庄村，民国廿八年（1939）四月初一卒。

许寿朋，年二十四岁，河北衡水县城东南许家庄，民国廿八年（1939）六月廿六日申时故。

这些先烈是怎样来到辽县的？是如何牺牲、病故的？谁立的碑？都无从知晓。

左权县抗战纪念馆“宋莲芝之母之墓”碑拓片。

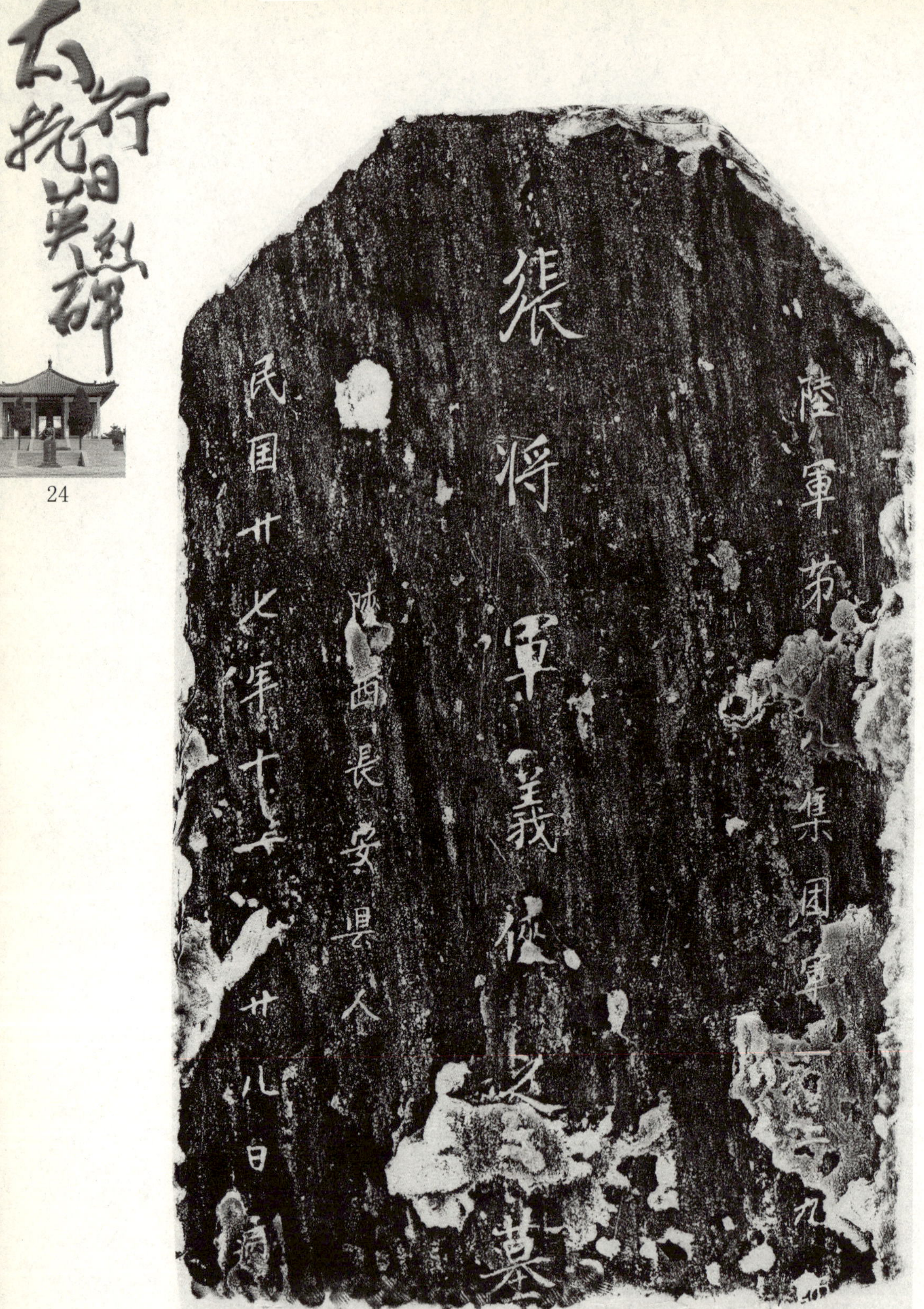

左权县抗战纪念馆“张将军义侠之墓”碑拓片。

左权县杨家庄村“陈有信、孙慎言墓”碑拓片。

左权县杨家庄村“许寿朋墓”碑拓片。

◀"抗战阵亡将士纪念牌"拓片，原碑耸立在桐峪村南。

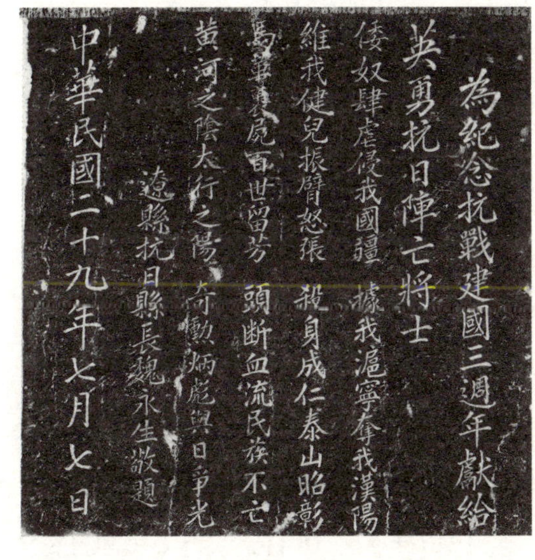

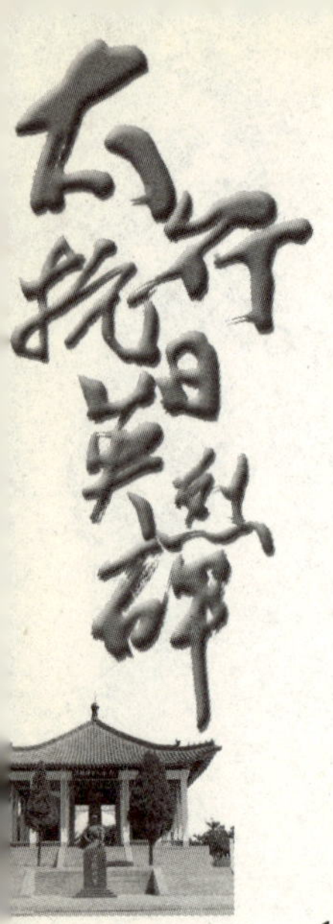

一二九师司令部旧址。左：西河头；右：滩里村。（曹卫峰 摄）

1939 年 7 月，一二九师司令部、政治部移驻桐峪。次年 2 月 27 日，晋察冀军区一一五师政委聂荣臻等从晋察冀边区到达桐峪，与一二九师交流经验。3 月，范子侠率平汉纵队进驻温城、松树坪等村。由此，辽县逐渐成为太行抗日根据地的中心。1940 年 7 月 7 日，辽县人民“为纪念抗战建国三周年”在桐峪立起了“抗战阵亡将士纪念牌”。时任辽县抗日县长的魏永生为“献给英勇抗日阵亡将士”题写了气壮山河的碑文：

倭奴肆虐，侵我国疆，
据我沪宁，夺我汉阳。
唯我健儿，振臂怒张，
杀身成仁，泰山昭彰。
马革裹尸，百世流芳，
头断血流，民族不亡。
黄河之阴，太行之阳，
奇勋炳彪，与日争光。

1940 年 9 月 18 日，太行人民和晋冀豫区各界建造了“国民革命军第十八集团军（八路军）坚持敌后抗战三周年纪念塔”（现存于山西黎城县）。时任山西省第三区行政督察专员公署专员的薄一波、李一清写下：“丰功伟绩如太行之巍峨如漳河之长远。壮哉，八路军！”冀南太行太岳行政联合办事处主任杨秀峰及薄一波、戎伍胜写下：“新中国的柱石，民族解放的先锋。”

黎城县西井村“国民革命军第十八集团军(八路军)坚持敌后抗战三周年纪念塔”。(弓宇杰 摄)

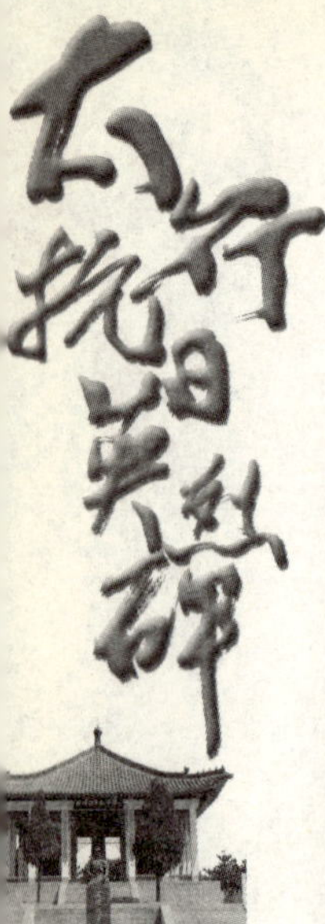

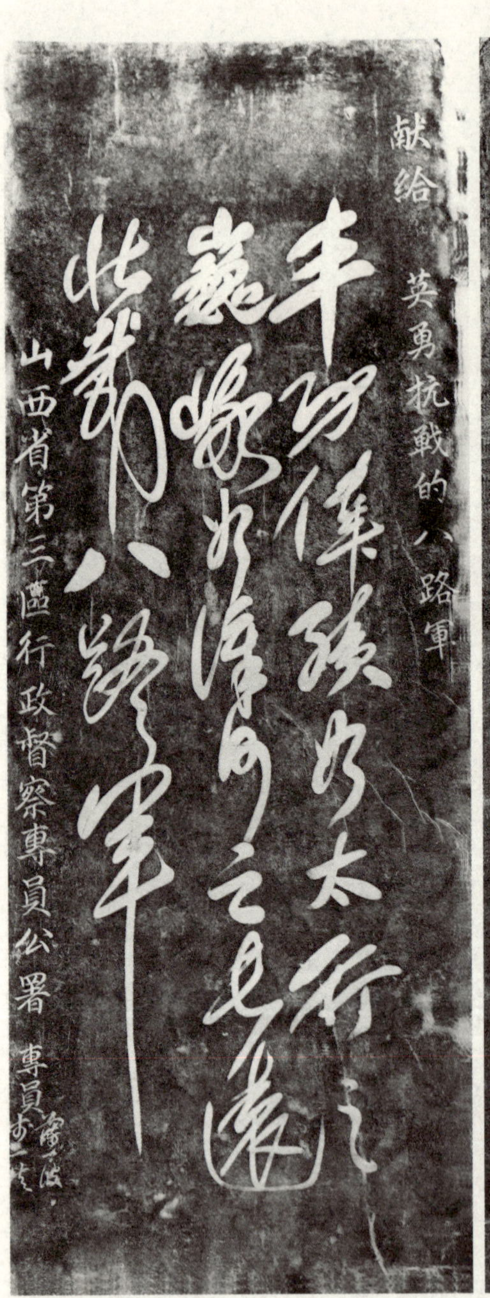

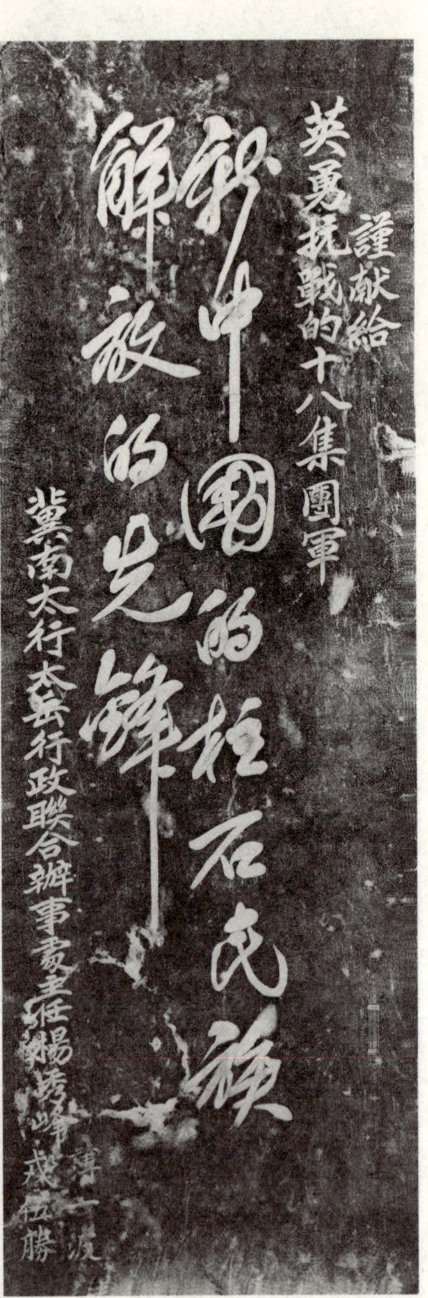

左为薄一波、李一清题词拓片，右为杨秀峰、薄一波、戎伍胜题词拓片。

◀黎城县源泉村烈士纪念碑亭。（刘艳忠 摄）

黎城县源泉村村民郑福仓讲述在该村牺牲的十一位八路军兵工厂烈士。（弓宇杰 摄）▼

《八路军抗战三周年纪念碑记》碑文曰：

抗战三年来，八路军战绩最巨，处境最苦，而前途却最为光明远大的可与山河并存不朽。回忆平津失陷之时，敌势猖獗，社会混乱不可言状。直至八路健儿开赴前线，一歼敌寇于平型关，再焚敌机于阳明堡，方使全国战局渐趋稳定，激发起全民抗战胜利之信心。此后，华北各省、大江南北，无不有八路军之辉煌战绩，牵制在华敌兵几达二分之一，毙伤敌寇廿余万，战斗一万余次。其中以平型关、阳明堡、广阳村、神头岭、响堂铺、长乐村、香城固、大龙华诸役更为驰名，并创造了晋察冀、晋冀豫等十余处敌后抗日民主根据地，初步实现了三民主义……八路军实乃抗战部队中自力更生之模范队伍。在共产党正确领导之下，已成为抗战必胜、建国必成之决定力量矣。我们晋冀豫区一千二百万群众对其劳苦功高之领袖毛泽东先生，朱、彭总、副司令及其英勇善战之全体将士，致以无限之敬意……以昭告千秋万代认识八路军是伟大中华民族的保卫者与自由幸福新中国的创造者。

不久，在山西境内移动指挥全民抗战的八路军总部机关，在频繁迁动三年之后，正式进入辽县。那么，八路军总部经历了怎样的曲折？

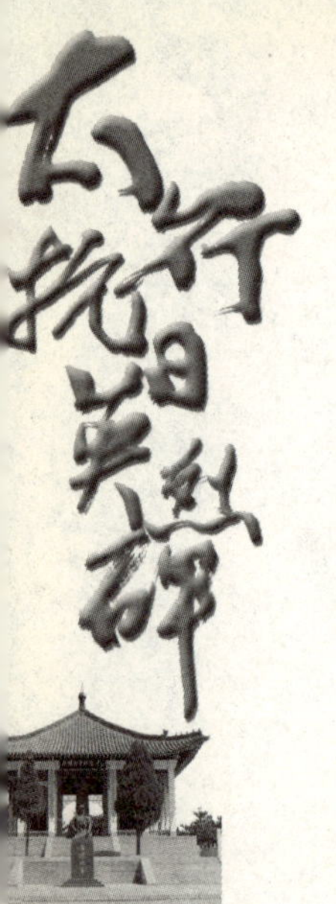

桐峪。▶

附表二：八路军总部进入辽县前后（1937–1945）移动情况简表

山西八路军总部	到达时间	离开时间	天数
五台县南茹村	1937 年 9 月 24 日	10 月 22 日	
和顺县马坊、石拐	1937 年 10 月 23 日	11 月 7 日	
洪洞县高公村和赵城县（今属洪洞）马牧村	1937 年 11 月 25 日	1938 年 2 月 20 日	86 天
安泽县岳阳镇和刘垣村	1938 年 2 月 21 日	2 月 30 日	
沁县小东岭村	1938 年 3 月 15 日		
武乡县寨上村	1938 年 4 月 20 日	5 月 23 日	
沁县南底水村	1938 年 5 月 23 日		
襄垣县苏村	1938 年 7 月 31 日		
屯留县故县镇			
潞城县北村	1938 年 12 月 21 日		
襄垣县普头村	1939 年 7 月 7 日		
黎城县河南庄（霞庄）	1939 年 7 月 11 日		
武乡县砖壁村	1939 年 7 月 15 日	11 月 1 日	1 年零 9 个月
王家峪村	1939 年 11 月 1 日	1940 年 11 月 4 日	
辽县桐峪镇	1940 年 11 月 4 日	11 月 8 日	4 天
辽县武军寺	1940 年 11 月 8 日	1941 年 7 月 1 日	8 个月
辽县麻田镇上麻田村	1941 年 7 月 1 日	1945 年 8 月 20 日	4 年零 2 个月

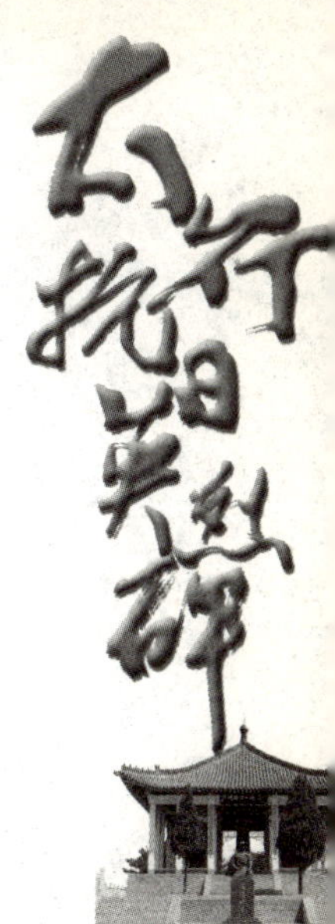

姓名	李世荣		
性别	男	民族	汉
年龄	62[illegible]		
籍贯	[illegible]		
入伍年月	一九三五年四月		
残废的时间、地点及原因	一九四五年七月 武乡战役 [illegible]		
残废时所在部队、军衔和担任的职务	七六九团 任排长		

残废情形	右下肢贯通 右手腕贯通 致行动不便
残废等级	贰等乙级
退伍退休日期	一九四五年十月退伍
填发机关	左权民政科
填发人	连世清
备考	

◀ 老红军李世荣残疾证。（马万仙 供图）

八路军总部的入驻，带动大批抗日志士云集于太行山腹地。《中共左权县历史大事记述》[1]载：

1940年11月7日，八路军总部、政治部、后勤部及中共中央北方局和党校到达辽县。彭德怀、左权、罗瑞卿、杨尚昆等来到辽县。随后，华北《新华日报》、医院、兵工厂等陆续到来。

1941年1月11日，“华北朝鲜青年联合会”在桐峪成立。

1941年7月1日，八路军总部从武军寺村移驻上麻田村。

1941年7月7日—8月15日，晋冀鲁豫边区临时参议会在桐峪隆重召开，晋冀鲁豫边区政府成立。

1941年8月23日，中华全国戏剧界抗敌协会在桐峪成立。

关于这一时期，据研究左权党史多年的邢晓寿说：“当时辽县的人口约五万人，从全国各地来的抗日工作者也有五万人。”其中不少八路军战士从红军时期走来，有的经历过两万五千里长征。他们的热血和生命，在烽火岁月或和平岁月中化成了太行山上的丰碑。

国民革命军第十八集团军总司令部黄队长厚魁，陕西安康县人，雇农出身。1931年由江西宁都暴动参加红军，1932年加入中国共产党，历充兵站站长、连长、队长等职，身经百战，负伤两次，病故于山西辽县东安村，时年三十六岁。

郭昌祥，江西瑞金人，1934年入伍，经过二万五千里长征。历任集总运输员、

〔1〕中共山西左权县委党史研究室编：《中共左权县历史大事记》，山西人民出版社，1993。

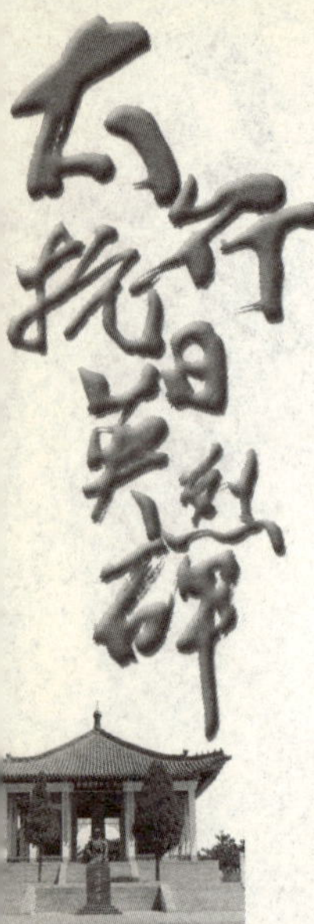

“国民革命军第十八集团军总司令部黄队长厚魁之墓”墓碑拓片。

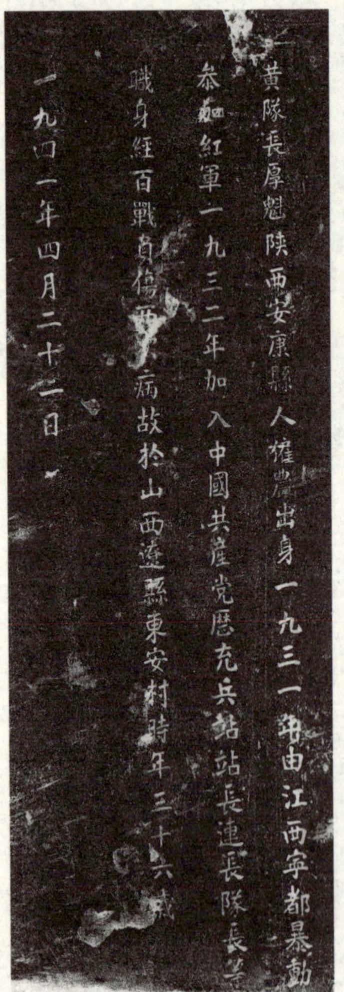
黄隊長厚魁陝西安康縣人雇農出身一九三一年由江西寧都暴動
參加紅軍一九三二年加入中國共產党歷充兵站站長連長隊長等
職身經百戰負傷兩處病故於山西遼縣東安村時年三十六歲
一九四一年四月二十二日

碑記

國民革命軍
十八集團軍
總司令部黃隊長厚魁之墓

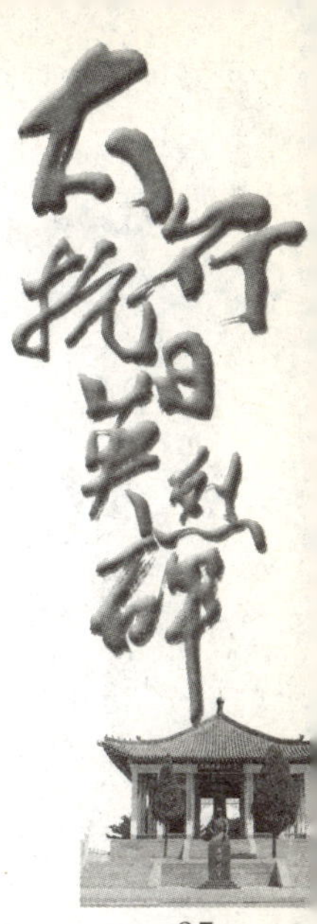

左权县东安山革命烈士公墓“郭昌祥同志之墓”碑阳拓片。

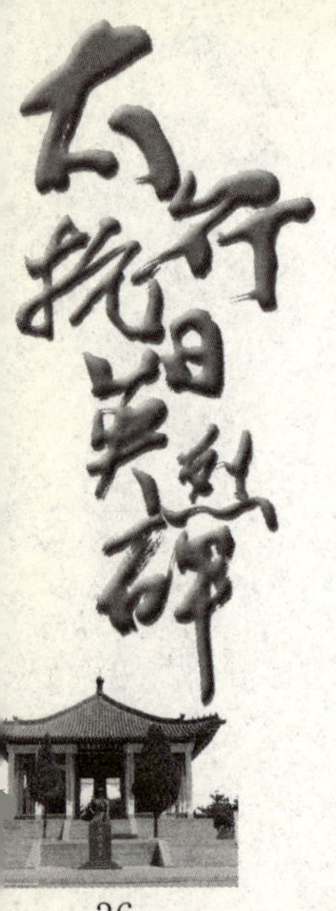

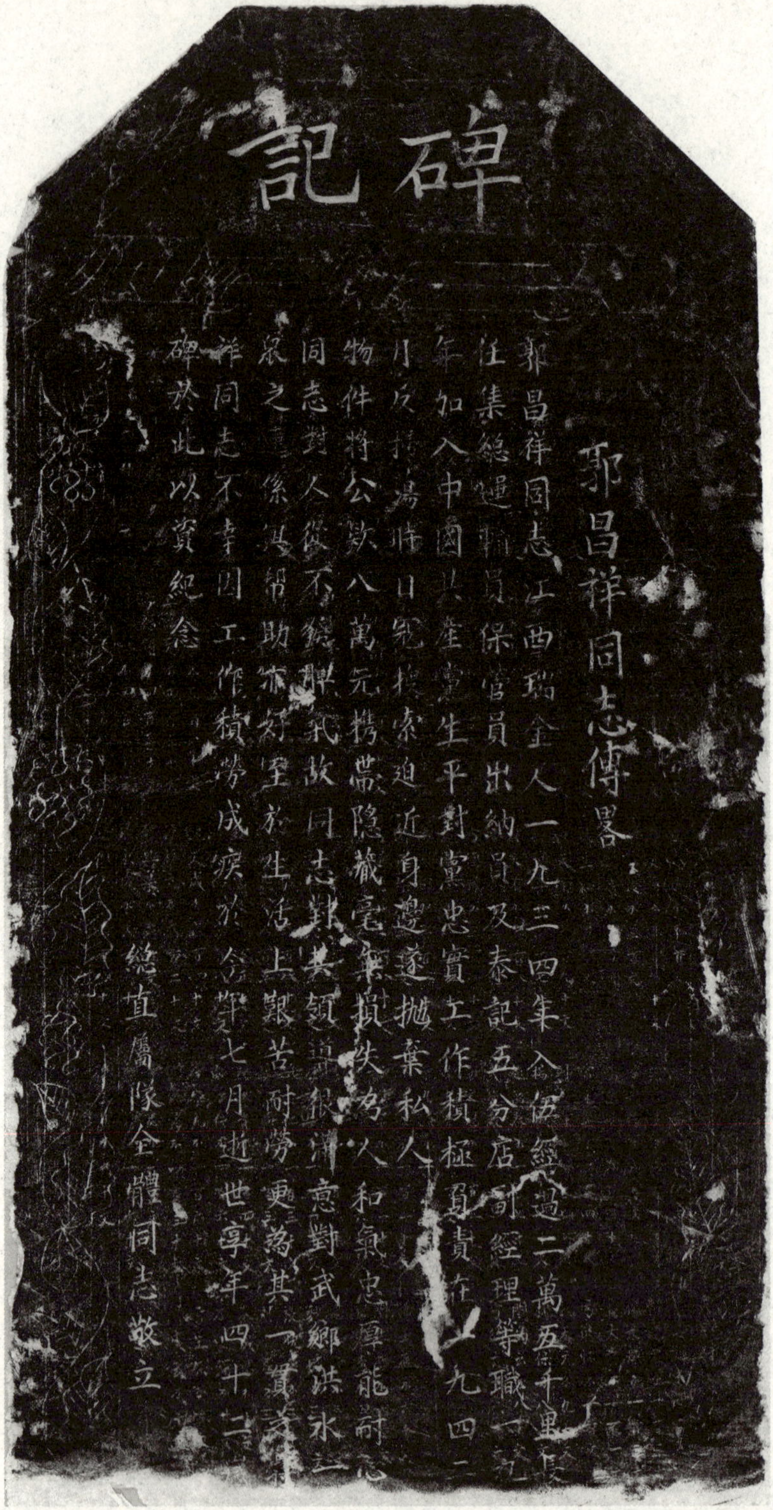

碑記

郭昌祥同志傳畧

郭昌祥同志江西瑞金人一九三四年入伍經過二萬五千里長
任集總運輸員保管員出納員及泰記五分店副經理等職一九
年加入中國共產黨生平對黨忠實工作積極負責在一九四二
月反掃蕩時日寇搜索迫近身邊遂拋棄私人
物件將公款八萬元携帶隱藏毫無損失為人和氣忠厚能耐
同志對人從不發脾氣故同志對其領導很滿意對武鄉洪水之
災之害係其幫助亦好至於生活上艱苦耐勞更為其一貫美
祥同志不幸因工作積勞成疾於今年七月逝世享年四十二
碑於此以資紀念

總直屬隊全體同志敬立

左权县东安山革命烈士公墓“郭昌祥同志之墓”碑阴拓片。

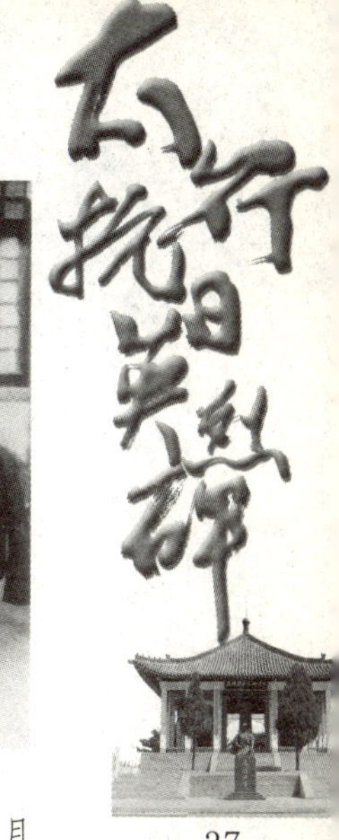

战火洗礼后，不少老红军幸存下来，定居左权县。1958年，在沙河盖起了幸福院，他们集中居住，过上了幸福的生活。（马万仙 供图）

保管员、出纳员及泰记五分店副经理等职，1939年加入中国共产党……1942年3月反“扫荡”时，敌人逼近身边遂抛弃私人物件，将公款八万元携带隐藏，毫发未损……郭昌祥来到抗日前线后，转战于辽县、武乡洪水一带，工作积极，生活艰苦，后因积劳成疾，不幸于1945年7月逝世，享年四十二岁。

汪立亭，湖北黄安人。1929年参加中国红军，1939年加入共产党。历任通讯员、班长、股长、采购员等职。1945年1月在晋中区任工作，适逢敌寇“扫荡”，某次突围时不幸负伤，5月牺牲于泽城医院，时年四十七岁。

李家润，四川省平昌县，红四方面军。落户左权县东泽山。

卢东道，四川广元人。1934年参加中国红军，同年加入共产主义青年团。1936年团转党，历任战士、通讯员、班长、供给员、科员、股长等职。1945年春因试手榴弹不幸负伤，5月牺牲于桃林坪医院，时年二十八岁。

张吉祥，四川荥经人，1935年参加中国红军，1937年加入中国共产党，历任战士、科员、股长、副主任等职。1945年病故于泽城医院时年三十六岁。

彭庆云，四川人。抗战进入太行，负伤后落户熟峪村。1940年4月病逝。

苟天沛，四川省广元县四区真吾工三房沟店子上人氏。自1933年参加红军为革命斗争十余年，不幸在1942年10月12日光荣牺牲了。

夏承德，四川人，1935年入伍，1944年牺牲。苏公村八路军某部兵工厂干部、战士。

赵永富，甘肃省文县尖山乡柏嘴村人，1934年入伍，1937年任商店保管等职，1945年6月牺牲于泽城村。

李世荣（1911—1967），陕西省宝鸡县，1935年4月参加红军。一二九师七六九团排长。1945年武乡战役致残，评为二等乙级残疾。落户左权县。

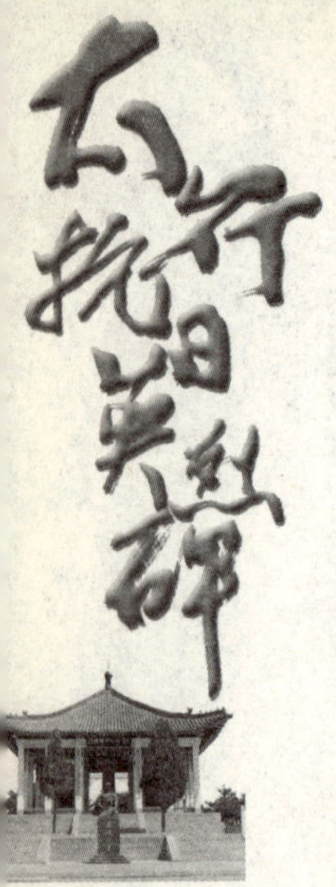

盧東道 汪立亭
王耀西 張吉祥
喬誠 張七清
六同志紀念碑
十八集團軍野戰供給部製

左权县东安山革命烈士公墓“卢东道等六同志纪念碑”碑阳拓片。

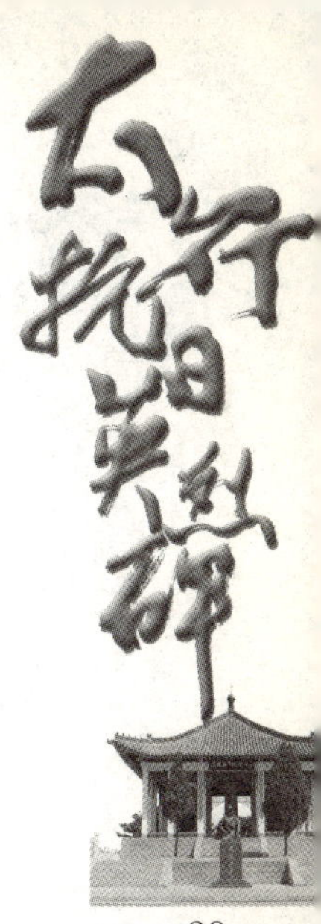

六同志簡歷

左权县东安山革命烈士公墓“卢东道等六同志纪念碑”碑阴拓片。

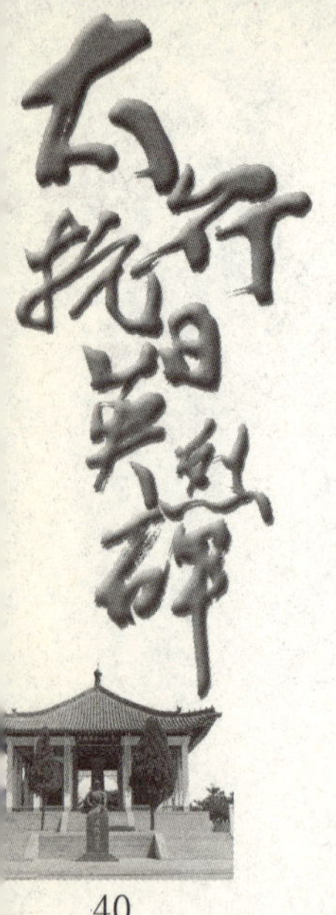

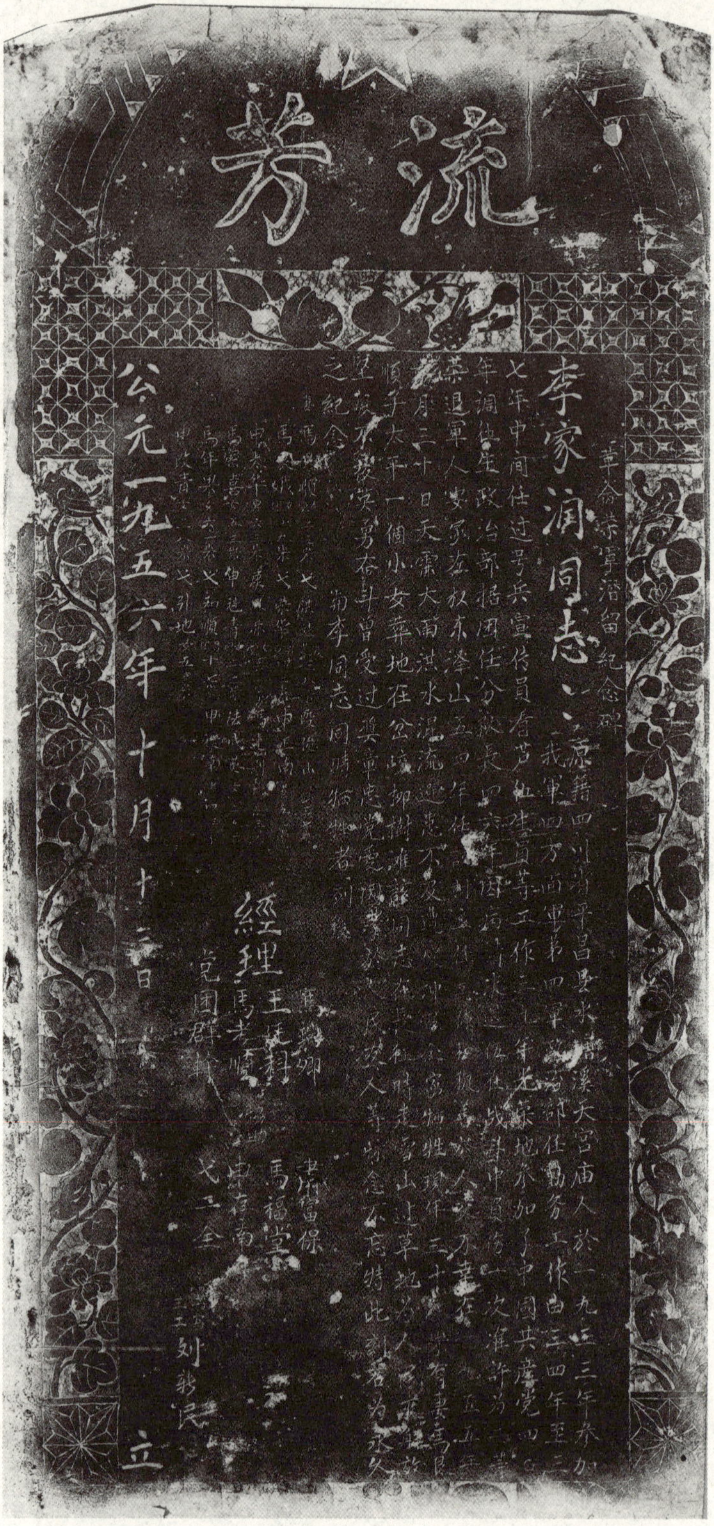

左权县“李家润同志”墓碑拓片。

左权县东安山革命烈士公墓『苟天沛之墓』碑拓片。

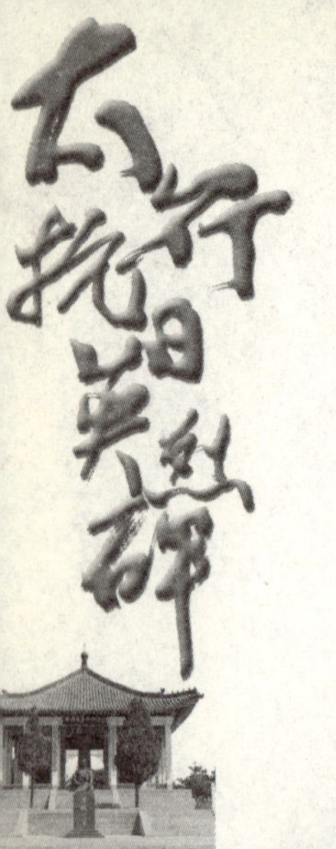

革命元勳

田源海同志原籍河南光山縣彭家灣人其初工人出身於一九二十七年參加農民暴動至二十九年參加中國共產黨工農紅軍紅四軍第十師任過文書股長又陞任三團政委並支部書記等工作一貫的忠實可靠吃苦耐勞忠於人民對黨的事業有無限忠誠終日勞動為傷病員服務富有鬪爭精神思想意識健强有强力的勞動觀念雖年逾六旬仍終日進行農業勞作直至身罹嗑疾仍然念念不忘生產工作可以說是勞動終其一身不幸逝世同位咸為悼痛謹立碑誌其光業永遠不朽

部長錢信忠撰序　花甲士人馬祥甫書丹

左權縣第五區各村支部呈献追悼紀念品

區委會　區政府　五區武委會領導　救聯會　區聯社

區委書記張海林　村長程貴榮
區長趙俊英　督造　監察員
頰井村石工
子田喜旺奉祀

部長錢信忠暨領衛生部全体同志立

民國叁拾八年二月十五日

左为彭庆云墓碑拓片，右为田源海墓碑拓片。

◀ 老红军钟运输和妻子马氏及女钟风英、子钟湘庆合影。（钟声 供图）

钟运输残疾证。（钟声 供图）

▼

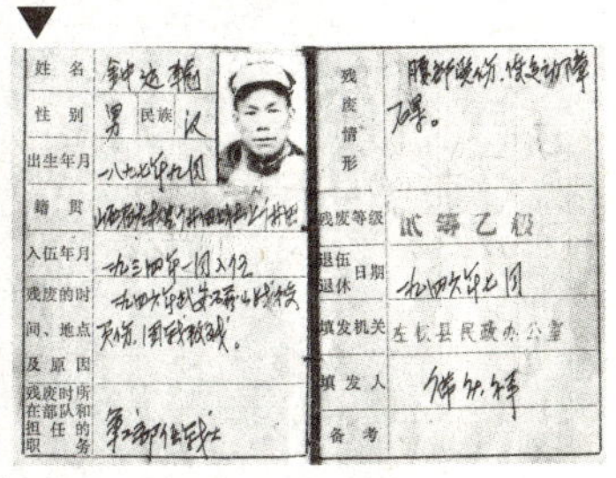

姓名	钟运输		
性别	男	民族	汉
出生年月	一八九七年九月		
籍贯	[illegible]		
入伍年月	一九三四年一月入伍		
残废的时间、地点及原因	[illegible]		
残废时所在部队和担任的职务	[illegible]		

残废情形	[illegible]
残废等级	贰等乙级
退伍退休日期	[illegible]
填发机关	左权县民政办公室
填发人	[illegible]
备考	

田源海，原籍河南光山县彭家湾人，其初工人出身，于1927年参加农民暴动，至（民国）二十九年参加中国共产党工农红军红四军第十师。任过文书、股长，又升任三团政委并支部书记等工作，一贯的忠实可靠，吃苦耐劳，忠于人民，对党的事业有无限忠诚，终日劳动为伤病员服务，富有斗争精神，思想意识健强，有强烈的劳动观念，虽年逾六旬，仍终日进行农业劳作，直至身罹噎疾，仍然念念不忘生产工作，可以说是劳动终其一生，不幸逝世，同位咸为悼痛，谨立碑志，其光业永远不朽。

笔者2016年完成的《长征走来老红军》一书，讲述了数十位落脚左权县的老红军的故事，而以上老红军并未涉及。还有一位钟运输（1897—1978），本名运树，1897年9月出生，江西省瑞金县九堡镇石角村人。1934年1月参加中央红军，曾是八路军总部的厨师。他的孙子钟声告诉记者："十字岭战斗时，后勤账簿全部由爷爷管理。战斗打响后，首长命令，除了枪，一切随身物品全部扔掉。爷爷知道账簿的重要性，不敢扔掉。战斗结束后，朱老总在大会上表扬他责任心强。"1978年3月1日，钟运输病逝于麻田。

我们特别说一下来自井冈山由老红军组成的"八路军总部特务团"。八路军总部特务团，又称朱德警卫团，其前身是中国工农红军中央军委特务团。抗战期间，特务团随八路军前总指挥部驰骋华北战场，担负保卫总部、执行作战警戒、宣传以及发展地方武装等任务，参加了反敌"九路围攻"以及"百团大战""黄崖洞保卫战"等战役，并获得"黄崖洞保卫战英雄团"称号。

"特务团"有位吉林人赵玉珍，曾留学苏联，后在延安抗日军政大学学习。1939年，他来到太行山；1942年4月，任八路军总部特务团副团长。1945年初夏，

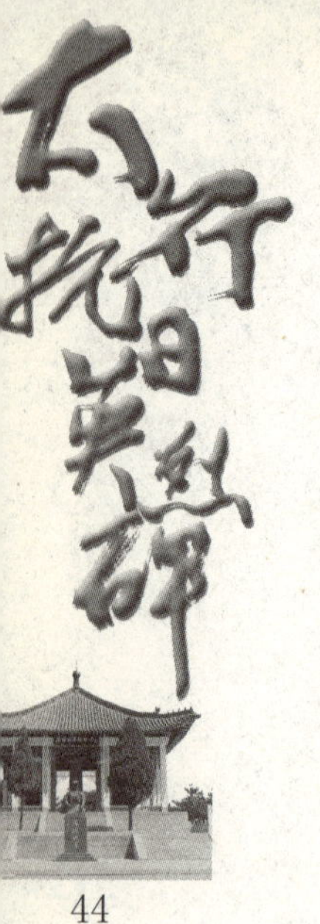

為祖國而犧牲

趙副團長玉珍同志紀念碑

左权县烈士陵园“赵副团长玉珍同志纪念碑”碑阳拓片。

自從七七以來日寇大舉侵略中華而國民党軍隊則望風逃竄致民衆國土淪於敵寇蹂躪踐踏之下情景極爲悲慘幸有人民救星共產党領導八路軍挺赴華北前綫痛擊敵偽收復國土創立抗日政權建設解放區實行民主改善民生發展生產組織互助奠定了新民主主義社會的基礎至此解放區民衆纔開始享受民主自由快樂的生活這是共產党八路軍領導民衆鬥爭的初步勝利

八路軍總部特務團近五年來就輾轉奔馳在左武地區屢次粉碎掃蕩掩護生產團結人民收復城鎮保衛民衆安全不惜任何代價趙副團長玉珍同志就是在這艱苦的鬥爭中光榮殉國了他是東北吉林延吉縣人今年才二十九歲是個出色的共產党員他以身作則艱苦勤勞誨人不倦的精神爲一般民衆和士兵最喜歡欽佩也有在任營連長劉忠奎副連長李生海排長李潮海副排長等都是共產党員是民衆和士兵最敬愛的幹部更有班長趙與元等十二名戰士曾計懷等六十一名他們當中有共產党員也有未入党的人可是他們都是一心一意的爲國爲民抱着忘我的犧牲精神這是多麽崇高多麽偉大啊這是民族的光榮也是共產党八路軍的光榮因此我們左武民衆暨朱德警衛團爲了報答死者之忠魂讓他們這種大無畏的英雄氣慨永存於[illegible]特建立此碑以資紀念

朱德警衛團捐小米四百斤
左權二區各村民衆獻款洋三千四百六十八元
左權七區各村民衆獻款洋一千八百六十七元
武鄉一區各村民衆獻款洋四千三百元
武鄉墨[illegible]舊編村[illegible]獻文昌閣全部木石磚瓦

朱德警衛團團長鍾明鋒率領全体同志
左權第二區區長張竣程率領全區民衆
左權第七區區長劉玉堂率領全區民衆 公立
武鄉第一區區長[illegible]率領全區民衆
前武鄉縣政府建設科科長李[illegible]華篆額並書

石工 馬俚 張麟祥 刊
木工 王成翔 張三元 馬道昌 王大羊
畫工 王貴喜 李五保 王七十 張維新

中華民國三十四年七月七日 立

左权县烈士陵园“赵副团长玉珍同志纪念碑”碑阴拓片。（毛上虎 拓制）

赵玉珍（郝雪廷 供图）

太行军区平原攻坚战在祁县打响了。武乡学者郝雪廷撰文说：

> 为了配合战斗，总部命令特务团进行支援，赵玉珍副团长奉命率领两个营前往参战。
>
> 1945年4月6日凌晨4时，我军对驻守祁县的日军发起全面进攻的号令。太行军区第二、三军分区部队与总部特务团相互配合，奋力作战，一鼓作气打下伪县政府，一直把守城的日本兵逼到了城西北角一地，打起了巷战。我八路军当时打得非常残酷，损失惨重。眼看着战士们一个个地倒下，战士王宝国闷着头、扛起炸药包一个人就冲了过去。敌人的机枪猛往他身上扫射。王宝国倒了下去，人们以为他牺牲了。可没想到他拖着一路血痕，硬是爬到了碉堡边上，突然一个跃起，把炸药包直接塞进了小鬼子的碉堡口里，接着一声巨响，鬼子的碉堡被炸开了。
>
> 为了尽快结束战斗，彻底消灭守城之敌，特务团副团长赵玉珍同志趁敌人碉堡被炸之机，立即率部冲了上去，我军各部一起涌了上去，迅速结束了战斗。就在此时，暗藏在角落的小鬼子朝赵玉珍开了一枪，赵副团长倒了下去……
>
> 赵玉珍副团长牺牲后，安葬在墨镫东部的锅窑岭……

在左权县烈士陵园有一块“赵副团长玉珍纪念碑”。碑文说：“八路军总部特务团近五年来，就辗转奔驰在左、武地区，屡次粉碎扫荡，掩护生产，围困敌人，收复城镇，保卫民众之安全，不惜任何代价。赵副团长玉珍同志就是在这艰苦的斗争中光荣殉国了。他是东北吉林延吉县人，今年才二十九岁，是个出色的共产党员。他那以身作则、艰苦勤劳、诲人不倦的精神为一般民众最喜欢、钦佩。”

“赵副团长玉珍纪念碑”不唯纪念赵玉珍一人，还有特务团的连长宋仕信、

1984年，曾任“总部特务团”团长的欧致富（右三）等太行老同志重返十字岭。（皇甫束玉存件）

副连长刘忠魁、排长李生海、副排长李潮海、苗长荣、陈忠山、孟照曾，碑文说他们“都是共产党员，是民众和士兵最敬爱的干部”。此外，这通碑上还有班长、副班长十二人以及战士六十一人的姓名。碑文说：“他们当中有共产党，也有未入党的人，可是他们都是一心一意的为国为民抱着忘我的牺牲精神。这是多么崇高，多么伟大啊！这是民族的光荣，也是共产党八路军的光荣。因此，我们左、武民众暨朱德警卫团为了报答死者之忠魂，让他们这种大无畏的英雄气概永存于世，特建立此碑，以资纪念。”

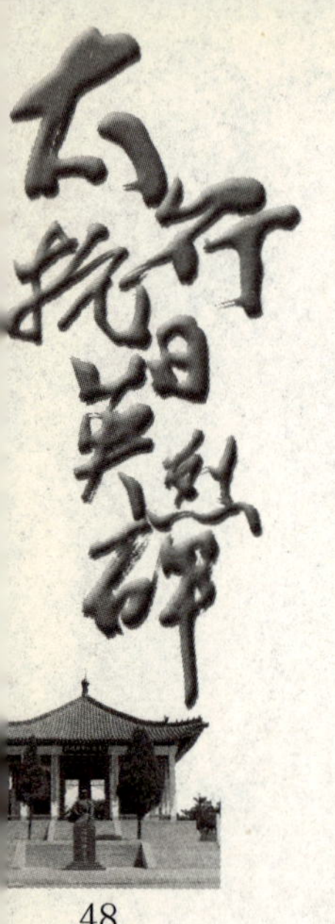

课后活动：

★赵登禹的故事你知道多少？请课外阅读《大刀向鬼子头上砍去：赵登禹将军传》（天津古籍出版社2012年版），想想赵登禹是一个怎样的抗日英雄。此外，设法阅读两块和赵登禹将军相关的石碑，充分了解赵登禹和左权县的故事。

★去桐峪瞻仰“为纪念抗战建国三周年”而立的“抗战阵亡将士纪念牌”，认真阅读碑文，并背诵下来。然后，了解一下辽县抗日县长魏永生的故事。

★关于老红军的纪念碑，你了解多少？请就你了解的红军碑，写一篇《记左权县的红军碑》。

第二讲
名将以身殉国家

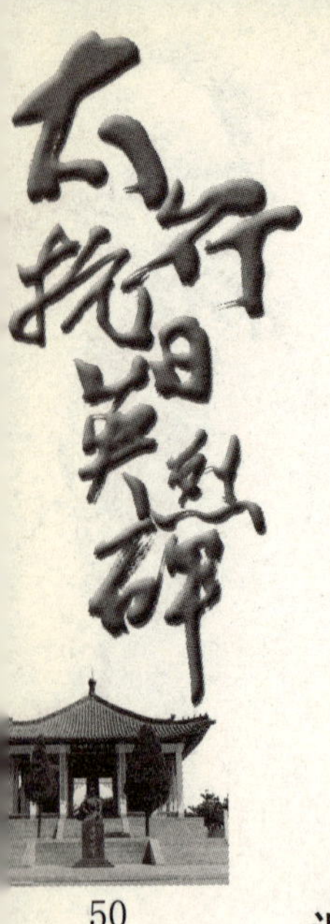

课前提示：

★你是否了解左权将军？你认为左权将军对中国革命最大的贡献是什么？左权将军在太行革命根据地建设过程中，发挥了怎样的作用？

★百团大战的历史背景你了解吗？请就百团大战的历史背景，谈谈你对百团大战的认识。

★你听说过“朝鲜义勇军”吗？你知道他们是怎样来到太行山参加抗战的吗？

◀◀**前页图片：**十字岭位于左权县麻田镇北艾铺村。1942 年 5 月 25 日，左权将军殉国于此。1985 年，左权县人民政府在十字岭左权将军殉难处建起纪念亭，亭两边柱子上刻着：伟烈丰功卓著集民族正气贯古今；忠肝义胆长存铭华夏英碑迪后人。正上方横额“左权将军纪念亭”为徐向前所题。2014 年 8 月 24 日，“左权将军殉难处”被列入国务院公布的“第一批国家级抗战纪念设施、遗址名录”。国务院的通知说：“为隆重纪念中国人民抗日战争暨世界反法西斯战争胜利，经党中央、国务院批准，现将第一批八十处国家级抗战纪念设施、遗址名录予以公布。各地区、各有关部门要加强抗战纪念设施、遗址的保护管理，深入挖掘抗战纪念设施、遗址的历史内涵和现实意义，广泛组织开展群众性拜谒、参观和纪念活动，教育引导广大群众特别是青少年充分认清日本法西斯侵略者犯下的罪行，牢记中华民族抵御侵略、奋勇抗争的历史以及中国人民在世界反法西斯战争中作出的巨大牺牲和不可磨灭的历史贡献，学习宣传抗日英烈的英雄事迹，大力培育和弘扬伟大的爱国主义精神，进一步增强民族凝聚力、向心力，为实现中华民族伟大复兴的中国梦提供强大精神动力。”

“左权将军殉难处”是红色太行地标之一。图为北京星河公益基金会组织的祭奠活动。

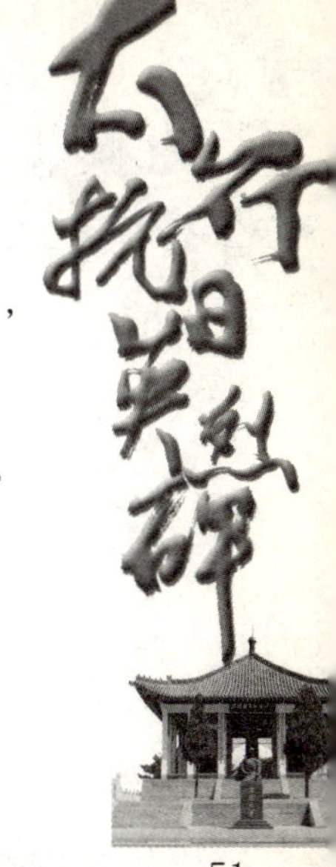

◀ 湖南省醴陵市左权镇将军村（原醴陵县北乡黄茅岭）重建“左家老屋”，以纪念左权将军。原本的左家老屋，1958 年因建造黄茅岭水库而毁弃。

左权县是以左权将军的名字命名的。那么，左权将军是谁？

1905 年 3 月 15 日，左权诞生于湖南醴陵县平桥乡黄茅岭村，1942 年 5 月 25 日血洒太行山十字岭。左权将军殉国后，辽县百姓立即呼吁将辽县易名为左权县，为的是让大地铭记这段沉重的历史。

王孝柏是定居在湘潭的一位研究左权将军生平的专家。他告诉笔者：“我在醴陵找到了《湖南醴陵左氏族谱》。我指着一个名字告诉族谱持有人，这个人就是左权。人家惊讶地说：‘这就是左权呀？’”原来，在醴陵，左权不以左权为名。在这本雕版印刷的老族谱里有这样的文字：

> 兆新三子：纪传。册名“传”，字孳麟，号叔仁。醴陵县立中学校修业，广州陆军讲武学校毕业。清光绪三十一年乙巳二月初十亥时生。
>
> 娶陈氏。字湘芸，邑北易家冲谨吾之女。清光绪三十年甲辰十一月初六日子时生。
>
> 子一，馥生。

字、号、经历都对，就是名不对。不少传记里说左权曾叫“左纪权”，由此看来，并无此叫法。王孝柏在《左权年谱》里说，左权将军的诞生地是湖南省醴陵县北一区平桥乡睦华村黄茅岭。笔者 2015 年到过那里，一道大坝横在眼前，写着“黄茅岭水库”。王孝柏告诉我：“左权将军出生地就在水库里面。”

走上“黄茅岭水库”堤坝，眼前左侧的低矮土丘就是“黄茅岭”，也写“黄猫岭”。两个叫法各有来历。后者是因为整个土丘远望像卧猫，且为黄色茅草所覆盖；前者直谓黄色茅草。

土孝柏讲，在修筑水坝前，左家屋场就在黄茅岭脚下。左家屋场前面是一条河，

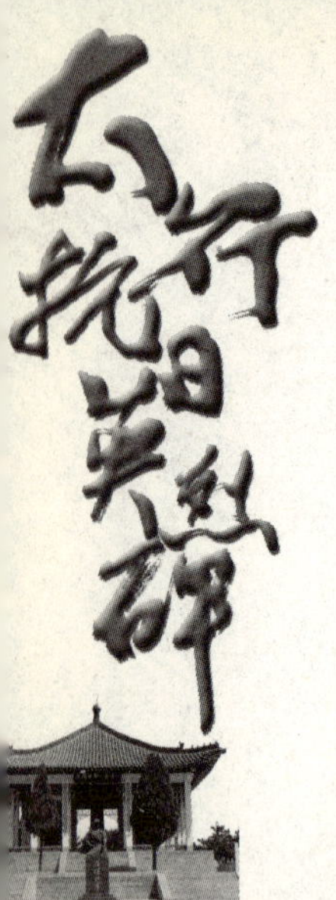

左权将军母亲张氏墓（位于醴陵市左权镇将军村外），墓碑上有左权将军的名字。图为《左权传》《左权年谱》作者王孝柏和左权外侄孙李敦武、将军村党支部书记沈正好、王孝柏夫人徐米士在聊墓碑上的人名。

河的两岸是稻田。左权少年时代就生活在这里，下地插秧，上山砍柴……1923年，十八岁的左权随表兄离开家乡出外求学，之后就再也没有回来。1949年7月，衡宝战役打响之前，所有入湘部队及向湖南方向的野战军接到中央军委直接下达的一道命令，要求部队入湘后，如情况允许，则前往湘东的小山村——黄茅岭，去看望左权的母亲。所以，不论哪个部队，来到左家屋场见到老太太，都亲切地说："我们是您的儿子！"渐渐地，老太太终于明白："小儿子已经血洒战场。"于是，由返乡的儿子左棠代笔，老太太写下了这样的话："吾儿抗日成仁，死得其所，不愧有志男儿！"老太太去世后的1958年，黄茅岭人迁移到库区外。

太行山麓 清漳河滨 将军英灵 气贯长虹
策划抗战 勋业彪炳 为国尽忠 士卒同风

这是1942年9月18日镌刻在"国民革命军第十八集团军副参谋长左权将军纪念碑"上的话，高度凝练地概括了左权将军的一生。而今，纪念碑依旧耸立在左权县芹泉镇西黄漳村学校旁侧，可能是最早为左权将军立的碑了。立碑人是左权县县长巩丕基率领全体民众。那时，正是抗战最艰苦的时候，国之需要名将，名将陨落太行。所以，碑文宣泄的情绪更有时代气息：

将军，湖南醴陵人。少习军事于广东湘军讲武堂，继入第一期黄埔军校，旋加入中国共产党，从事军事革命。追参与东征及回师广州诸役。后又留学莫斯科军事大学，精研政治、军事，深有心得。

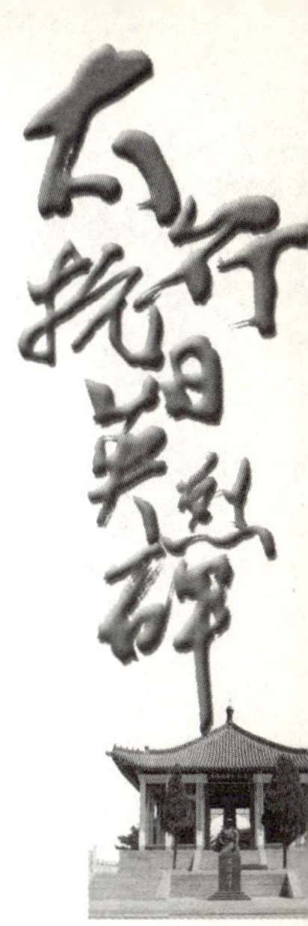

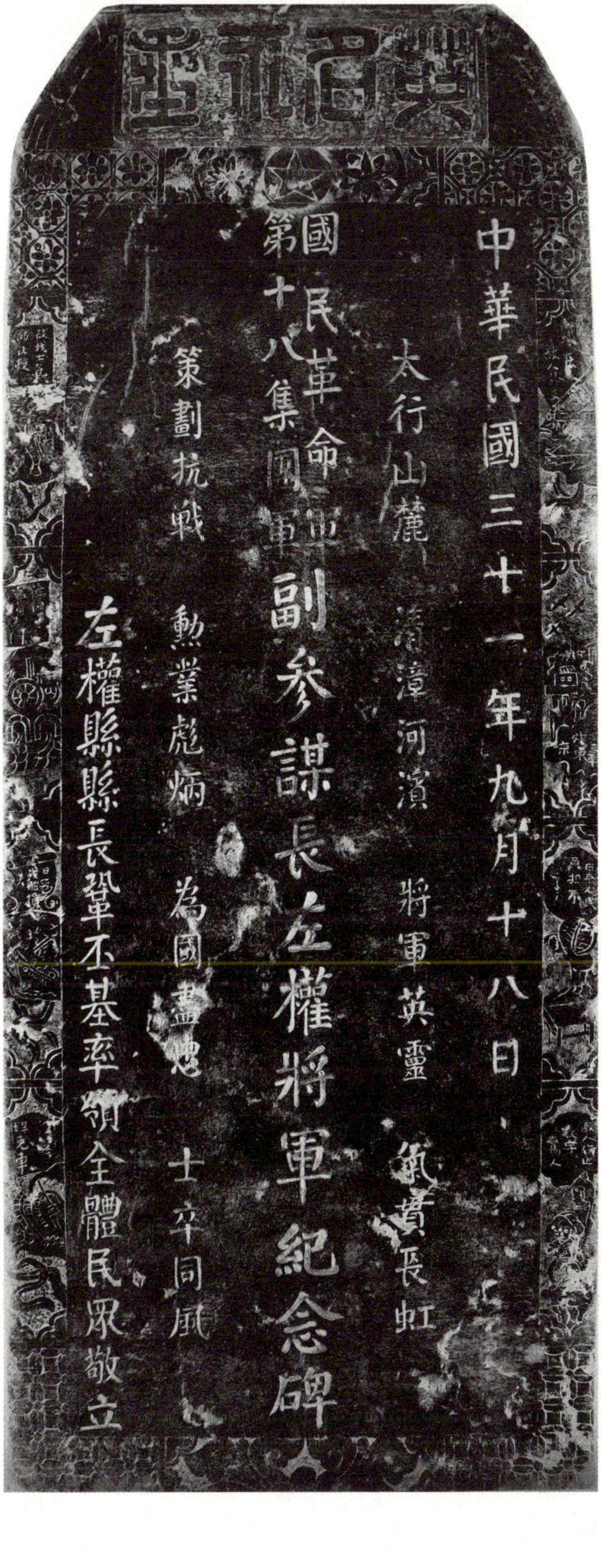

中華民國三十一年九月十八日

太行山麓　清漳河濱　將軍英靈　氣貫長虹

國民革命軍
第十八集團軍
副參謀長左權將軍紀念碑

策劃抗戰　勳業彪炳　為國盡瘁　士卒同風

左權縣縣長鞏丕基率領全體民眾敬立

西黄漳村“国民革命军第十八集团军副参谋长左权将军纪念碑”碑阳拓片。

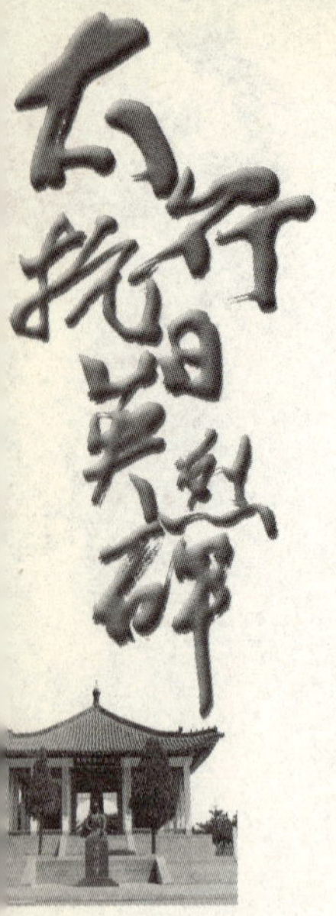

浩氣常存

左權將軍生平略歷

將軍湖南醴陵人少習軍事於廣東湘軍講武堂繼入第一期黃埔軍校旋加入中國共產黨從事革命道參與東征及回師廣州諸役後又留學莫斯科軍事大學精研政治軍事深有心得民國十九年畢業歸國馳抵江西歷任紅軍要職建樹尤多比及七七事變國共合作實行全面抗戰將軍隨同朱彭總副司令運籌帷幄堅持敵後游擊戰爭建立抗日根據地厥功甚偉本年六月初日寇集其精銳三萬餘向我太行區瘋狂進犯戰爭空前激烈將軍一本平日忠於革命之素志親臨指揮反覆衝殺卒予數十倍我之暴敵以重大殺傷後乃視死如歸光榮犧牲於麻田附近時年僅三十六歲哀訊傳出全國無不震憤回憶其生平忠心赤膽沉毅堅忍勤勞盡責耐煩細心久為民眾所擁戴士兵所欽佩誠不愧模範共產黨員革命高級將領以將軍之志行才力學識經驗所能供獻於國家民族盡力於革命者正大今一旦壯烈犧牲對於抗戰事業雖損失甚鉅然留有光榮歷史足以引起千百萬人民暨軍隊踏其血跡繼其遺志與敵進一步鬥爭行見太行之巔高樹左將軍勝利旗幟數十萬八路健兒北平天津東出榆關將為左將軍復仇矣群眾為永久紀念呈請邊府核准改遼縣為左權縣以垂不朽云

左權將軍精神不死！

中國抗戰勝利萬歲！

中華民族解放萬歲！

西黄漳村“国民革命军第十八集团军副参谋长左权将军纪念碑”碑阴拓片。

左权将军标准像。浙江桐乡人徐肖冰（1916—2009）拍摄。（左太北 供图）

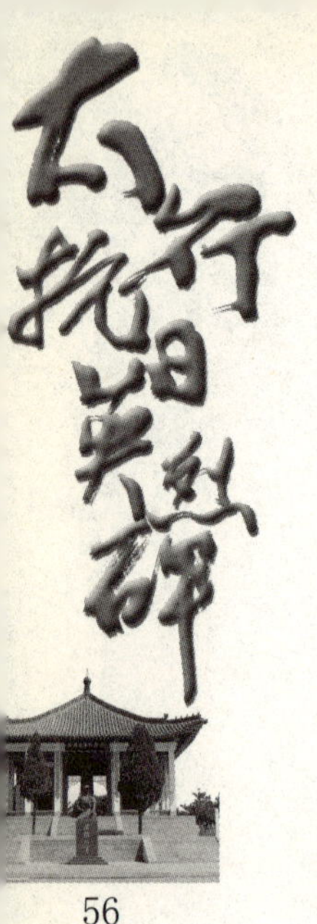

左权将军。（王孝柏 绘）▶

民国十九年（1930）毕业归国，驰抵江西，历任红军要职，建树尤多。

比及“七七”事变（1937），国共合作，实行全面抗战，将军随同朱、彭总副司令运筹帷幄，坚持敌后游击战争，建立抗日根据地，厥功甚伟。

本年(1942)六月初，日寇集其精锐三万余，向我太行区疯狂进犯，战争空前激烈。将军一本平日忠于革命之素志，亲临指挥，反复冲杀，卒予数十倍我之暴敌以重大杀伤，后乃视死如归，光荣牺牲于麻田附近，时年仅三十六岁。

哀讯传出，全国无不震愤。回忆其生平忠心赤胆、沉毅坚忍、勤劳尽责、耐烦细心，久为民众所拥戴，士兵所钦佩，诚不愧模范共产党员，革命高级将领。以将军之志行才力、学识经验所能供献于国家民族，尽力于革命者正大。今一旦壮烈牺牲，对于抗战事业虽损失甚巨，然留有光荣历史，足以引起千百万人民暨军队踏其血迹，继其遗志，与敌进一步斗争。

行见太行之巅，高树左将军胜利旗帜，数十万八路健儿北下平津，东出榆关，将为左将军复仇矣。群众永久纪念，呈请边府核准改辽县为左权县，以垂不朽云。

左权将军精神不死！

中国抗战胜利万岁！

中华民族解放万岁！

百团大战是左权短暂一生中的一个大手笔。1940年7月22日清晨，一封注明“十万火急”字样的绝密电报，从八路军总部发往分处敌后的各师指挥官：聂荣臻、贺龙、关向应、刘伯承、邓小平，同时发往延安中央军委。这份由朱德、彭德怀、左权三人共同签发的《关于破击正太路战役的预备命令》这样写道：“由于国际形势的变动与我西南国际交通被截断，国内困难增加，敌有于8月进攻西

百团大战纪念碑(阳泉)。(弓宇杰 摄)

东隘口村原书记刘书香讲：“百团大战结束后，很多伤病员来到这里养伤，我们村口的三龙庙就是救治伤病员的医院。有些伤病员牺牲后都埋在我们村口的沙塔周边。1996年，左权县发洪水，很多烈士的遗骨露了出来。我们申请修建了烈士陵园，并请时任八路军卫生部部长钱信中题写了‘八路军抗日英烈永垂不朽’，钱老回忆当时有八百多名牺牲的伤病员埋葬在东隘口村周边。”（弓宇杰 摄）

安，截断西北交通之可能。因此，一部分大地主、大资产阶级更加动摇，投降危险亦随之严重。我军应以积极的行动，在华北战场上开展较大的胜利的战斗，破坏敌人进攻西北计划，创立显著的战绩，影响全国的抗战局势，兴奋抗战的军民，争取时局的好转，这是目前最严重的政治任务。”

顺着《大运筹：共和国元帅重大决策》的记述，让我们回到六十五年前。

> 1940年8月20日，中国抗日战争历史风云中一个特殊的日子。
>
> 这一天晚上，在华北大地上，在晋察冀军区前线指挥所驻地一个叫洪河漕的小山村，在一二九师前线指挥所驻地石拐村，在一二〇师前线指挥所驻地兴县蔡家崖小院里，在八路军总部驻地王家峪，正处在大战前的紧张气氛中。
>
> 22时正，各兵团按统一规定发起攻击……
>
> 22日午饭后，彭德怀、左权在作战室听作战科长王政柱汇报战况。当问到八路军实际参战兵力时，王政柱嗓音响亮地回答道：“正太线三十个团，平汉线卢沟桥到邯郸段十五个团，同蒲线大同至洪洞段十二个团，津浦线天津至德州四个团……参战兵力共计一〇五个团。”
>
> 王政柱话音未落，左权参谋长抢先说：“好！这是‘百团大战’，作战科要仔细把数字查对一下。”
>
> 彭德怀定性地说：“不管一百零几个团，这次战役，就叫作‘百团大战’好了。”
>
> 当天下午给各兵团，并报中央军委的电报中，最先使用了“百团大战”这一名称。

8月20日的左权怎样呢？据他的妻子刘志兰回忆说：“午夜，你虽有着胜利的把握，也仍为行将发生的战役焦虑着，没有睡眠，在屋内和院中徘徊，等到

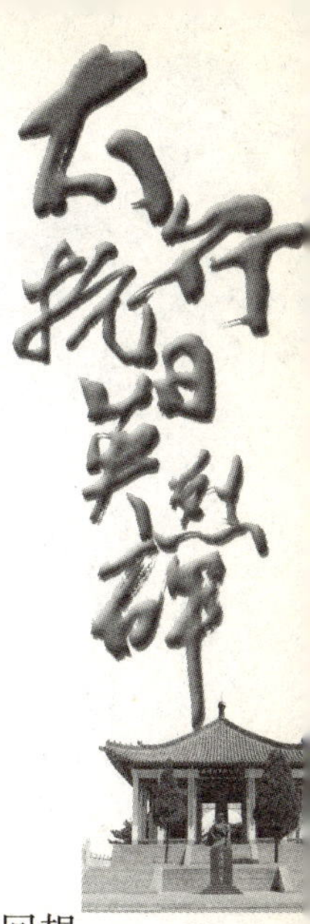

◀左权县郭家峪村党支部书记常先锁（左）和村民刘小帮讲述在“百团大战”中牺牲的本村烈士。（弓宇杰 摄）

捷报像雪片一样传来，你更忙碌地研究战况，阻击敌人的增援，扩大战果。回想数十万健儿、数百万群众，在祖国的原野上，展开七昼夜的破击战，使敌人背腹受击、惊慌失措，娘子关峰峦上飘扬着国旗，是怎么一幅壮烈的图画。”

百团大战，辽县人也付出了牺牲。

> 张福顺，1939 年 10 月参加八路军，在五旅二团当战士，1940 年百团大战时光荣牺牲，年仅二十七岁。[1]

就一个战役而言，左权在百团大战期间留下的文字最多。除了《关于破击正太路战役的预备命令》《关于进行正太路战役中之侦察重点》《战役行动命令》《破坏战术之一般指示》《关于“扩大宣传百团大战成果”的命令》，还在战争间歇为媒体写了《论“百团大战”的伟大胜利》《百团大战第三阶段的新胜利》。《论“百团大战”的伟大胜利》于 1940 年 9 月 5 日在《新华日报》上大篇幅发表，最及时地总结了百团大战的意义。

日军在百团大战中受到重创，遂将“中国通”、反华老手冈村宁次派到华北前线。冈村赴任的时候，东条英机率领陆海军将领、达官贵人亲自为他送行，可见，日军对华北战局的重视。

冈村一到任就注意到冀中是太行山八路军的“兵站基地”，认为只要摧毁了冀中，就可置八路军总部所在的太行区于死地。1942 年 5 月初，日军以五万余兵力对冀中实行“铁壁合围”。八路军总部命令冀中军区司令员吕正操率主力向太行山转移，而八路军各部向华北各交通线发动广泛出击，支援冀中。“铁壁合

〔1〕见《郭家峪村烈士纪念碑》。

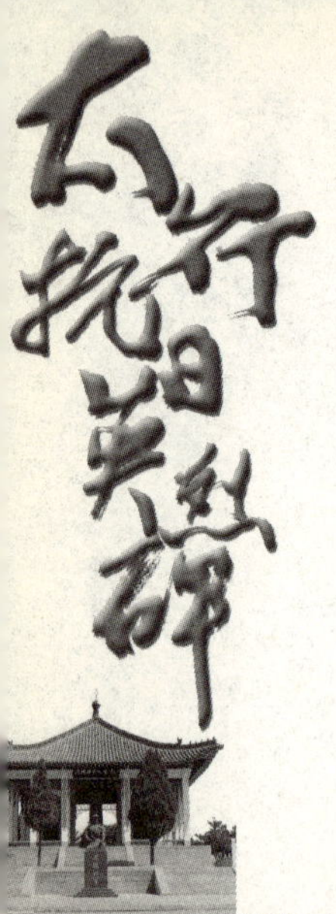

左权（右三）等八路军将领在太行根据地阅兵。（左太北 供图）

围”破产。

冈村手下那些和八路军打过几年交道的幕僚建议：“破坏中共组织，中枢机关乃为至要，应尽量逮捕其主要人物。”于是，冈村把凶恶的目光从冀中投向太行山。他要求尽快研究游击战术，以对付太行山里的八路军。不久，第一军司令长官岩松义雄炮制了一个“C 号作战计划”。

岩松从日军第三十六师团挑选了两个联队，组成两支“挺进杀人队”，在日军主力的进攻中执行特殊任务。一支叫“益子队”，其任务是破坏八路军总部，刺杀彭德怀、左权；一支是“大川队”，破坏一二九师师部，刺杀刘伯承、邓小平。1942 年 5 月中旬，日军第一司令部在长治设立指挥部，印刷了彭德怀、左权、罗瑞卿、刘伯承、邓小平、李达等人的照片发给“挺进杀人队”。“挺进杀人队”身着便衣，甚至化装成八路军，随身携带食品和雨衣行囊。他们不进村，白天躲起来，晚上行动，秘密向八路军总部所在的太行山腹地移动。因为隐蔽性强，“挺进杀人队”没有遇到军民的有效阻挡，也使得有广泛群众基础的八路军一时间失去了群众耳目的保护。

左权将军一直关注的是冀中的局势，当5月22日有情报表明大批敌人向辽县、和顺、武安、襄垣、潞城云集时，他连夜做出总部转移的详细计划。

当年作为《新华日报》记者的李庄参加了这次突围。他在晚年回忆说：

我方在这次反“扫荡”中遭受的损失，在太行区空前绝后，在华北敌后也很少见。原因很多，我个人认为主要是对这次反“扫荡”作战估计不足。战役开始前，我党政领导机关照例转移，居民进行空合清野，战斗部队主力及时跳到外线寻机歼敌，部队指挥机关像过去反“扫荡”一样，带领少数警卫部队依靠根据地的群众条

◀左权县山庄村《新华日报社》旧址（王小飞 摄）

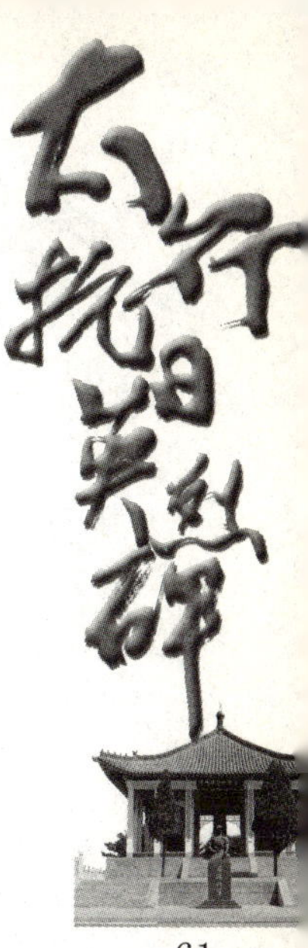

件和山险地势同敌人兜圈子。当时人们有一种依赖心理，认为在反“扫荡”战斗中，随高级指挥部行动最安全，因此除了总部、北方局直属队外，《新华日报》、党校、朝鲜独立同盟、朝鲜义勇队、日本觉醒联盟、银行、边区文联等等，上万名非战斗人员，一字长蛇阵，在山间小路上行进，壮观确实壮观，笨重也确实笨重，游击战的“灵活机动”四字就谈不到了。

后来做了荣宝斋经理的侯恺当年在野战政治部鲁艺，他也是从这个后沟五月炮火中挺过来的一个。他回忆说：“当时我地方党政部门、军区政治部、后勤供给部门、群众团体、新闻单位、书店、学校、剧团、医卫团体统统驻扎在以麻田为中心的清漳河两岸，除少量负责保卫的武装人员外，都没有作战能力。而所有单位一起出来，队伍十分庞大，目标非常明显。而山间小路十分拥挤，行走极其不便，于是部队分散转移。我们后方机关多系文职人员及老弱妇孺，且赤手空拳，只能在强大敌人火力进攻下迂回周旋，伤亡惨重。我们被敌人围困在一条峡谷里。这条峡谷长四十华里，宽不过丈许，两侧皆悬崖峭壁，人在谷底，插翅难飞。”

在敌人的围困中，左权与彭德怀、罗瑞卿紧急碰头研究对策。最后彭德怀下令：左权率领总部和北方局向西北方向突围，罗瑞卿率领野战政治部向东突围。左权对彭德怀说：“你是副总司令，你先冲出去，总部就跳到圈外，就主动了。我留在十字岭掩护！”

彭德怀、罗瑞卿、杨立三突围出去以后，左权来到了十字岭正岭，他对坚守的将士说：“守住这个山头很重要，山下的沟壑里还有许多人，只要我们再坚持一下，所有人员就能够安全突围出去。”

《左权将军在太行》（国画局部　刘恩荣 作）

◀ 左权将军指挥十字岭战斗。（王孝柏 绘）

2004年，当年左权的警卫员陈利财在湖南省龙山县老家接受采访。据他描述，左权带领一个一百多人的干部连突围。左权走在最前面，紧接着是作战科长，然后是陈利财。再走几百米，就可以跳出敌人的火力圈钻进深山了，这时突然飞来三颗炮弹，大家迅速卧倒，头两弹没有伤到人，第三发就在左权的身边爆炸了。弹片从前额、腹部打进去，额头一滴血都没流，露出了白森森的不知是骨头还是脑浆。陈利财和战友拖着左权向前走，才走了十几米，左权的身子一下软了下来，牺牲了。陈利财等人找到一张破席子，裹住左权，在一条小沟边草草挖了坑把他埋了。后来听说，敌人发现八路军死了上千人都没有埋，只埋了这一个人，就挖出来看，并拍了照。他们发现死的是八路军的副总参谋长，在两个小时之内就撤得精光，因为害怕八路军大举报复。

左权将军殉国的日期是1942年5月25日，碑文中说的是6月初，何也？因为左权牺牲后，八路军不想暴露总部被围，所以没有马上发布消息。出于迷惑日军的考虑，中共中央发出的消息是，左权副参谋长是6月2日在太行山指挥伏击敌人的作战中牺牲的。

1942年7月7日，延安党政军民隆重追悼抗日阵亡将士，左权将军遗像悬挂在会场。当时辽县抗日政府的领导委托阎濂甫主持创作一首歌曲。阎濂甫找到王恕先、皇甫束玉，由王恕先执笔，三人一起创作，完成了一首《左权将军》：

左权将军家住湖南醴陵县，
他是中国共产党的优秀党员，
老乡们，他是中国共产党的优秀党员。

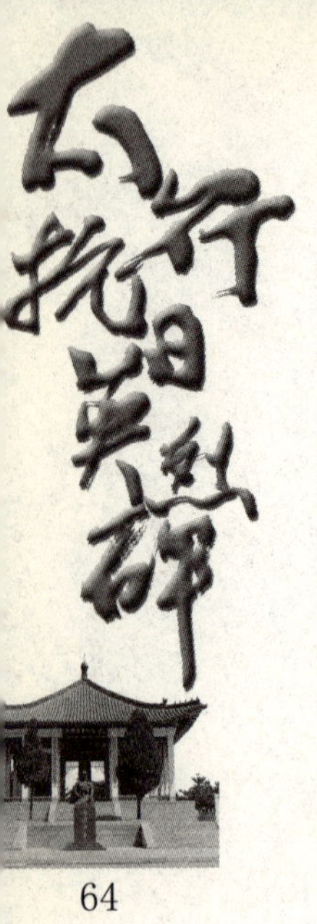

教材中的《左权将军》▶

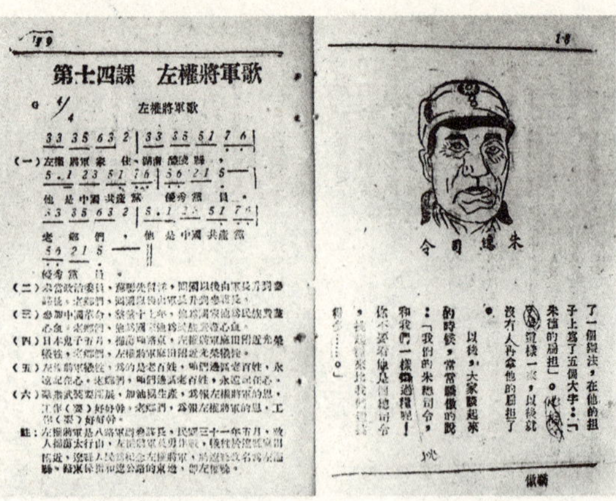

第十四課　左權將軍歌

左權將軍歌

朱總司令

未当政治委员苏联去留洋，
回国以后由军长升到了参谋长，
老乡们，回国以后由军长升到了参谋长。

参加中国革命整整十七年，
他为国家他为民族费尽心血，
老乡们，他为国家他为民族费尽心血。

狼吃日本五月扫荡咱路东，
左权将军麻田附近光荣牺牲，
老乡们，左权将军麻田附近光荣牺牲。

左权将军牺牲为的是老百姓，
咱们辽县老百姓为他报仇恨，
老乡们，咱们辽县老百姓为他报仇恨。

皇甫束玉回忆，大约在 1942 年六七月间，他与阎廉甫、王恕先“三人在西黄漳县政府南房民教科，由王恕先执笔，三人创作，突出‘报仇’之意。当写到‘狼吃日本五月扫荡咱路东’时，对‘狼吃’二字斟酌几次，最后定稿认为这两个字真实反映了群众报仇雪恨的激情。歌词完成后，由民教科通知各学校教唱。与此同时，区长会议上群众要求改县名以纪念左权将军，县政府备文报请，得到

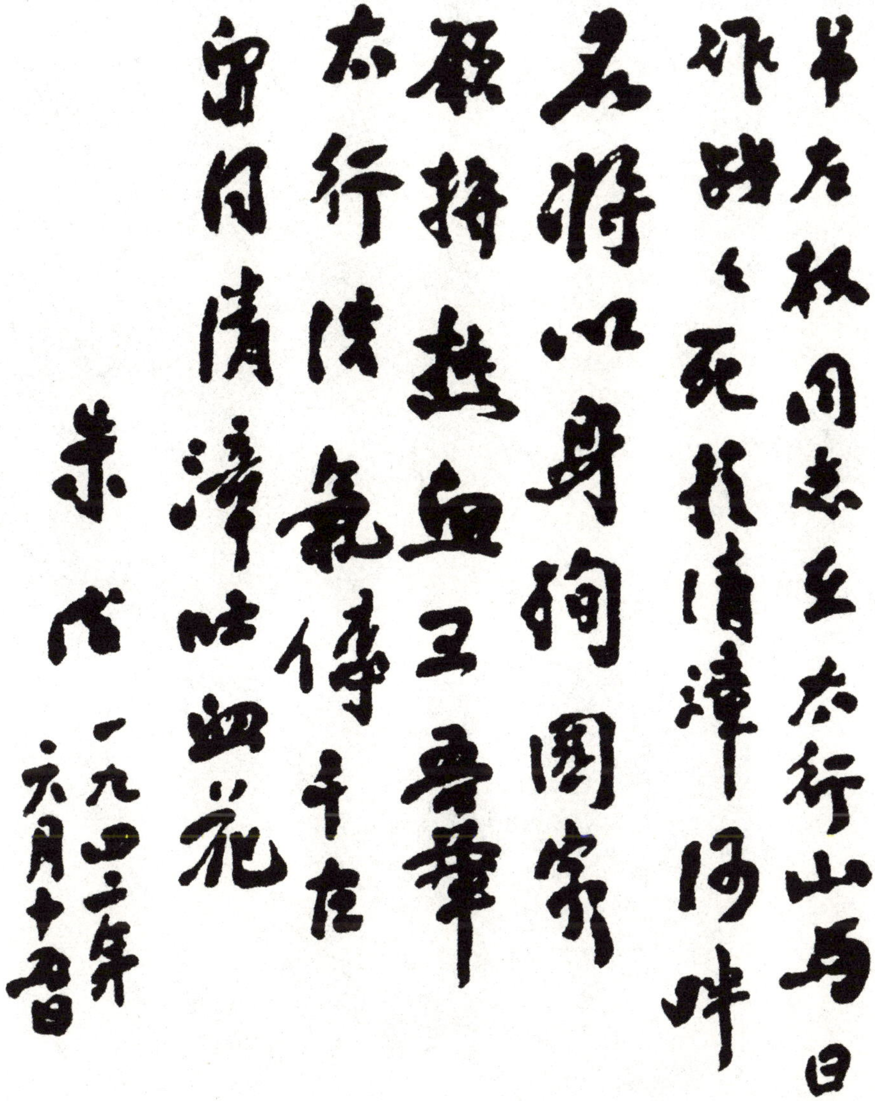

悼左权同志在太行山与日寇作战战死於清漳河畔

名将以身殉国家，
愿将热血卫中华。
太行浩氣傳千古，
留得清漳吐血花。

朱德 一九四二年六月十日

朱德悼念左权将军名作手迹。

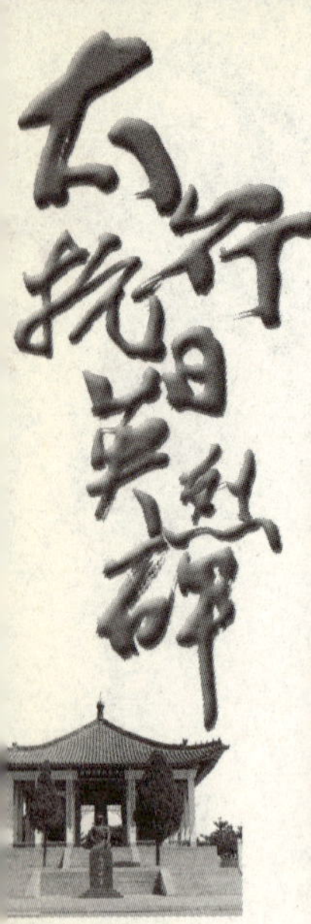

左权将军在太行。（左太北 供图）

左权将军遗孀刘志兰在河北涉县石门村左权将军墓前。（左太北 供图）

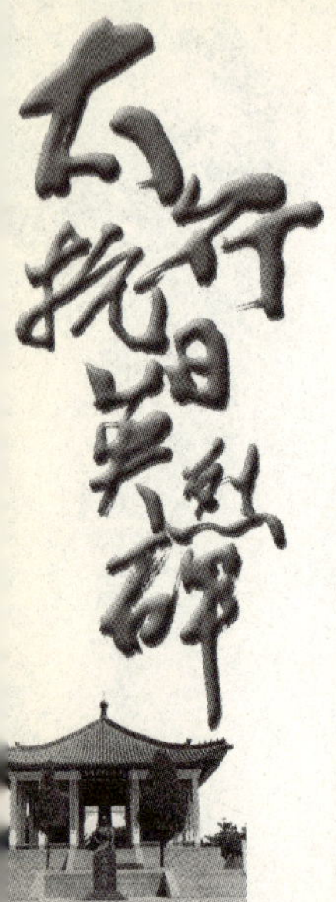

1984年，《左权将军》之歌作者阎廉甫（前排左二）、皇甫束玉（前排右一）和好友冯瑞如（前排右二）、宋树元（前排左一）等在左权烈士陵园合影。（皇甫束玉存件）

晋冀鲁豫边区政府批准”[1]。

1942年7月17日，辽县民兵在西黄漳村举行武装检阅大会，全体民兵发出“誓死为左权将军报仇”的呼声。[2]中共辽县县委、县政府决定在西黄漳村为左权将军建纪念碑。消息一出，捐款的人很多，马上就筹集到一千元钱。杨蕴玉记得：“许多白发苍苍的老石匠和青年民兵，找到县政府，要求参加义务劳动。”[3]

1942年9月18日，辽县各界在西黄漳村举办县名易名大会，隆重纪念左权将军。晋冀鲁豫边区政府特派员李一清代表边区政府授印，县长巩丕基接受县印。李一清说：“边区政府接受一万个签名的辽县民众的请求，决定把辽县改名为左权县，这是具有伟大的历史意义的！”皇甫束玉回忆说：“当年‘九一八’举行全县武装大检阅，大会上边府颁发了易名左权县的大印，群情感奋，齐唱这首《左权将军》之歌。参加大会的驻军也同声合唱，把会议推向高潮。在这次大会上，有五百热血青年慷慨参军，为左权将军复仇。”[4]

《左权将军》响彻会场。七十八年来，《左权将军》成了一块有声而流动的“红碑”，更是左权县“县歌”。《左权将军》代表的左权县人传承的抗战精神，也是生生不息的民族精神。

1942年10月10日，左权将军灵柩从十字岭移至河北涉县石门村莲花山下。“左权将军墓”背靠莲花山，面向清漳水，苍松常掩映，百花如约开。据当时人回忆：

〔1〕皇甫束玉：《束玉信札·上》，高等教育出版社，2006，第368页。

〔2〕参阅杨蕴玉：《左权将军与左权县》，载《怀念左权同志》，解放军出版社，2005，第205页。

〔3〕杨蕴玉：《左权将军与左权县》。

〔4〕皇甫束玉：《束玉信札·上》，第368页。

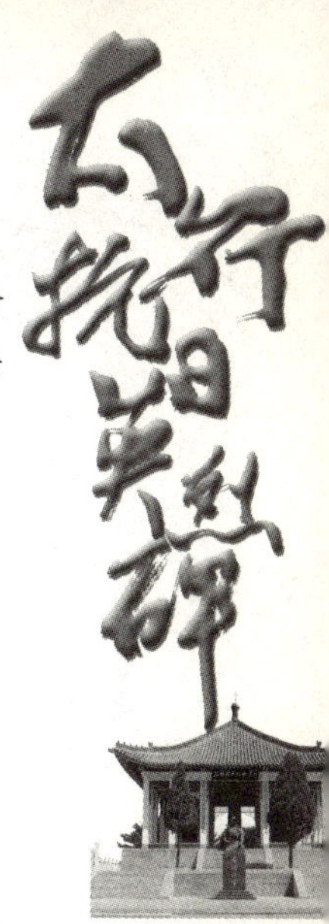

◀1942年9月18日，在西黄漳村举行辽县易名左权县大会。

公葬这天，阴云低迷，群山含悲。来自晋冀鲁豫的各界代表及群众五千余人怀着沉痛的心情参加了仪式。仪式由前来接替左权的八路军新任副参谋长滕代远主持，并宣读了《八路军祭文》。滕代远操着浓厚的湘音动情地说："无论在艰苦危难的战斗中，或者在谈笑游戏的场所，只要有八路军生活的地方，就会有他的影子。二十年来，他总是生活在我们之中，直到敌人抢走了他的生命的时候，他的身影还是生活在每个同志的心头。而眼前的画像，不是依然那样年轻，那样勇敢，那样坚忍不拔，那样纯朴可亲吗？然而，染了血色的太行山石，却做了这笔血债的证人了。一堆黄土埋葬了烈士的遗骸，一盘素肴捧献出公祭者满腔的仇恨和决心。"

滕参谋长的话，表达了太行山军民对左权将军的热爱和誓为烈士报仇的决心。随后，晋冀鲁豫边区政府主席杨秀峰为左权陵墓盖上最后一块墓石，八路军野战政治部主任罗瑞卿、太行分局副书记李大章、第一二九师师长刘伯承、政委邓小平、晋冀鲁豫边区临时参议会正副议长申伯纯、邢肇棠、边区政府民政厅厅长李一清、民众团体代表齐华、朝鲜义勇军代表崔昌益等人手握铁锹为墓地掩盖黄土。与此同时，罗瑞卿激动地举起右手，在墓前有力地号召："给烈士们行礼并没有完事，今后还要做三件事，第一件是报仇，第二件是报仇，第三件还是报仇！"[1]

同一天，"左权将军纪念塔"耸立在墓前。罗青在《建筑记》中说："华北人民追念将军生前绩业，功在国家，允堪崇仰。爰由边区党政军民各界集议，为将军筑墓建塔于太行漳水间以妥英灵而秉典范。"

"左权将军纪念塔"用"1942"、"CCP（中国共产党简称）"、红星、镰刀、

〔1〕见滕久昕：《太行浩气传千古 留得清漳吐血花——怀念左权将军》，载于《党史文苑·纪实版》2019年第4期。

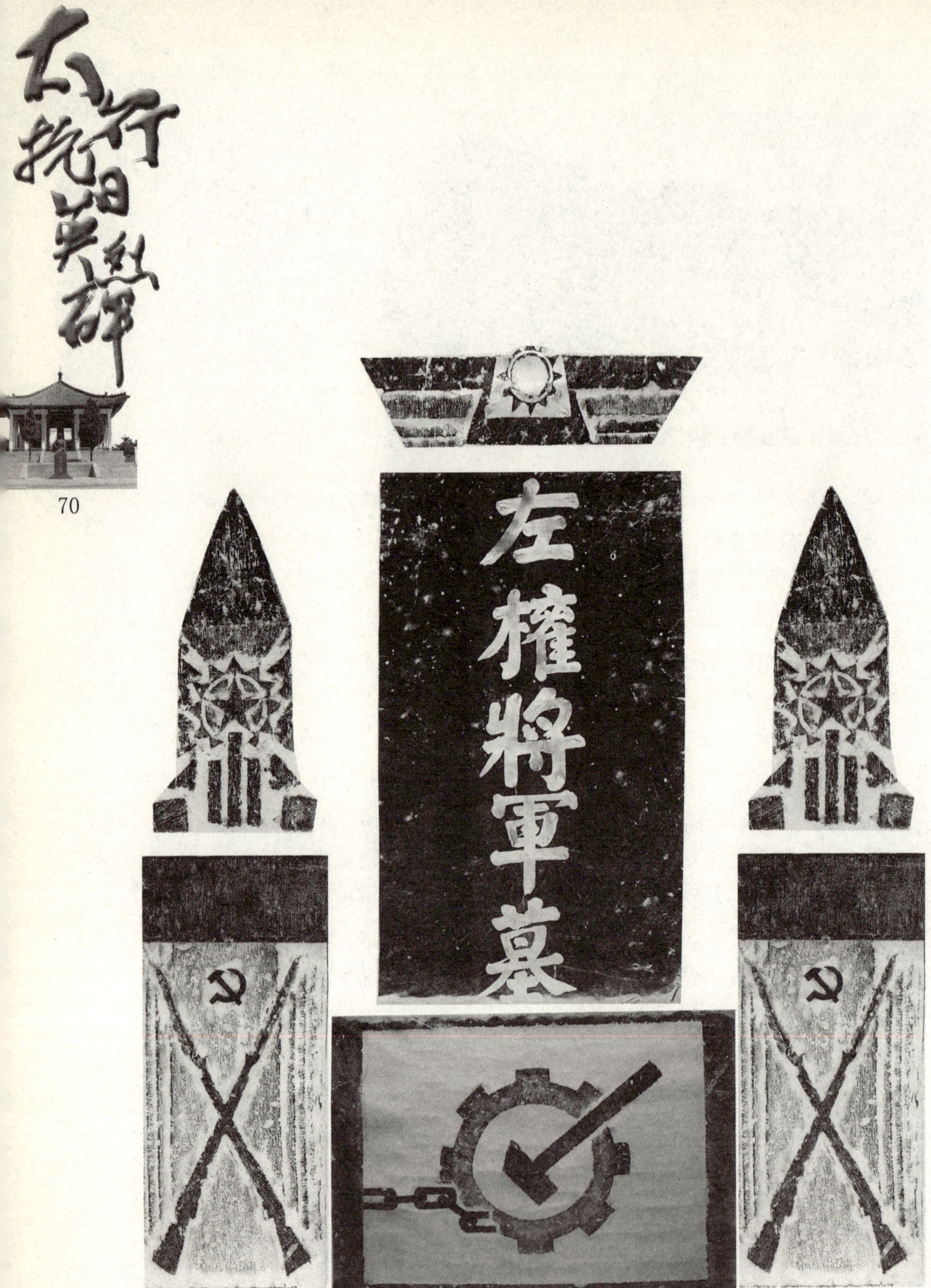

河北涉县石门村“左权将军墓”拓片。

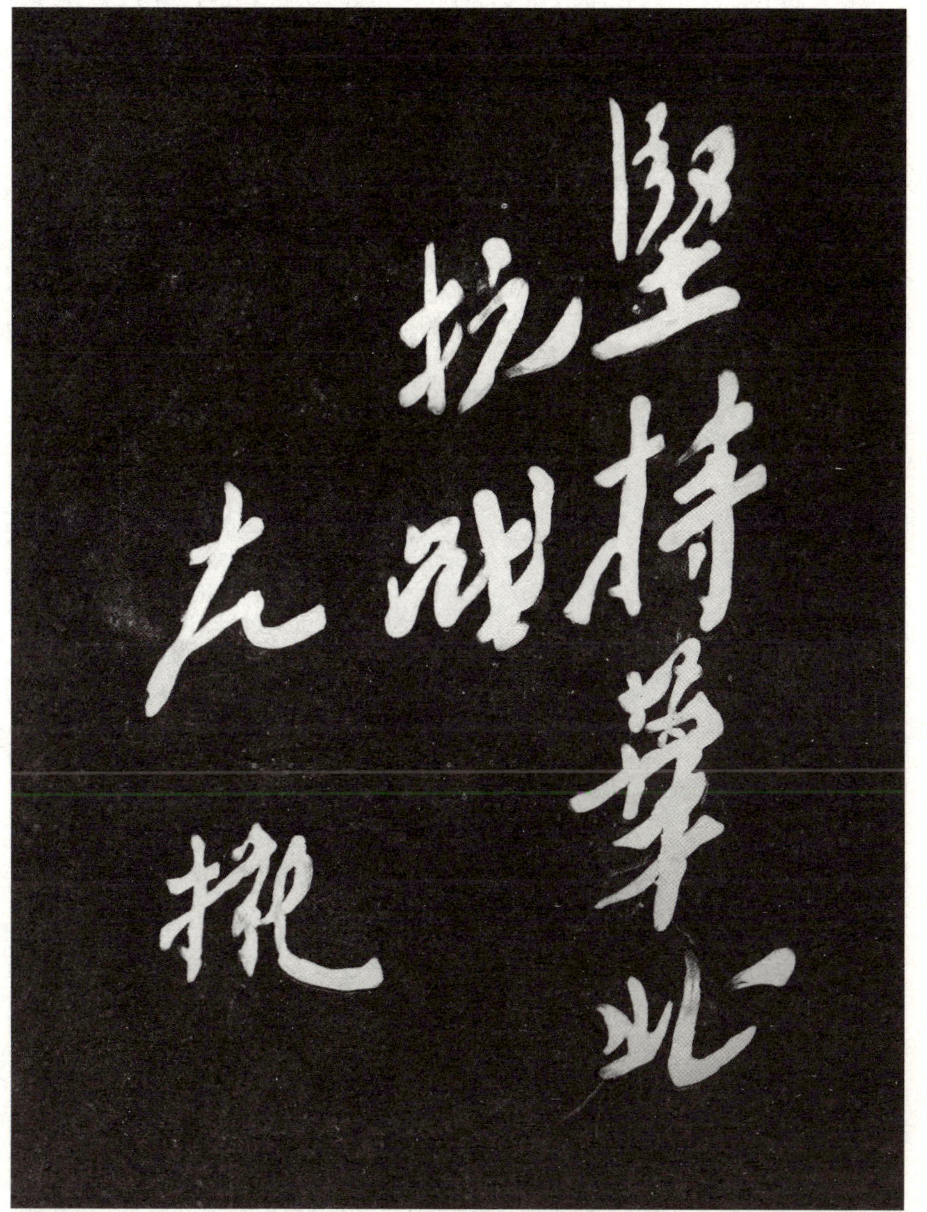

武乡县“长乐村战斗纪念碑”上左权将军题词拓片。

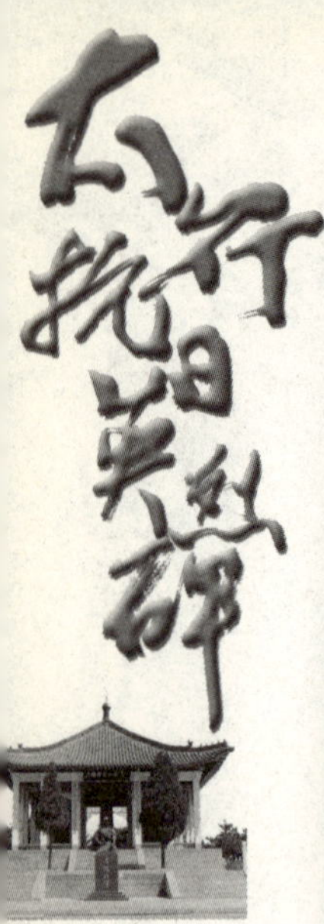

河北涉县石门村左权将军纪念塔。

河北涉县石门村“左权将军纪念塔”四面拓片。

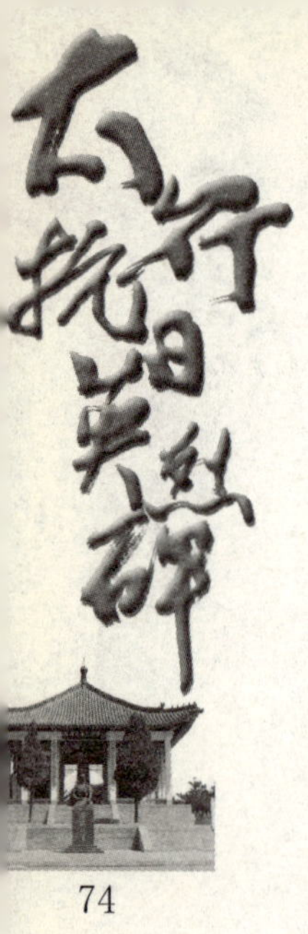

河北涉县石门村“左权将军纪念塔”四面拓片。

◀ 1942年10月10日，重新安葬左权将军到河北涉县石门村。刘伯承、邓小平参加了公葬典礼。鲁艺的艺术家们绘制了左权将军遗像和大型主题标语。八路军将士在左权将军墓前，誓死为左权将军报仇。

锤头等图案装饰，上端四面分别镌刻着塔名、刘伯承题写的“浩气长存”和申伯纯、邢肇棠题写的“千秋典范”以及薄一波、杨秀峰、戎伍胜等人题写的“勋绩无疆”。纪念塔中部基座，正面是朱德的《挽左权将军》一诗：“名将以身殉国家，愿拼热血卫吾华，太行浩气传千古，留得清漳吐血花。”侧面有彭德怀、罗瑞卿撰写的祭文。

彭德怀的《左权同志碑志》说：

左权同志湖南醴陵人，幼聪敏，性沉静。稍长读书，即务实用，向往真理尤切。1925年参加中国共产党，献身革命，生死以之。始学于黄埔军校，继攻于苏联陆大。业成归国，勠力军事，埋头苦干，虚怀若谷，虽临百险，乐然不疲。以孱弱领军长征，倍见积极果决之精神。中国红军之艰难缔造，实与有力焉。迨乎七七事变，倭寇侵凌，我军奋起抗敌，作战几遍中原。同志膺我军事参谋长之重责，五年一日，建树实多。不幸1942年5月25日清漳河战役，率偏师与十倍之倭贼斗，遂以英勇殉国。闻得仅三十有六。壮志未成，遗恨太行。露冷风凄，恸失全民优秀之指挥；隆冢丰碑，永昭坚贞不拔之毅魄。德怀相与也深，相知更切。用书梗概，勒石以铭。是为志。

罗瑞卿的《纪念左权同志》一文说：

1931年，中央苏区击退三次围攻，余始识左权同志，时余任第四军政委，而渠则为十五军政委。十五军系宁都起义后所新编部队，成分复杂，内情混乱，军长黄忠岳阴谋叛变，而该军得未稍受损害者，左权同志之力也。旋左权同志调任一军团参谋长，值敌军五次围攻，军中策划凡调遣以至补给，端绪纷繁，左权同志承之无

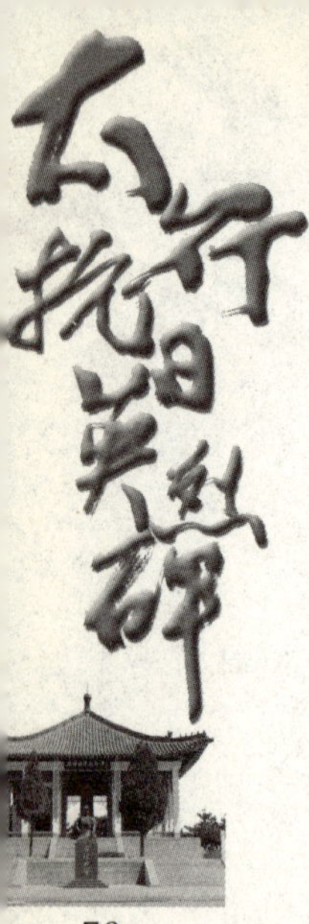

河北涉县石门村朝鲜义勇军烈士墓。▶

石正烈士。▶（尚荣生供图）

难色。尝于昼行军，夜治军务，电话中恍惚如寐，犹竭力自持，其尽忠职守有如斯者。

七七事变，抗战军兴，左权同志就任十八集团总司令部副参谋长，运筹帷幄，转战华北，尤辛劳逾恒，功勋卓著，然从未有少许自诩之意，或稍加一己优遇之计，其朴实克己乃尔。自红军突围长征以至敌后抗日，中间频历险阻，悉泰然自若。1938年春，寇进犯临汾，与我总部遭遇，左参谋长躬与前哨侦察，侧击制胜，迄今军中称道不已。今岁5月寇军猛犯太行，左权同志身先士卒，予敌痛击，不幸中炮弹，壮烈殉国，年方三十六岁。生前致力革命事业，二十年如一日，其伟大崇高之革命品质与实践，堪为吾人楷模。

际此胜利前夕，竟与我等永别。痛定思痛，悲愤无已。然而左权同志之革命功绩，将永垂不朽。其未尽遗志，自有千万后死者担承。行见河山光复，寰宇更新，地下有知，当可含笑长眠矣！

在莲花山下，曾和左权将军并肩作战的朝鲜义勇军华北支队的烈士，也长眠于此。1910年日本吞并朝鲜后，立志复国的朝鲜义士流亡中国，开展抗日斗争。中国抗日战争爆发后，这批朝鲜志士在武汉成立了朝鲜义勇队，积极抗日。

1941年6月，朝鲜义勇队华北支队在辽县上武村成立，朴孝三任支队长，李益民任副支队长，金学武任政治指导员，下辖三个支队和留守队。队部设在上武村洪福寺。8月，朝鲜义勇队华北支队在桐峪建立干部训练班，武亭任校长，陈光华任副校长，委员有崔昌益、石正等。1942年5月，朝鲜义勇军和八路军并肩战斗抵抗顽敌。战斗中，朝鲜义勇军华北支队政治指导员石正、华北朝鲜青年联合会领导人陈光华等一批抗战将领壮烈牺牲。他们被安葬在左权将军墓的西北方向。

石正，又名石鼎，其墓志曰：

◀朝鲜义勇军。（尚荣生供图）

◀陈光华烈士。（尚荣生供图）

石鼎烈士，朝鲜庆尚南道密阳邑人，生于1900年，尹世胄即其原名也。1919年三一独立运动时即参加革命，在国内外为朝鲜革命事业奋斗二十余年。曾在中国东北与国内创立并领导朝鲜义烈团、朝鲜民族革命党以及南京朝鲜革命干部学校。1930年被敌警逮捕入狱六年。1937年中国抗战爆发，始组织朝鲜义勇队积极参加中国抗战，1941年7月率该队来华北太行抗日根据地，并领导华北朝鲜青年联合与中国并肩向日本帝国主义作战。1942年5月28日在太行山反扫荡战役中中弹于山西偏城花玉山殉难，时年四十二岁。晋冀鲁豫边区各界为烈士功业堪钦，故与光华烈士共同建立碑墓于兹，以作纪念。

陈光华墓志曰：

光华烈士原名金昌华，朝鲜平安南道大同郡古平面平川里人，生于1911年。1931年在国内中学毕业，因反日情热，遂来中国留学。1937年卒业于广州中国国立中山大学教育系，曾参加韩国国民党、朝鲜青年前卫团及中国青年抗日同盟，于1936年即参加中国共产党，1938年抵华北太行抗日根据地，担任中共北方局晋冀豫区党部重要工作，1941年创立并领导华北朝鲜青年联合会。1942年5月28日在太行山反“扫荡”战役中壮烈牺牲于山西偏城花玉山。晋冀鲁豫边区党政军民暨朝鲜独立同盟朝鲜义勇军华北支队追怀烈士功绩，为筑墓建碑以志不忘云。

1946年3月，晋冀鲁豫边区参议会第一届第二次大会通过决议，在河北邯郸市中心创建“晋冀鲁豫烈士陵园”，以纪念左权将军等牺牲的晋冀鲁豫抗日烈士。

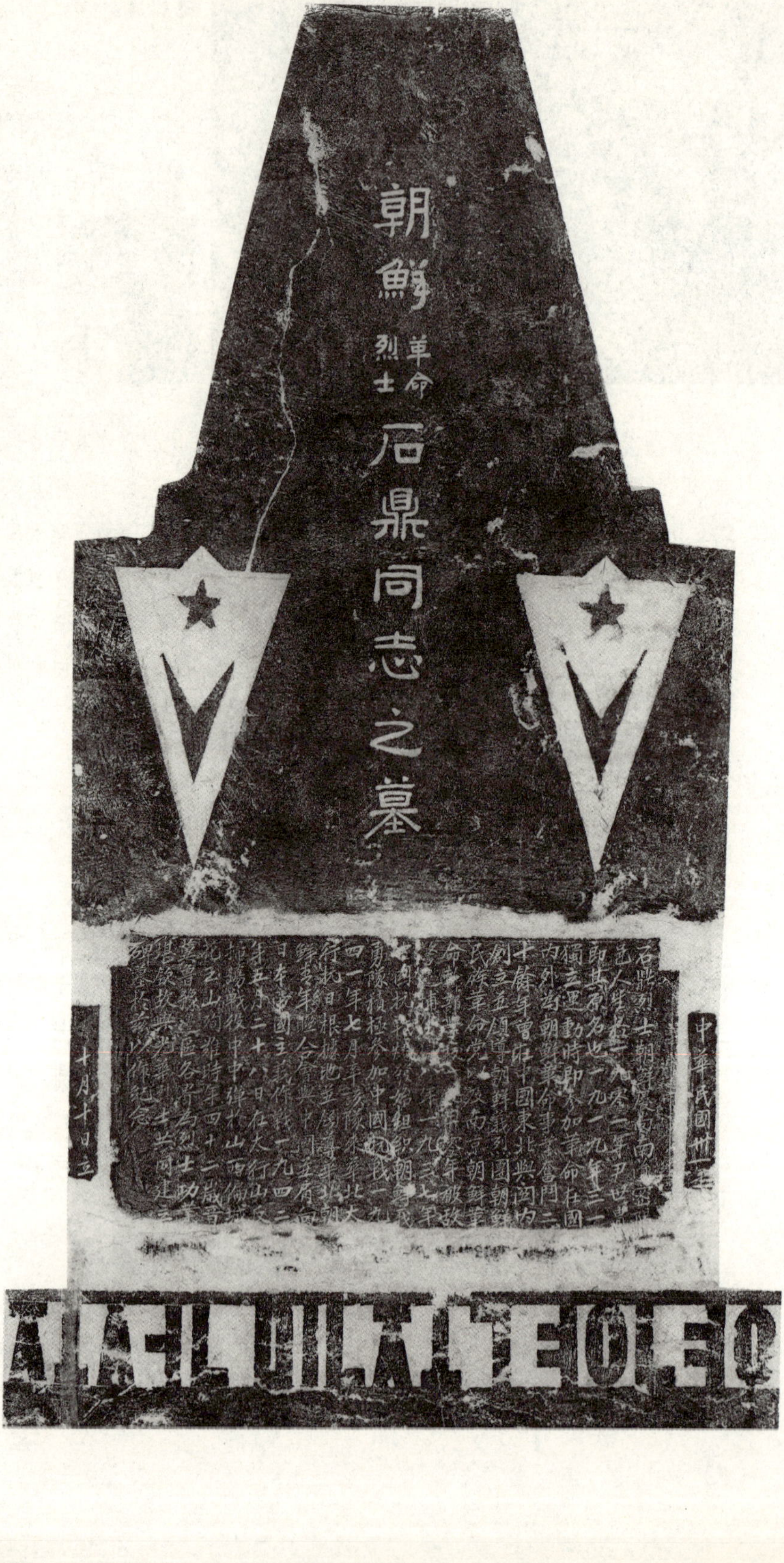

河北涉县石门村“朝鲜革命烈士石鼎同志之墓”碑拓片。

河北涉县石门村“朝鲜革命烈士陈光华同志之墓”碑拓片。

朝鲜义勇军曾在左权县云头底驻扎，并在云头底村西阁上留下了朝鲜语抗日口号。

1946年，左权县在县城万寿宫的基础上修筑“烈士塔”“烈士亭”“烈士园”，后成为左权县城内最重要的革命纪念地。1946年6月25日，刘伯承撰写了《建烈士塔记》一文：“华北抗日战争，开始是国民党军撇弃人民，退过黄河。我们八路军则留华北，与人民血肉结合，坚持敌后抗战，创造根据地，人民呼八路军为子弟兵……左权将军同许多子弟兵，在太行山上先后殉国，辽县人民以左权名其县，以志不忘。今复为左权将军暨全县殉国烈士建立纪念塔。所以教训后人者，只有人民子弟兵与其父老结合抗敌，才能获得解放。”

1946年7月7日，左权县议长韩光煌、副议长王仲麟、县长黄明、副县长巩敬庭率全县民众立起了“国民革命军第十八集团总司令部副参谋长左权将军纪念碑”。这通六面碑原来是旧时代的物件，本来有碑文，后经重新打磨成了“左权将军纪念碑”。顺着碑逆时针方向看过去，第一面本来刻的是彭德怀的文章，“文革”时期换成了朱德的诗句；接着是罗瑞卿的文章；其余三面是《左权县八年抗战始末记》，其中说：

> 在（19）42年5月反扫荡战争中，我们亦曾付出相当的代价。即我十八集团军总司令部副参谋长左权将军竟于麻田之役，因掩护群众退却而光荣牺牲。噩耗传来，全县人民悲愤激昂，誓死要为左权将军报仇，并提议改辽县为左权县，永作纪念。嗣经晋冀鲁豫边区政府批准，于是年9月18日在黄漳举行改县命名典礼大会，旧治辽县从此遂改称左权县。

1950年10月21日，中央人民政府内务部组织了隆重的左权将军移灵典礼。“左权将军墓”由碑亭和墓体组成。碑亭横额上刻着谢觉哉所书“人民共仰”；

◀左权烈士陵园。（曹卫峰 摄）

两侧楹联为：“大节忠贞彪史册；正气磅礴壮山河。”汉白玉墓碑上，左权将军浮雕胸像高洁清雅，周恩来题写的“左权将军之墓”端庄大气。

中央人民政府政务院为典礼发的唁电说：“际此左权将军移灵安葬，谨电表示深切的敬意与哀思。左权将军的精神永垂不朽。”朱德发来的唁电说：“左权同志及晋冀鲁豫革命烈士们，你们在抗日战争最艰苦的岁月里，坚持敌后作战，以身殉国，不愧为中华民族最优秀的儿女，你们的功绩和事业永垂不朽！”

据《太行浩气传千古　留得清漳吐血花——怀念左权将军》载：

> 1952年11月1日14至15时，毛泽东主席在视察黄河后的归途中，特意让火车专列在邯郸停车一小时，时任公安部部长罗瑞卿、铁道部部长滕代远专程陪同主席前往晋冀鲁豫烈士陵园参谒。汽车停在陵园门外，毛泽东等人缓慢下车，低声交谈着，徒步进入陵园，沿着烈士纪念塔环绕一周，经“陈列馆”“人民英雄纪念碑”来到左权将军墓前，脱帽致哀，默立良久。望着陵园的青松翠柏，毛泽东深情地说：“他们应该有一块安息之地呀！”〔1〕

左权将军生活和战斗过的麻田八路军总部旧址，1996年被国务院列为“全国重点文物保护单位”；2004年被列入“全国一百个红色旅游经典景区”，2005年被中宣部命名为“全国爱国主义教育示范基地”；2012年8月被国家国防教育办公室确定为“国家国防教育示范基地”。2014年8月24日，经党中央、国务院批准，“第一批八十处国家级抗战纪念设施、遗址名录”公布，山西十字

〔1〕见滕久昕：《太行浩气传千古　留得清漳吐血花——怀念左权将军》，载于《党史文苑·纪实版》2019年第4期。

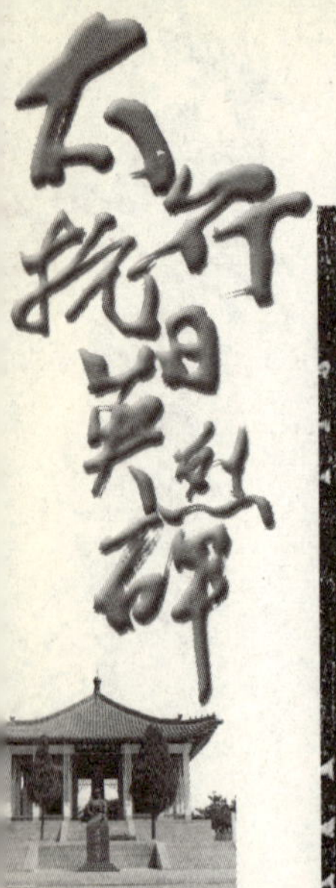

刘伯承《建烈士塔记》拓片

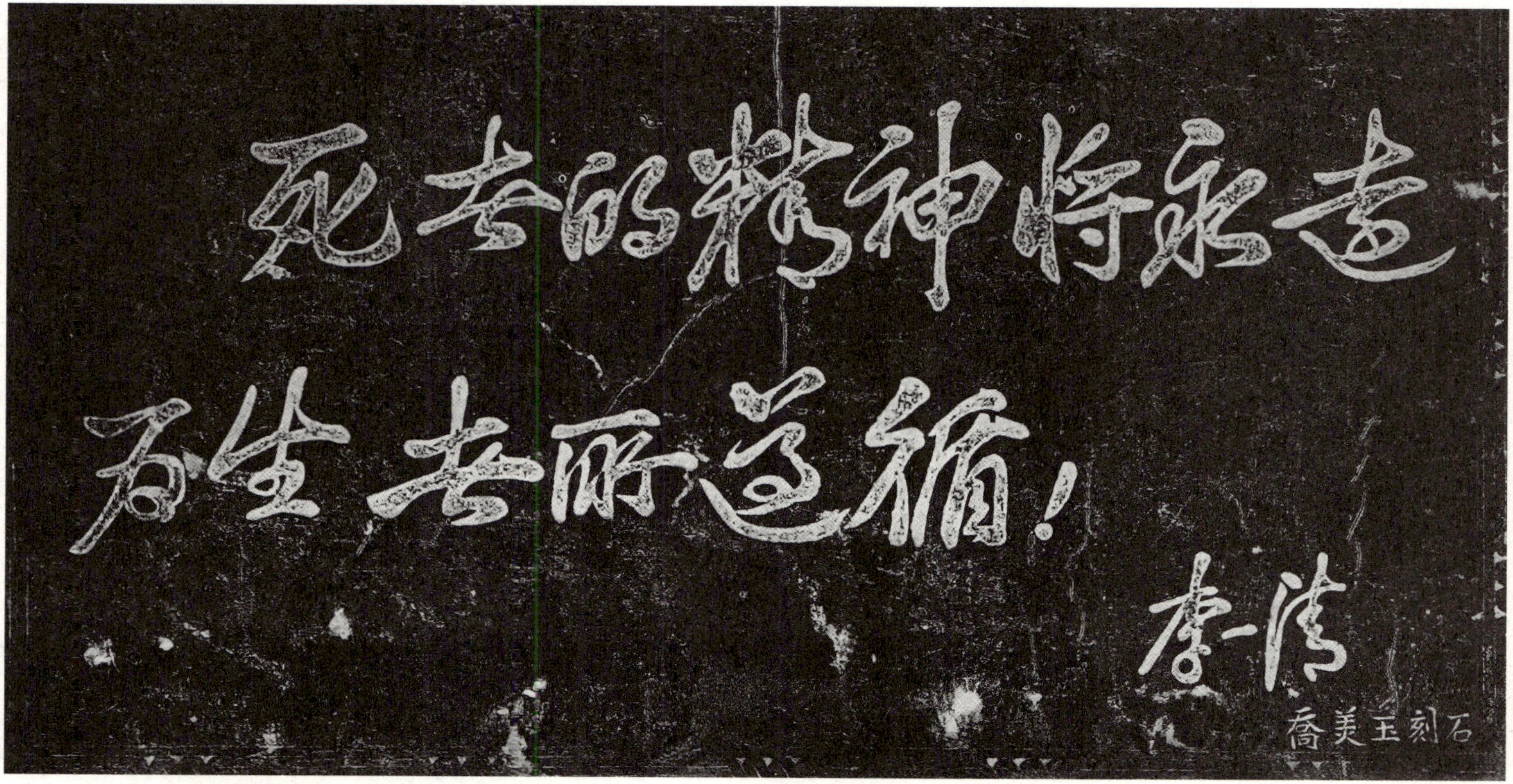

死者的精神将永远为生者所遵循！

李一清

乔美玉刻石

李一清："死者的精神将永远为生者所遵循。"李一清，山西昔阳人。1930 年考入清华大学。1938 年初创建晋东游击队并担任司令员，后又任第三行政公署保安司令部副司令兼副政委。1940 年以后主要从事抗日政权建设，历任太行军政委员会委员、晋冀鲁豫边区政府民政厅长兼公安总局局长、建设厅厅长、太行行署主任。1996 年去世。

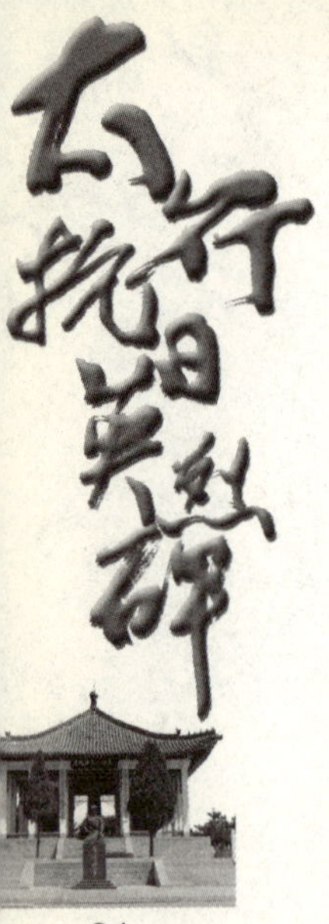

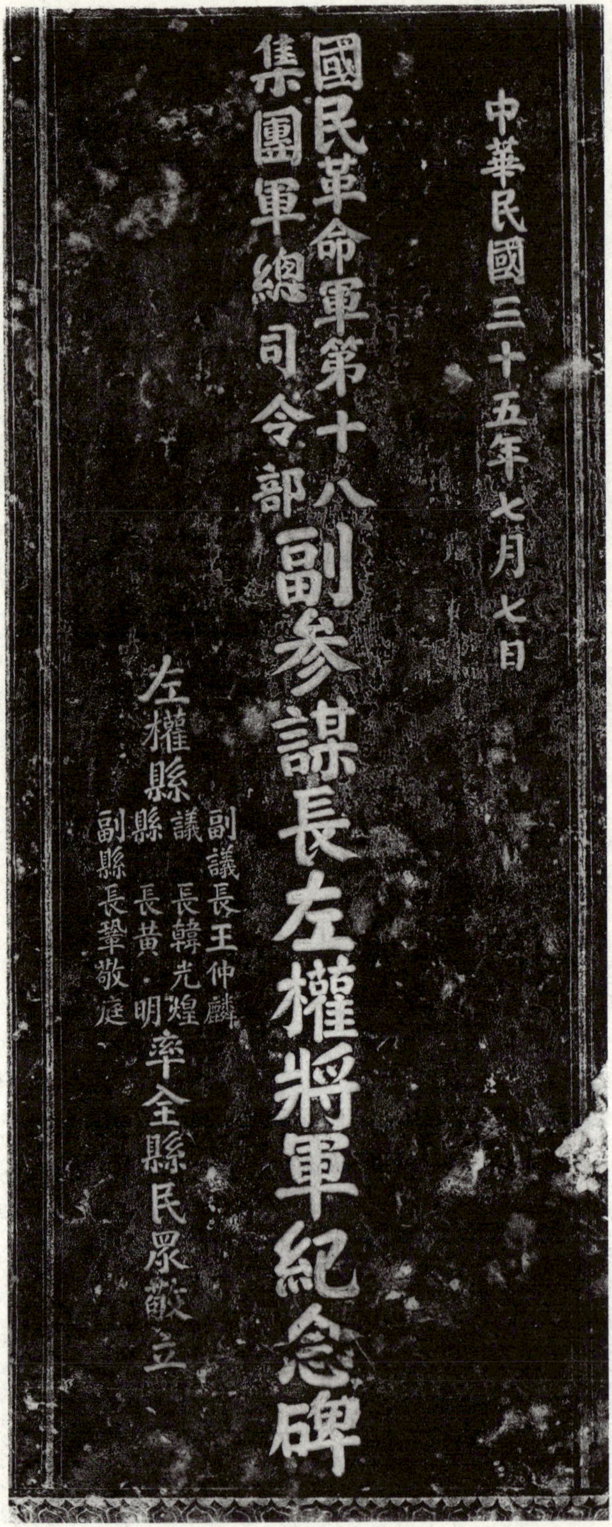

中華民國三十五年七月七日

國民革命軍第十八集團軍總司令部副参謀長左權將軍紀念碑

副議長王仲麟
議長韓光煌
左權縣縣長黃明率全縣民衆敬立
副縣長鞏敬庭

左权县烈士陵园“左权将军纪念碑”拓片。

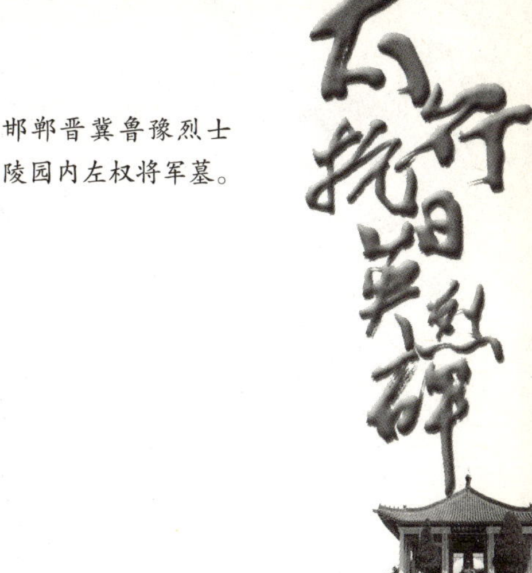

◀邯郸晋冀鲁豫烈士陵园内左权将军墓。

岭——左权将军殉难处，河北邯郸晋冀鲁豫烈士陵园——左权将军安葬处，都名列其中。2015年9月，左权县麻田八路军总部纪念馆被列入国务院公布的第二批一百处国家级抗战纪念设施、遗址名录。

1942年5月，八路军总部损失很大，下面介绍的几位英烈，并未在辽县留下个人纪念碑，但他们的姓名值得铭记：

谢翰文，八路军后勤部政治部主任。1904年出生在湖南耒阳谢家村。1926年加入中国共产党。1928年2月，朱德、陈毅率领的工农革命军来到耒阳，他跟着朱德上了井冈山。1930年夏，谢翰文建议并创办了《红军日报》。1934年10月，谢翰文随红军开启长征路，途中编写行军快板鼓舞士气，其中以《冲锋歌》最受欢迎。1941年，谢翰文任八路军总后勤部政治部主任，是名副其实的“红色宣传家”。1942年5月23日，他在转移中于辽县被日军包围，后在太原被日军秘密处死，年仅三十八岁。

司景周，1912年出生在河北省大名县城关镇马厂街。七七事变后，在太行山晋城县华北军政干部学校学习。1938年1月，分配到临汾八路军总兵站总后勤部工作；1939年入抗日军政大学一分校学习；1940年春调八路军前方总部后勤部任二科科长。在十字岭牺牲时三十岁。

李月波，1907年出生在湖南省衡阳。1929年入党。1930年参加红军。三十五岁牺牲时是八路军野战政治部保卫科二科科长。

海风阁，1909年出生在河南省睢县，回族。1928年入西北军无线电学校学习1931年宁都起义后参加红军。1938年任八路军总部通讯科兼通讯营营长。牺牲时三十六岁。

你们活在我们的記憶中
我们活在你们的事業中
朱德

河北邯郸“晋冀鲁豫烈士陵园”朱德题词。

◀ 谢翰文烈士。

康君健，1921年出生在辽宁省北镇县勾帮子村。全民族抗战爆发后，到延安抗日军政大学学习。1938年被分配到八路军总部无线电通讯教导队工作。牺牲时才二十一岁。

……

麻田八路军总部旧址。（曹卫峰 摄）

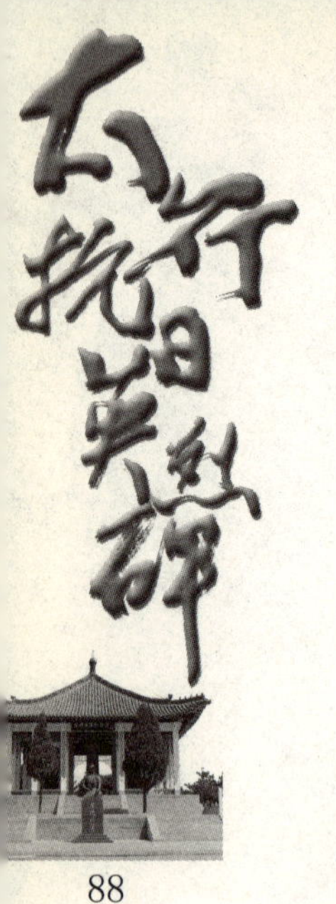

课后活动：

★课后阅读《左权传》(《左权传》编写组编著，当代中国出版社2015年版)、《左权传》（王孝柏著，人民出版社2013年版）、《左权将军》（华文出版社2015年版）等有关左权将军的图书，看看是否能帮你更加全面地了解左权将军。

★参观左权烈士陵园、十字岭左权将军殉国地，从碑文中了解左权将军的英雄事迹，试分析一下《左权将军》歌的创作特点。

★到上武村、云头底村和河北涉县石门村，寻访有关朝鲜义勇军的遗迹。到邯郸晋冀鲁豫烈士陵园，瞻仰左权将军墓，详细了解晋冀鲁豫烈士陵园的历史，试着撰写成一篇《晋冀鲁豫烈士陵园参观记》。

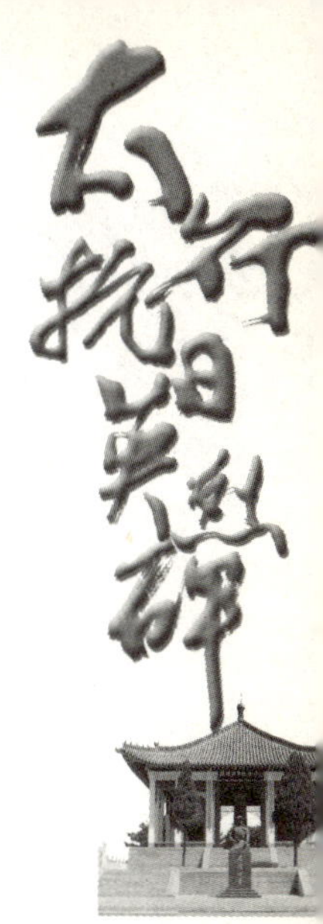

第三讲
以笔为枪立太行

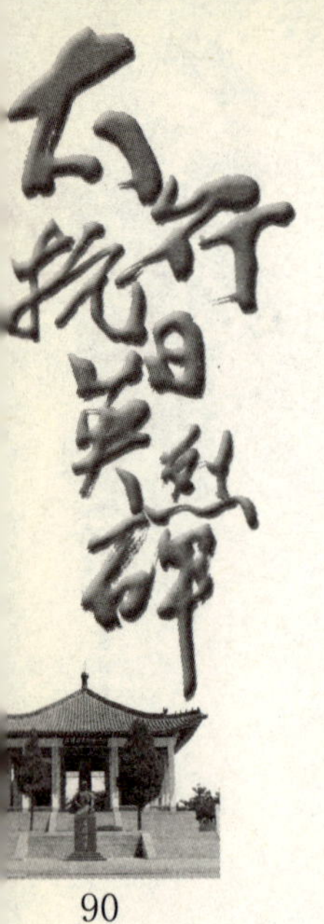

课前提示：

★你看过长篇小说《青春之歌》和《家·春·秋》等类似题材的文学作品吗？面对民族危亡，当时有很多青年知识分子抛弃旧家庭，毅然走上革命道路。“救亡”和“自己成名成家”，你更赞赏哪一种态度？

★鲁迅艺术学院是一所什么样的学校？请收集有关材料，看看你的家人、邻居中的前辈，是否有上过“鲁艺”的。

★听说过《新华日报》（华北版）吗？你想过未来从事新闻工作吗？如果你喜欢（或不喜欢）做新闻工作，能谈谈你的理由吗？

◀◀**前页图片**：左权县麻田镇山庄村《新华日报》华北分馆旧址，属于省级文物保护单位。《新华日报》（华北版）是中共中央北方局的机关报，1939年1月1日在山西沁县后沟村创刊。时任中共中央北方局书记的杨尚昆同志曾高度赞扬：“《新华日报》（华北版）的努力，替我们新闻史上写下了光辉的一页，开辟了敌后新闻事业的新纪录。”（邢兰富 摄）

越是艰苦的环境，越要学文化。这是抗战期间太行中学的孩子们在认真地读书。（〔美〕索万喜 拍摄，〔美〕王晋保 供图）

革命不仅仅是“枪炮”的事情，建立独立自主的新国家，除了“枪炮”，还需要建立一个健全的管理系统——后勤供给、金融管理、政权建设、学校教育、宣传号召等等。在那样的年代，烈士的血染红了太行山，而很多以笔为枪的文艺战士，生命一样融进了太行山抗日根据地的泥土中。在麻田下口村有一块“李石青同志纪念碑”，碑文曰：

石青同志原名“延年”，山西徐沟县人。九一八事变后，加入太原左翼作家联盟，后加入共产党。为人性爽直，待人极热诚。善文艺及文艺批评，主编《学生新闻》，曾为太原青年知识界所推崇。异常镇定勇敢，忠实于自己的信仰，与当时恶势力斗争力甚。卒因劳成疾，辗转休养约七年，而终于1940年5月19夜12时没世，时年廿八岁。

李石青，原名李延年，字寿轩、石青，笔名铁骑，徐沟南尹村人，出生于1912年，是清徐县最早的共产党员之一。据《清徐历史人物》[1]一书介绍说：他自幼颖异，勤奋好学。因宣传进步思想，他先后被太谷铭贤中学、山西省立国民师范除名。1933年夏天，他在徐沟西部地区成立“耕心斋”读书社，继续宣传革命思想，两年后成为共产党正式党员。

民国二十三年，李延年在太原时起草了一篇宣传材料，城内一时找不到安全印刷的地方，就把油印机藏在手提箱里和几位同志假装郊外春游，到城外永祚寺双塔最高层迅速印齐，再带回城内散发。在群众中，特别是青年学生中，引起很大反响。

〔1〕清徐县政协文史委编：《清徐历史人物》，北岳文艺出版社，2008，第134页。

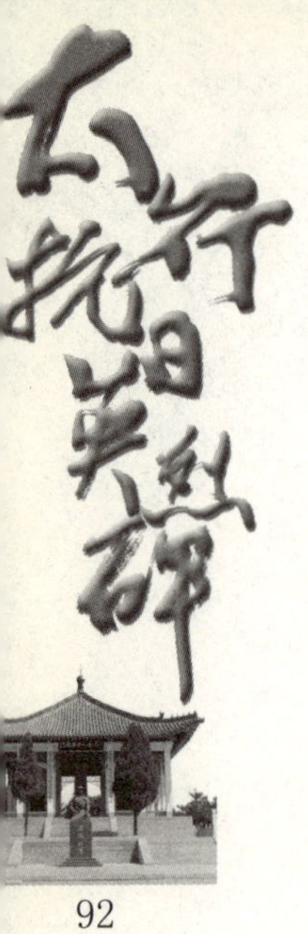

碑記

李石青同志紀念碑

石青同志原名延年山西徐溝縣人一九一八年

加入太原左翼作家聯盟後加入共產黨為人

直待人極热誠□文藝及文藝批評主編學生

曾為太原青年知識界所推崇異常鎮定勇敢忠

於自己的信仰與當時惡勢力鬥爭力甚卒因勞

疾輾轉休養約七年而終于一九四零五月十

十二時没世時年廿八歲

中華民國三十年五月十九日週年

“李石青同志纪念碑”拓片。

◀ 朱杰民烈士遗像。（赵亚飞 供图）

民国二十四年，徐沟县警察五次到李家搜捕，李延年兄弟在群众掩护下脱险。迫于形势，李延年带病转移，到省城继续从事共产党的工作。民国二十五年春，因病到北平治疗。民国二十六年抗战开始，由北平返回太原，他回到家乡月余便赶赴临汾，带病参加抗日救亡工作。后因病重，到延安疗养。

1939 年，李石青被派到“太行区党委宣传部”工作。1939 年到 1940 年，太行区党委书记是李雪峰，先后在辽县高家井、西黄漳、下南会驻扎；党委宣传部部长是徐子荣，杜润生为宣传科长。1941 年冬天，李石青病重，组织上安排他到下南会村附近的下口村疗养，次年夏天病逝。太行区党委召开千人大会追悼他，碑文由李雪峰亲自撰写。

在距离下口村三里路的上口村，村民赵亚飞家在建房时挖到一具遗骨，这是 1993 年的事情。赵亚飞向村里老人打听，知道埋在这里的是“朱建明”。和遗骨一起发现的，是一块依旧完好的怀表。再多的信息，便没有了。很多年里，赵亚飞一直惦记着这件事，最终，在抗战专家们的帮助下，确认这具遗骨是朱杰民。

朱杰民（1918—1942），原名周极明。四川省合川县思居乡人。1934 年考入重庆川东师范学校。1937 年加入中国共产党，同年冬赴延安入陕西公学。1938 年 5 月转入延安鲁迅艺术学院音乐系第二届第一期学习。他先后被派至长治民族革命艺术学校任教员、晋东南鲁艺任音乐系主任、前方鲁艺实验剧团负责音乐工作；同年 11 月奔赴华北敌后抗日根据地，更名朱杰民，一笔挡枪，创作了许多抗日歌曲、民谣等文艺作品。在历次与日军作战中，英勇杀敌。1942 年 2 月 21 日，在山西辽县（今

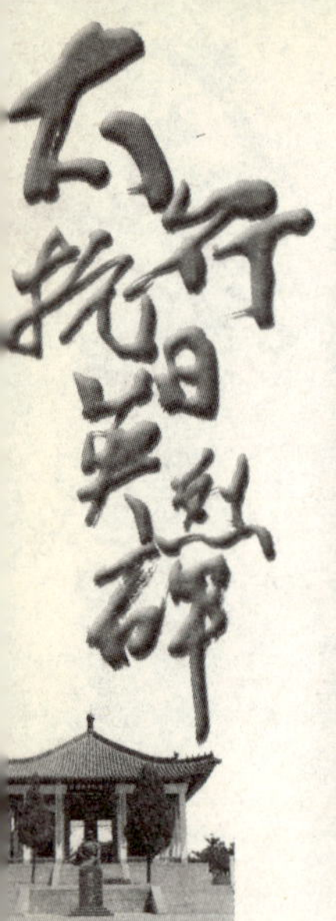

◀送朱杰民烈士遗骨回家。（赵亚飞 提供）

◀陈默君烈士遗像。

左权县）麻田镇上口村遭日军袭击。他率众杀敌，在与敌进行搏斗中，壮烈牺牲，年仅二十四岁。[1]

朱杰民1918年10月15日出生在四川，1937年入党。延安鲁艺毕业后，于1938年秋来到太行山，在晋东南鲁艺分校音乐系任教，后调到鲁迅实验剧团，曾编辑出版《太行歌声》，创作《新妇女》《我们要武装》等歌曲，演出话剧《农村曲》《放下你的鞭子》等。朱杰民牺牲后，1942年3月23日，晋东南鲁艺分校召开追悼会。很多年后，赵亚飞把朱杰民遗骨送回四川安葬。

1942年5月，日寇对太行革命根据地腹地的大"扫荡"，造成根据地的重大损失。在朱杰民牺牲三个月之后，鲁艺的陈默君、蒋弼、刘稚灵等都牺牲了。

陈默君，1912年出生在安徽省含山县，原名金隆芳，号子美。1931年加入中国共产党，赴上海求学。1937年7月到了延安，在陕北公学负责招生工作。1939年5月任晋东南文救会秘书长。1940年5月任晋东南鲁艺分校研究室主任。1941年春，晋东南文联改为太行文联，他主持太行文联工作，曾被选为晋冀鲁豫边区临时参议会参议员；同年10月负责晋冀鲁豫边区文联工作。[2]

蒋弼，1911年出生在湖南省大屯营镇狮北村岐头湾，原名欧阳弼，因为母亲姓蒋，他就以"蒋弼"为笔名。后来，蒋弼入北平师范大学就读，参加了"一二·九"学生运动。七七事变后，他投笔从戎，参加了台儿庄会战、武汉会战。[3]1940年到晋东南文化界协会主编《文化动员》《文艺轻骑》等刊物。1941年在晋东

〔1〕晋冀鲁豫烈士纪念馆编：《晋冀鲁豫英烈》，大众文艺出版社，2007，第35页。

〔2〕晋冀鲁豫烈士纪念馆编：《晋冀鲁豫英烈》，第43页。

〔3〕参阅龚再蓉：《搜集资料36年 86岁老人欲为抗日烈士欧阳弼著书立传》，载于《今日宁乡》2015年8月25日。

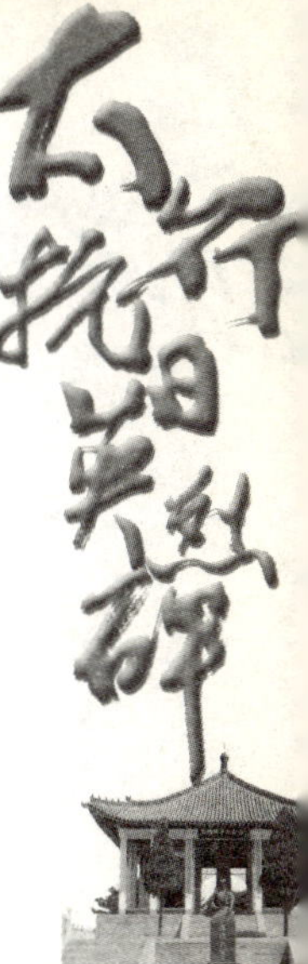

◀左权县上武村鲁艺旧址和旧址内的墙画。（邢兰富 摄）▼

南鲁艺分校编审委员会工作，编辑《鲁艺校刊》。全国文化界抗敌协会晋东南分会成立后，他负责分会工作，主编《华北文艺》。他撰写的《我要做公民》发表在《华北文艺》创刊号上，为敌后文艺创作中的优秀作品。[1]

陈默君牺牲时三十岁，蒋弼牺牲时三十一岁。当时人曾著文说：

> 在极端困难的物质条件下，甚至穷到贩卖烧饼油条以维持生活，而（陈默君）把节余下的少到可怜程度的一点点钱，和当时的几个工作同志用油印编辑出版了《文化哨》，而且支持了好几期。后来又和蒋弼等同志共同编辑了《文化动员》和《文艺轻骑》，团结了本区广大文化人、知识分子，给本区文化运动奠下了始基。
>
> ……他整顿了文化工作的阵容，广大的文化人、知识分子团结在文联的周围，使全区新文化运动走上了崭新的阶段：文协、剧协、美协、木协、新协、太行诗歌社……有的成立了起来，有的健全了起来，文化工作顿时呈现出一番新的景象，《华北文艺》《战号》《新美术》《太行诗歌》《文化报》等刊物和剧本小册子潮水一般地涌现出来，陈默君同志成为抗日民主根据地里蓬勃生长的文化运动的中心，敌后文化事业的柱石……
>
> 蒋弼同志是知名作家，生前不但写过不少小说，而且发表过很多文艺论文，他底近作小说《我要做公民》（载《华北文艺》创刊号）有着强烈的政治内容，简练的结构与生动丰富的用语，为年来敌后文艺创作中优秀作品之一。
>
> （原载《华北文化》第4期，1942年9月25日）

关于蒋弼的死，有几种表述。最早的报道说："今年7月，太原敌寇秘密屠

〔1〕晋冀鲁豫烈士纪念馆编：《晋冀鲁豫英烈》，大众文艺出版社，2007，第44页。

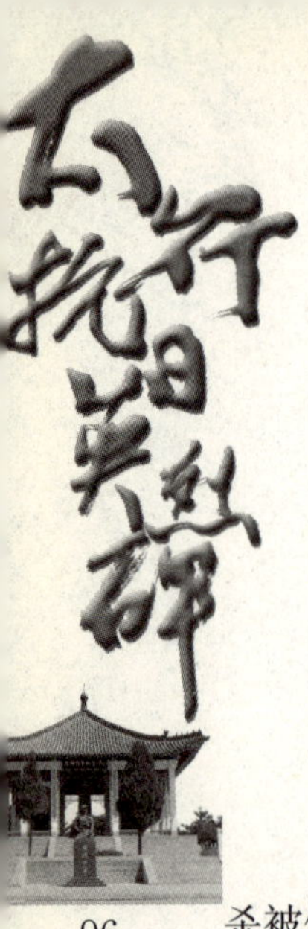

蔣弼一斑

胡風

1946 年，时任《希望》主编的胡风发表《蒋弼一斑》，对在抗战中牺牲的烈士表示敬意。

蒋弼烈士编辑的《鲁艺校刊》创刊号封面。

杀被俘的抗日志士，先后共计二百余人，其中有我八路军、中央军及晋绥军的官兵……其中知名者有我军干部张友清、袁立夫、蒋弼、史子乾等同志。”[1]胡风说：“一次战斗中被敌人俘虏着送到了太原，想使他屈服，但忠于民族忠于人民的现实斗争所加强了的信仰使他坚定不移，好像还破口大骂，马上被激怒了的敌人用刺刀乱刀刺死了。”[2]北师大校友于刚回忆：“他在抗日战场上，不幸被日寇俘虏后，钉在门板上，当活靶子射死，他是一位壮烈牺牲的烈士。”[3]

而刘稚灵那时正好在党校学习，所以随总部突围，后在十字岭牺牲，年仅二十五岁。同时代人说：“刘稚灵有文艺的天才，以满腔的热情，从事文艺作品的创作。在最近半年中，写了不少小说，在本刊第一期上曾以‘任冬’笔名发表过一篇，在她的遗物中还有五篇小说以及一些尚未完成的草稿。”[4]

刘稚灵，女，1917 年出生在四川省安县垓镇。1938 年到延安抗日军政大学学习，毕业后到八路军前方总部秘书处工作。1939 年秋，由晋冀豫区党委介绍到晋东南文化界救国联合会任组织秘书，负责组织联络工作。1941 年春，负责筹建山西辽县（今左权县）桐峪文化俱乐部。日军对根据地进行扫荡时，她随文联转移到冀西邢台、赞皇一带工作。1942 年 2 月到中共中央北方局党校学习；同年 5 月，在太行山反“扫荡”战斗中，不幸牺牲于山西辽县十字岭，年仅二十五岁。[5]

〔1〕参见《新华日报》1942 年 8 月 22 日。

〔2〕胡风：《蒋弼一斑》，载（上海）《希望》2 集 3 期，1946 年 7 月 10 日。

〔3〕龚再蓉：《搜集资料 36 年　86 岁老人欲为抗日烈士欧阳弼著书立传》，载于《今日宁乡》2015 年 8 月 25 日。

〔4〕参见《华北文化》第 4 期，1942 年 9 月 25 日。

〔5〕晋冀鲁豫烈士纪念馆编：《晋冀鲁豫英烈》，大众文艺出版社，2007，第 44 页。

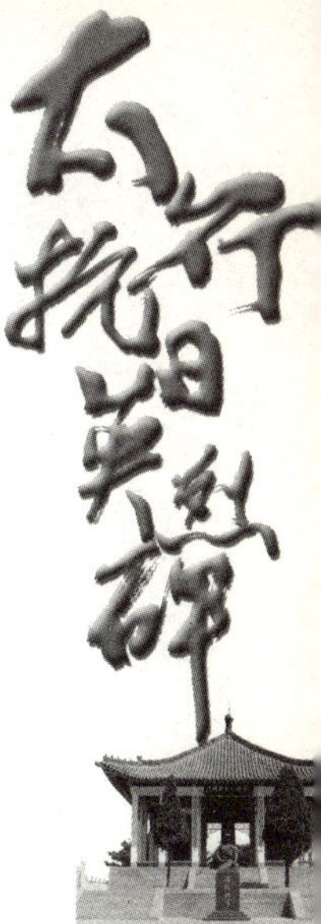

◀龙韵（右）、伊琳夫妇照片。

1942年7月7日，太行文化新闻界开会追悼战友，陈默君、蒋弼、高咏、刘稚灵等烈士名列其中。

龙韵出生于1921年，原名王冬贞，祖籍江西，从小随父母在广州生活，早年参加进步文艺社团，宣传抗日救亡。1938年初，龙韵进入延安鲁艺戏剧系，年底赴太行山，在民族革命艺术学校任教。1939年秋，她参加晋东南鲁艺分校筹备，后任戏剧系教员。其丈夫伊琳任戏剧系主任、实验剧团指导员。龙韵年轻漂亮，表演课非常吸引人。她讲“笑”，示范表演微笑、大笑、强笑、苦笑、讥笑、奸笑、狂笑和忍俊不禁的笑，引得同学们哄堂大笑。

1942年敌人“扫荡”时，龙韵在辽县“太行剧协”。晋东南鲁艺分校随总部行动，太行剧协随地方政府机关行动，所以龙韵和丈夫伊琳不在一起。两人偶遇了一次，龙韵问伊琳要了一双草鞋。“扫荡”结束，龙韵等二十多人失去了联系。最后的消息是，龙韵在转移中被俘，被押送到太原后遇害。据说，与她同时遇害的有百余位抗日战士。

中共中央北方局（简称北方局）始建于1924年12月，它代表中共中央领导北方地区党的工作，历史上曾多次成立或重组，其管辖地区基本上包括河北、北京、天津、山西、内蒙古、山东、河南、陕西、辽宁、吉林、黑龙江等省、市、自治区。[1] 1942年5月，北方局的张衡宇牺牲了。刘锡五撰写《张衡宇同志墓志》：

张衡宇同志（1907—1942），山西忻州人，1933年5月加入中国共产党，是年冬即在太原被捕入狱，直至1937年国难日，急绝食要求出狱抗日，始获释放出狱。

〔1〕《中共中央北方局》资料丛书编审委员会编：《中共中央北方局·北方区委时期卷》，中共党史出版社，2000。

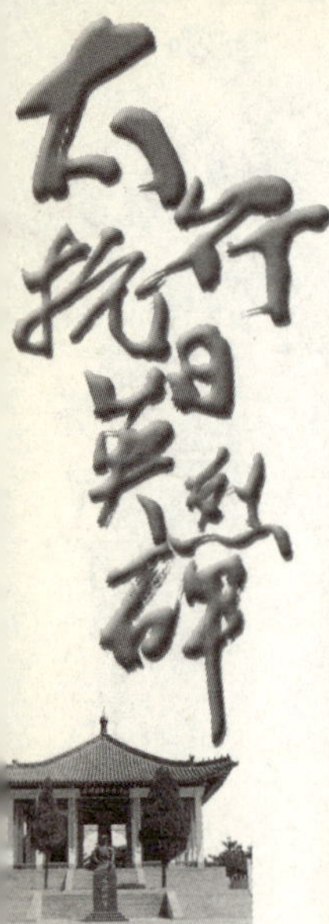

位于河北涉县石门村的“张衡宇同志之墓”。

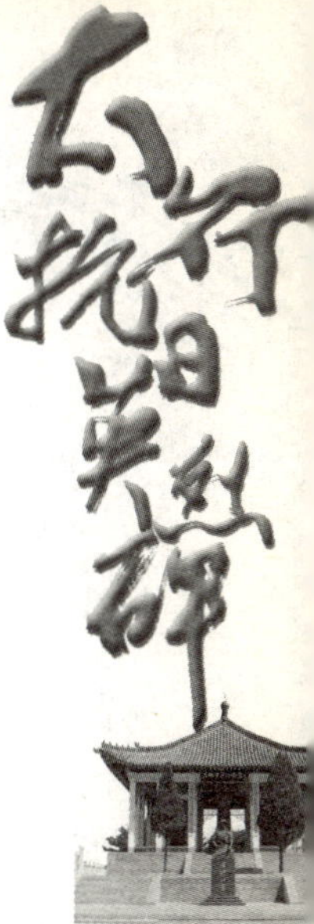

◀ 张衡宇同志。

后在中共北方军委工作，旋任洪赵特委，后又任山西第六区行政督察专员公署秘书主任，对抗日民主政权颇多建树。1939 年山西十二月政变后回到中共中央北方局任政权工作部秘书。在北局党校教授中国问题，并任北局调查研究室秘书。1942 年 5 月敌人大举进犯太行，衡宇同志不幸死于难。衡宇同志自入党后为党的事业牺牲奋斗，十年如一日。实一模范之布尔什维克。

张衡宇在北方局党校当中国历史教员，兼任政权部秘书、北方局调查研究室秘书，曾在《党的生活》《新华日报》发表理论文章。

北方局研究室的岳一峰，1907 年出生在河北省定县。1925 年入党，1929 年毕业于北平师范大学。自 1937 年至 1942 年，历任县长、边区党校校长、冀西一专区专员等职。1942 年初，调中共中央北方局研究室工作。反“扫荡”战斗中牺牲，年仅三十五岁。[1]

在北方局党校学习的基层干部一样损失不小。

李力，1913 年出生在河北省冀县烟家雾村。1931 年“九一八事变”后，加入了中国共产党的外围组织——反帝大同盟，不久正式加入中国共产党。1932 年秋，在烟家雾村建立了党支部，两年后重建河北省立第六师范学校党组织，领导了“六师学潮运动”。抗战开始后，他到一二九师举办的军政干校受训，后出任冀南一分区地委书记。1940 年秋任冀南区党委委员、武装部长。1942 年在党校学习期间赶上敌人“扫荡”，不幸牺牲于辽县，年仅二十九岁。李力遗骨安葬在石家庄烈士陵园。

李松霄，1911 年出生在河北省武邑县后南场村，1932 年考入清华大学土木

〔1〕晋冀鲁豫烈士纪念馆编：《晋冀鲁豫英烈》，大众文艺出版社，2007，第 48 页。

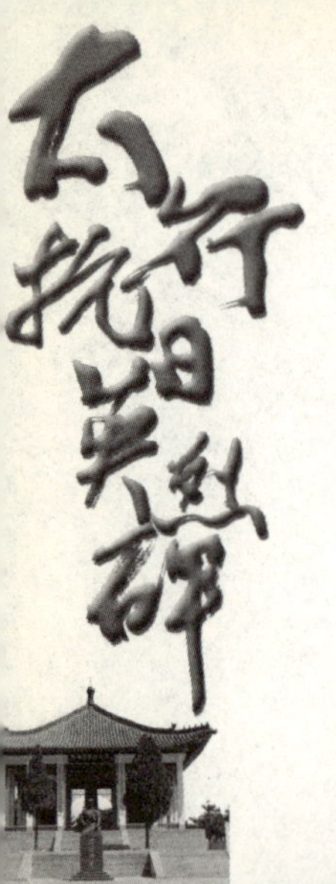

張衡宇同志墓誌

張衡宇同志（一九〇七——一九四二）山西忻縣人一九三三年五月加入中國共產黨是年冬即在太原被捕入獄直至一九三七年國難日急絕食要求出獄抗日始獲釋放出獄後在中共北方軍委工作旋任洪趙特委後又任山西第六區行政督察專員公署秘書主任對抗日民主政權頗多建樹一九三九年山西十二月政變後回到中共中央北方局任政權工作部秘書在北局黨校教授中國問題并任北局調查研究室秘書一九四二年五月敵人大舉進犯太行衡宇同志不幸死於難衡宇同志自入黨後為党的事業犧牲奮鬥十年如一日實一模範之布爾塞維克

劉錫五 敬撰

中華民國三十二年八月 立

河北涉县石门村“张衡宇同志墓志”拓片。

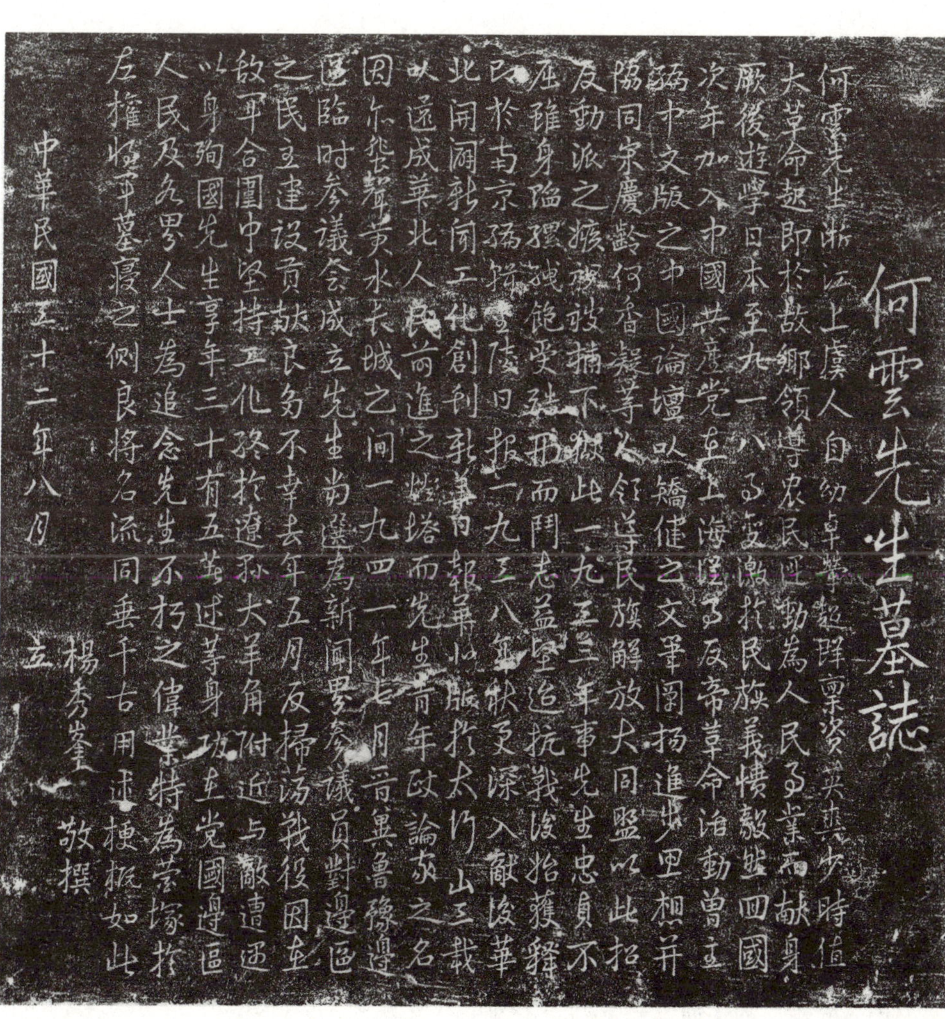
何雲先生墓誌

何雲先生浙江上虞人自幼卓犖超群禀資英爽少時值大革命起即於故鄉領導農民運動為人民事業而獻身厥後遊學日本至九一八事變激於民族義憤毅然回國次年加入中國共產黨在上海從事反帝革命活動曾主編中文版之中國論壇以矯健之文筆闡揚進步理想并協同宋慶齡何香凝等人領導民族解放大同盟以此招反動派之嫉視被捕下獄此一九三三年事先生忠貞不屈雖身陷縲絏飽受酷刑而鬥志益堅迨抗戰後始獲釋已於南京編輯金陵日報一九三八年秋更深入敵後華北開闢新聞工作創刊新華日報華北版於太行山三載以還成華北人民前進之燈塔而先生青年政論家之名因亦蜚聲黃水長城之間一九四一年七月晉冀魯豫邊區臨時參議會成立先生當選為新聞界參議員對邊區之民主建設貢獻良多不幸去年五月反掃蕩戰役因在敵軍合圍中堅持工作終於遼縣大羊角附近與敵遭遇以身殉國先生享年三十有五著述等身功在黨國邊區人民及各界人士為追念先生不朽之偉業特為營塚於左權將軍墓寢之側良將名流同垂千古用述梗概如此

楊秀峯 敬撰

中華民國三十二年八月 立

河北涉县石门村“何云先生墓志”拓片。

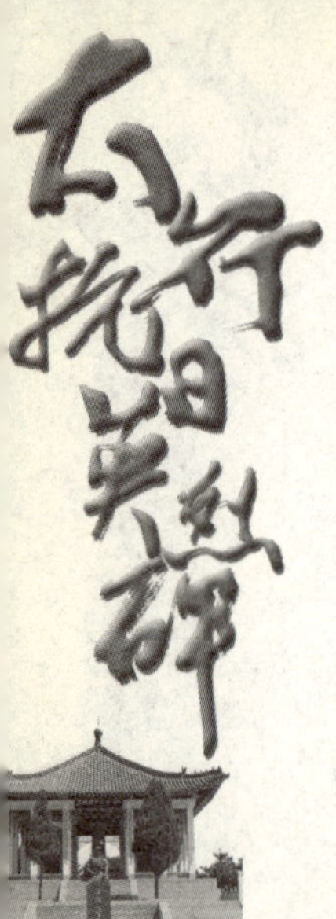

晋剧《战地黄花》中的何云，王艳春饰演。（邢兰富 摄）

工程系。1936 年加入中国共产党，1937 年以工程师身份作掩护到山西同蒲铁路开展党的工作。1938 年七八月间，受党组织派遣，任武邑县战地动员委员会主任。1939 年 2 月当选为武邑县县长。1940 年任冀南五专署专员，领导衡水、武邑、冀县、枣强一带人民坚持抗战。1941 年到中共中央北方局党校学习。牺牲时三十一岁，遗骨安放在晋冀鲁豫烈士陵园。

还有何云，原名朱士翘，1905 年生于浙江上虞县。曾留学日本，在早稻田大学读经济学，后转入铁道传习所。1931 年“九一八”事变后，他回国投身抗日救亡运动。1938 年《新华日报》创刊，何云任国际版编辑。

《新华日报》华北分馆于 1938 年 12 月 19 日正式宣告成立，何云任分馆管理委员会主任（社长）兼总编辑。何云为《新华日报》（华北版）写的《发刊词》说：“《新华日报》华北分馆任务有三：一是立足华北，坚持敌后抗战，鼓励、推动全国团结抗战及进步；二是创造、巩固和扩大华北抗日根据地；三是团结华北文化战士，开展敌后文化运动与敌苦斗到底。”

1940 年百团大战爆发，何云亲赴前线，火线上编审刊印，快速把胜利的消息传播出去。《新华日报》华北分馆 1940 年 11 月进驻辽县麻田山庄村，版面增加，刊期缩短，精彩报道和深度社论连连刊载，朱德、杨尚昆、彭德怀、左权、刘伯承、邓小平等都曾是《新华日报》的撰稿人。

1942 年 5 月，何云中弹身亡，报社四十多名同事牺牲。那年，何云只有三十七岁。刘伯承沉痛地说：“实在可惜啊！一武（指左权）一文（指何云）两员大将，为国捐躯了！”

杨秀峰撰写的《何云先生墓志》云：

何云先生浙江上虞人，自幼卓荦超群，秉资英爽。少时值大革命起，即于故乡

耸立在左权县麻田西山腰的“太行新闻烈士纪念碑”。（刘凤来 摄）

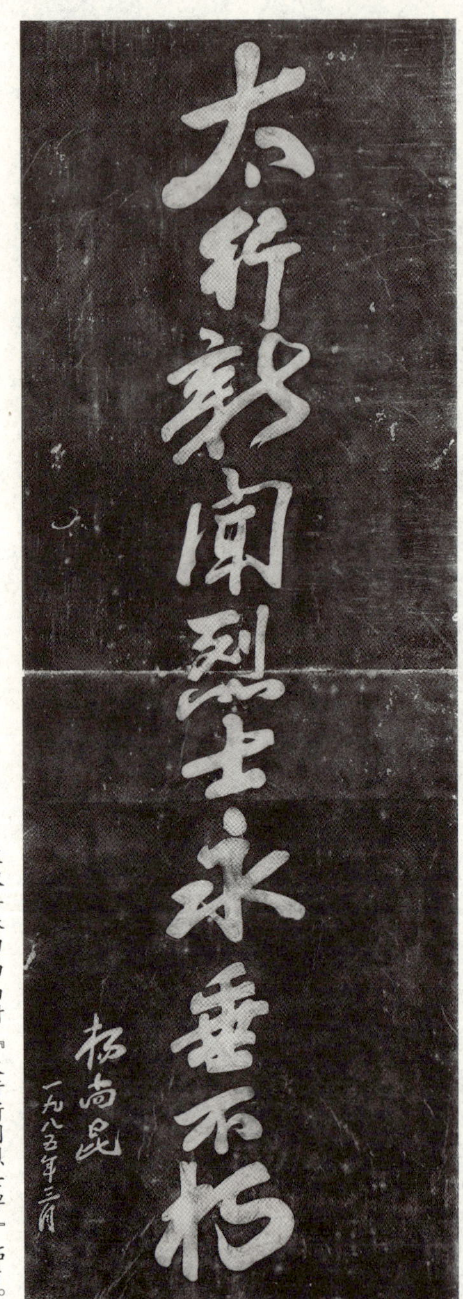

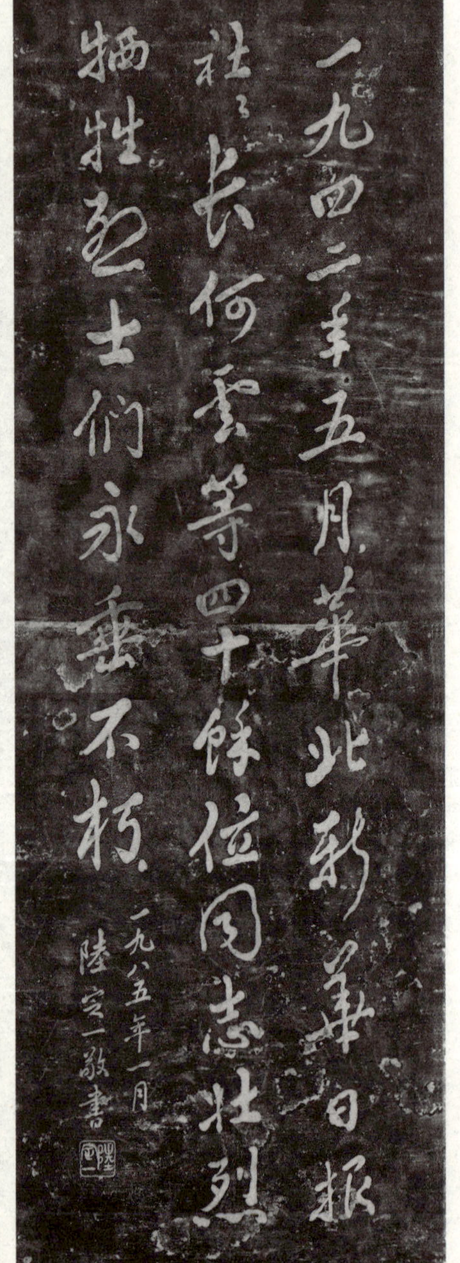

左权县麻田西山村『太行新闻烈士碑』拓片。

◀ 黄珺珏烈士。

晋剧《战地黄花》剧照。黄珺珏（中，郑芳芳饰）等躲避在山洞中。（邢兰富 摄）

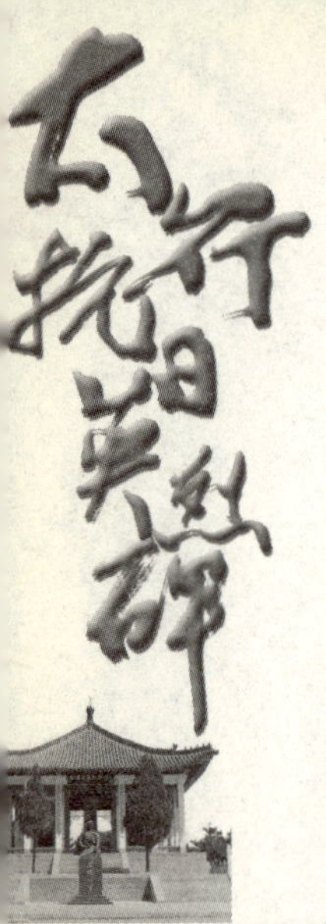

黄珺珏烈士避难的山洞。（邢兰富 摄）

领导农民运动为人民事业而献身。厥后游学日本至“九一八”事变，激于民族义愤，毅然回国。次年加入中国共产党，在上海从事反帝革命活动。主编中文版之《中国论坛》，以矫健之文笔阐扬进步思想，并协同宋庆龄、何香凝等人领导民族解放大同盟，以此招反动派之嫉妒被捕下狱，此1933年事。先生忠贞不屈，虽身陷缧绁饱受酷刑而斗志益坚。迨抗战后始获释。即于南京编辑《金陵日报》。1938年秋更深入敌后华北，开辟新闻工作，创刊《新华日报》（华北版）。于太行三载以还，成华北人民前进之灯塔，而先生青年政论家之名固亦蜚声黄水长城之间。1941年7月，晋冀鲁豫边区临时参议会成立，先生当选为新闻界参议员，对边区之民主建设贡献良多。不幸去年5月反扫荡战役，因在敌军合围中坚持工作，终于辽县大羊角附近与敌遭遇，以身殉国，先生享年三十有五，著述等身，功在党国。边区人民及各界人士为追念先生不朽之伟业，特为茔冢于左权将军墓寝之侧，良将名流同垂千古。用述梗概如此。

1985年，“太行新闻烈士纪念碑”在左权县麻田镇西山村山坡上建成，时任国家主席的杨尚昆亲笔书写：“太行新闻烈士永垂不朽”。碑上镌刻着《新华日报》（华北版）牺牲的烈士姓名：

何　云　李竹如　王　健（女）　王佩琳　王剑萍　孔宪辰　白多才　白冲云
史曼林　牟忠衡　朱省三　何宏光　李贵成　李瑛晖　杜智愚　孟宪德
胡义晋　高　咏　孙克温　夏秋水　郝清芳（女）　徐晨钟　康　吾　陈　达
陈宗平　张　谔　张成台　张全义　张忠良　张宗周　张芳万　张耀文
黄中坚　黄君珏（女）　郭俊卿（女）　郭汉文　梁振山　冯秉根　乔秋远

◀1939年10月，冀南银行在山西黎城成立，后迁到河北邯郸、邢台各地。图为冀南银行黎城旧址。（孙广兴 供图）

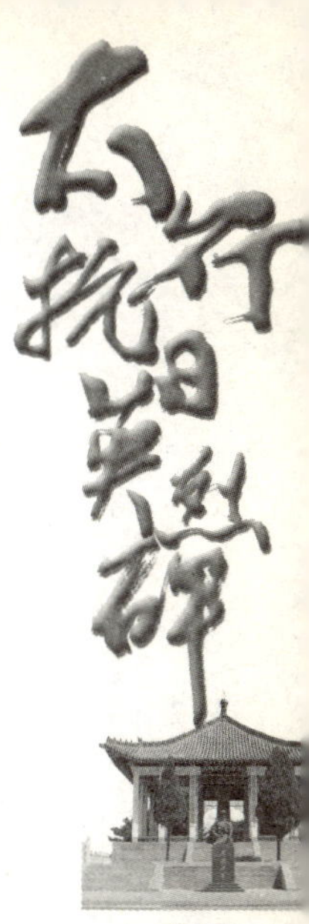

董自托　万兆莲　杨叙九　赵在青　裴青云　刘　远　刘韵波　褚朝选
阎弘辂　阎兆汶　韩　俨　韩邦藩　韩秩吾　韩医生（女）　缪乙平
肖炳焜　魏天文　魏奉璋……

其中，高咏是湖北人，牺牲的时候才二十五岁。他1941年到了太行山，既是《新华日报》记者，又是作家、诗人，曾出版长篇小说《随粮代征》《春天》等。在太行山工作之余，他创作了长诗《漳河牧歌传》。[1]

1941年7月7日，晋冀鲁豫边区临时参议会正式召开，选举成立了晋冀鲁豫边区政府，管辖太行、太岳、冀南三个行政区的一百一十个县，杨秀峰任主任，薄一波任副主任。1941年9月，冀南银行总行成立，隶属晋冀鲁豫边区政府。冀南银行在特殊困难的时期，在晋冀鲁豫边区广袤的山区、平原，建起八百八十个信用社，在边区群众中树立起了支持发展经济的崇高威信。笔者小时候常听说的“冀南票”，就是冀南银行发行的纸币。

主持冀南银行工作的第一任行长高捷成，是用算盘革命的一生。高捷成1912年出生在厦门，在厦门大学攻读经济学。红军时代，他创设了会计制度；抗战后，在华北创建抗日根据地的税收制度和财经制度。在石门村的高捷成墓碑文中这样写道：

> 1939年出任冀南银行总行行长之职。1941年兼任政治委员，自出掌冀南银行以还，孜孜勤劳，奉公忘私，雄展烈士之专长。一手创造与统一了全区广阔的货币市场之局面，发展了银行业务渐趋正规，为敌后银行建设货币工作奠定磐石之基，如在对敌经济斗争，发展根据地生产事业，抚育经济工作干部上更有极大之贡献。

〔1〕参阅《华北文化》第4期，1942年9月25日。

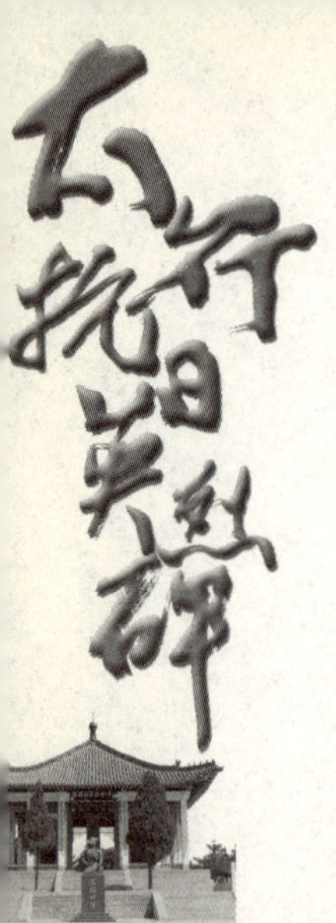

河北涉县石门村冀南银行两任行长墓地。

1943年5月14日，日寇“扫荡”太行山，高捷成殉国。碑文中写道：“其牺牲殉国不仅在敌后经济斗争上失一砥柱，亦为我革命斗争中巨大之损失也。”

接替高捷成担任冀南银行行长的赖勤，1906年出生在江西泰和县。他最初学的并不是经济学，是在红军时期，在革命实践中，成长为供给部的行家里手。据赖勤墓碑文说：

> 抗战爆发后，红军改编为国民革命军第八路军，赖勤同志任八路军一二九师供给部政治委员，年余调任冀南行政主任公署财政处长，后又任冀南军区后勤部长兼供给部政委及冀南银行路东行经理。是年5月，因总行前故行长高捷成同志在反“扫荡”中壮烈殉国，赖勤同志即于7月来太行出掌总行行长之职。1944年10月，银行与工商管理局机构合并办公，又兼任太行区行工商总局监察委员，直至病逝。

赖勤的妻子范熙同，河北永年人，华北财经学校毕业，曾在冀南银行任职，1944年10月病逝。他们夫妇被安葬在河北涉县石门的左权将军之墓侧，安葬在高捷成墓旁边。之后，两人被一并移灵邯郸。

在左权县麻田镇泽城村，有“赵永富之墓”，建墓立碑的是“冀南银行分行工商管理局全体”。根据墓碑记载，赵永富生于甘肃文县尖山乡柏嘴村，1934年参加红军，1937年任商店保管员。1946年6月牺牲在泽城。

在《晋冀鲁豫英烈》一书中，这一时期把生命留在辽县的英烈还有：

> 吴定一，八路军一二九师平汉纵队参谋长，河北蠡县人。1939年参加八路军。1940年入党。1940年5月22日，牺牲于辽县大林口村。

河北涉县石门村“高捷成同志之墓”。

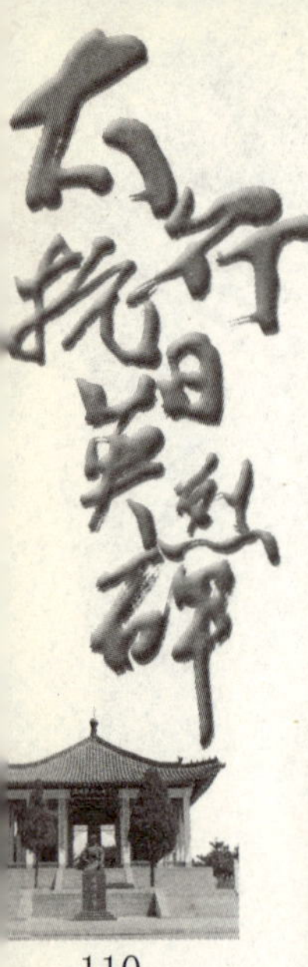

河北涉县石门村“赖勤、范熙同同志之墓”。

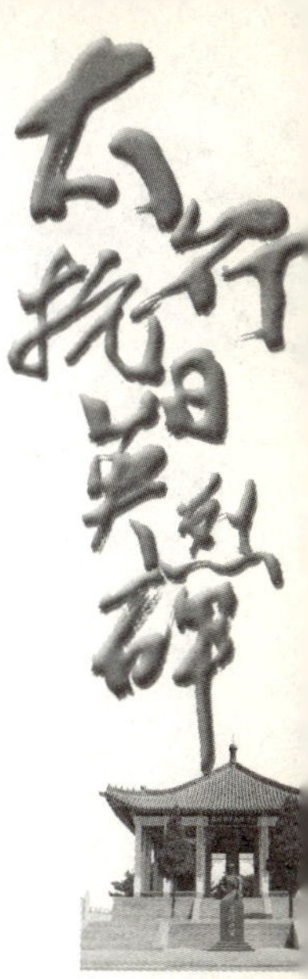

左权县东安山革命烈士公墓“赵永富同志之墓”碑阳拓片。

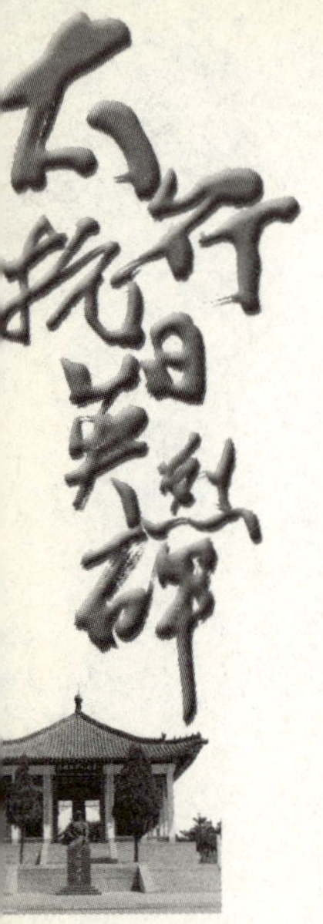

左权县东安山革命烈士公墓“赵永富同志之墓”碑阴拓片。

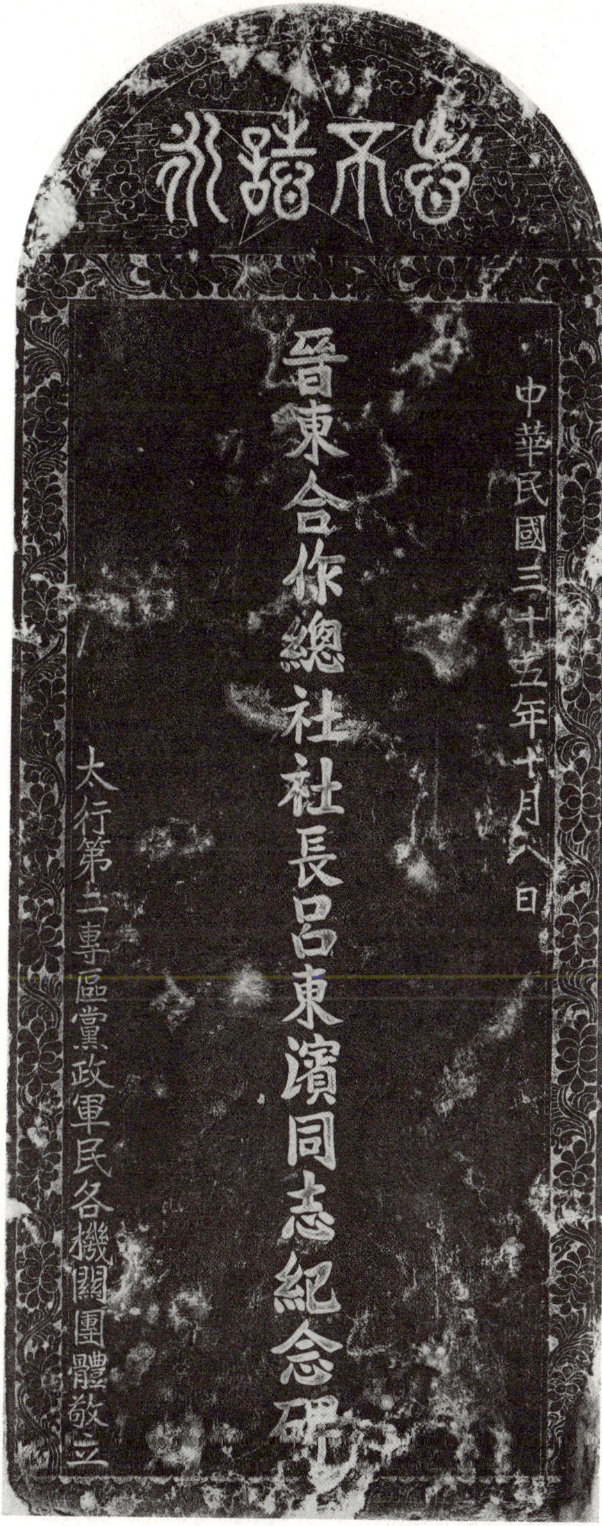

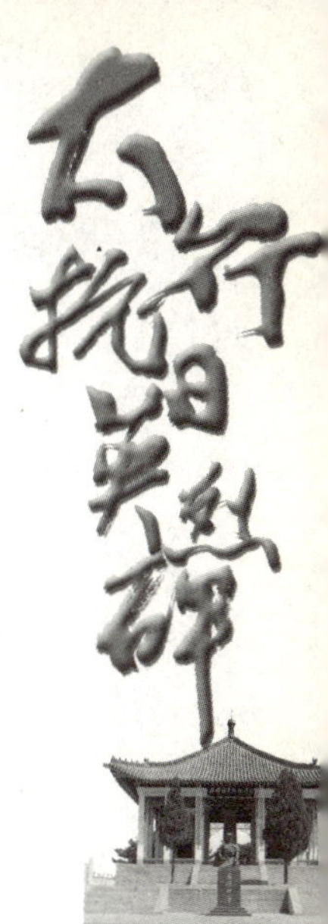

中華民國三十五年十月八日

晉東合作總社社長呂東濱同志紀念碑

太行第三專區黨政軍民各機關團體敬立

左权县烈士陵园“晋东合作总社社长吕东滨同志纪念碑”碑阳拓片。

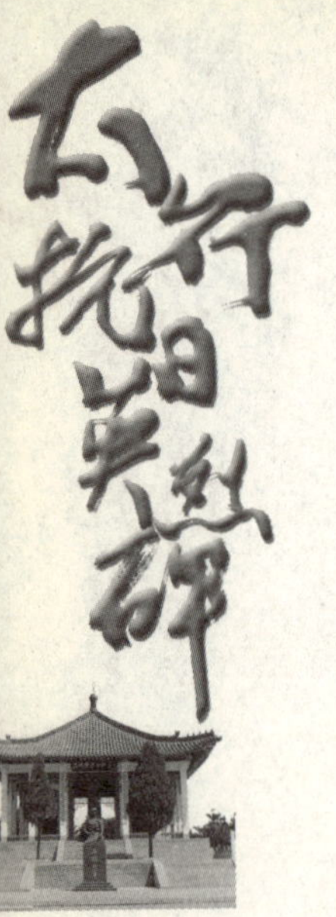

精神不死

呂東濱同志略歷

東濱同志山西交城縣人現年三十二歲出身貧寒十四歲賴親戚資助肄業太谷銘賢中學十九歲參加社會科學家聯盟開始革命活動畢業後在母校附小執教因革命嫌疑被逐二十二歲赴北平入東北大學參加學生救亡運動成為東大領袖之一乃於是年正式參加中國共產黨七七事變後返晉任中共太谷縣委時日寇進犯太谷縣情惶惶東濱同志偕銘賢同學組織當地農民成立太谷游擊隊揭竿抗日人心稍安一九三八年任獨支三大隊政治主任華北幹部學校政委三九年與蘇玲同志結婚翌年任趙支隊團政治主任四一年任中共安陽縣委書記四二年後任太行六地委秘書長暨黨校校長等職今年一月擔任晉東合作總社社長

東濱同志青年有為正期為黨為國更多建樹孰料於九月二十一日因主持和順古窯煤礦開工汽鍋突然爆炸身負重傷醫治無效延至二十三日上午十時竟不幸逝世於晉東醫院同時遇難者尚有該礦經理段連壽會計李森茂（均係共產黨員）張柏林暨技師工人民眾等十五人如此不幸事件實為我解放區建設時期中巨大損失

東濱同志在革命事業中堅定勇敢聯系群眾作風民主秉性忠誠勇於追求真理喜研科學技術富創造性臨終前猶叮囑同志們繼續開發古窯煤礦在長期工作中熱情積極從不稍懈傷痛頻危時尚指示總社工作甚詳方今蔣美兇燄黨國多艱晉東未容高枕特勒銘數語以示來者

銘曰

東濱同志 因公捐軀 壯志未遂 萬眾欷歔

黨國事業 中途多艱 願我生者 勇往直前

太行第二專區黨政軍民各機關團體 敬撰

左权县烈士陵园“晋东合作总社吕东滨同志纪念碑”碑阴拓片。

刻在石头上的是中华民族的共同心声。（毛上虎 拓制）

龚竹村，八路军野战政治部组织干部科长。1913 年生于湖南省平江县，1930 年参加红军并入党。1942 年 4 月，于山西辽县隘峪口村白求恩医院病逝，年仅二十九岁。

周文成，平汉纵队教导员。1942 年 5 月 22 日牺牲于辽县大林村（？）。

王兴汉，八路军一二九师司令部工兵主任，1913 年生于山东茌平县于家河漘。1932 年在东北从事抗日救亡运动。1933 年在国民党中央军校十期参加学习，攻读步兵，后研究工兵课程。1942 年 5 月牺牲时二十九岁。

刘贤润，八路军一二九师司令部队务科科长，1907 年生于湖北麻城县顺河区第二乡。1927 年参加赤卫队，1929 年参加红军。1942 年牺牲时三十五岁。

聂团长，第三纵队七团团长。1942 年牺牲于辽县大林村（？）。

王东明，八路军野战政治部宣传部副部长，1912 年生于上海市青浦县钱盛村。1936 年到延安。1942 年 12 月 2 日病逝于辽县隘峪口村白求恩医院，时年三十岁。〔1〕

说到辽县是太行抗日根据地的腹心区，我们更多想表达的是辉煌中的辉煌。许多牺牲在辽县的烈士，在辽县并没有纪念碑，有的甚至连姓名都没有能够留下来……

〔1〕晋冀鲁豫烈士纪念馆编：《晋冀鲁豫英烈》，大众文艺出版社，2007。

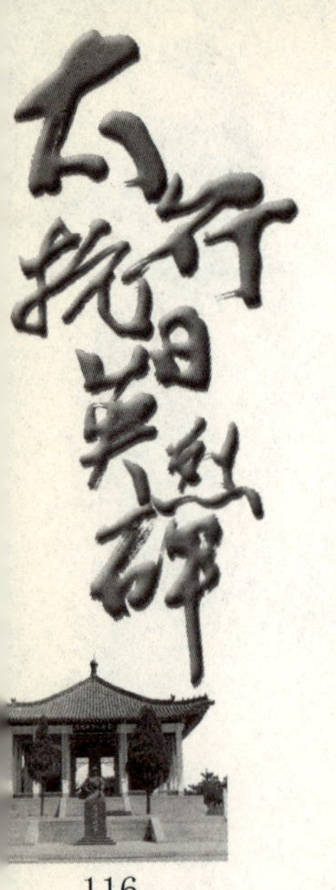

课后活动：

★去麻田镇上口村采访一下赵亚飞，了解有关烈士遗骨的故事，试着就赵亚飞送烈士遗骨回家一事写篇报道。

★到上武村寻访“鲁艺”旧址，采访上武村的老人，看看他们能讲多少“鲁艺”故事。借阅一本《烽火岁月——中国抗战版画集》（四川美术出版社出版）、《抗战版画》（河南大学出版社出版），感受其中的抗战烽火。

★推荐观赏现代晋剧《战地黄花》，试着为黄君珏写一个小传，并写一篇剧评。

第四讲
子弟奋起保家乡

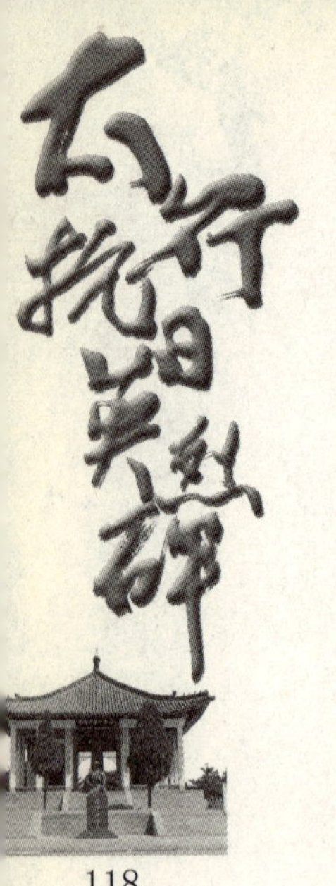

课前提示：

★你知道“左权子弟兵团”的故事吗？你可曾听家人讲述过有关抗战时期前辈所经历的苦难？

★左权抗战民歌，你会唱几首？你知道这些歌曲产生的历史背景吗？《八路军日本鬼不一样》你可曾听过？试分析一下这首歌的特点。

★寻访红碑，并为你敬仰的抗日英雄写一个小传？

◀◀**前页图片：**“要是豺狼来了，等待他的有猎枪！”烽火燃太行，辽县子弟动员起来，保卫家乡。这是美国人索万喜拍摄于抗战时期麻田一带的照片。（［美］王晋保 供图）

◀流离失所，走上艰辛的逃难之路。（〔美〕索万喜摄，〔美〕王晋保供图）

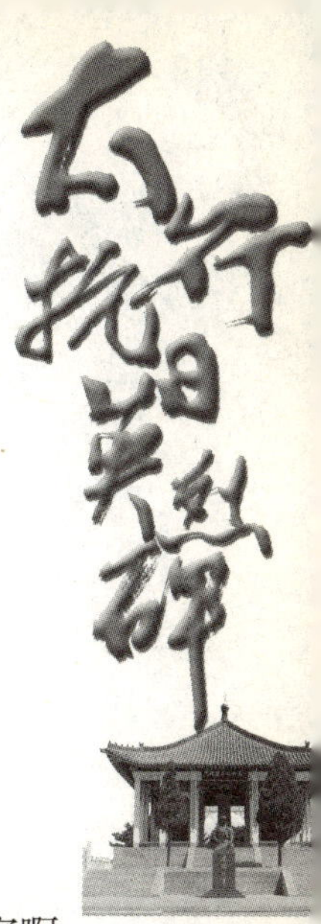

“家住在辽县啊，南乡庄则村，日本鬼子侵略我国不得安宁！丢了我的家啊，丢了我的地，丢了我的亲戚朋友逃难出去！”鬼子来了，辽县百姓流离失所四处逃难是肯定的。但是，更有奋起保家乡的七尺男儿，时刻准备着献身于民族解放事业，献身于保家卫国的正义战争中！1937年，出生在北街村、获得国际“金钥匙奖”的燕京大学研究生李棣华已经三十二岁了。本来学术前途一片大好，但他毅然中断学业返回太行山参加抗战。

1937年9月1日，牺盟会派人来到辽县，成立“牺盟中心区”。10月底，“辽县战地总动员实施委员会”在八路军工作团领导下成立。出生在东隘口村、当时已被太原成成中学录取的皇甫束玉十九岁了。他写下“书生何处去？投笔上梁山”的诗句，回到辽县温城村，参加第三区战地动员委员会工作。同年11月，“辽县农民抗日救国会”“辽县儿童自卫团”成立。上交漳村的侯恺当时十五岁，参加儿童团，成了抗日小战士！12月，“辽县抗日自卫总队”成立，总队长沈鸿英，政委李继潜，副总队长王振寰、刘振国；下设两个中队，第一中队队长秦颜升，第二中队队长赵维新；每个中队一百多人。《圪道村烈士纪念碑》有记：

> 陈士俊，圪道村人。1937年参加了子弟兵（准确地说是“自卫队”），1943年在武安县汾店牺牲。[1]

1938年2月到5月，“辽县国难教育联合学校”在突堤村开办，温子谋任校长，李棣华任副校长，冯瑞如任教导主任。学校有一百三十多名学生，其中的大部分在三个月结业后投身革命工作。3月，“辽县工人抗日救国会”成立，巨茂德为

〔1〕见《圪道村烈士纪念碑》。

杨尚宇。（皇甫夏 供图）▶

李棣华（右一）。（柯鲁克 摄，李钦莲 供图）

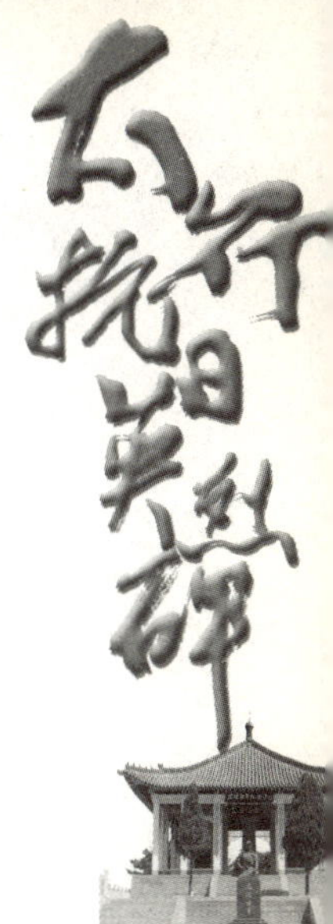

1938年，辽县“牺盟中心区”部分会员合影。

主席。5月，“辽县妇女抗日救国会”成立。9月，“辽县青年抗日救国会”成立，王效祥为秘书，赵德新为组织委员。

1939年6月1日，“辽县文化教育界抗日救国会”成立，五人常委是杨尚宇、宋耕如、李祥林、阎鲁斋、赵相英。

1939年11月初，上级党委给辽县下达扩军任务。经过三个多月的努力，“辽县子弟兵团”在“辽县抗日自卫总队”基础上正式创建。子弟兵团有一千五百人，分三个营、九个连队，负责其事的是一二九师三八五旅十四团的邹善芳和黄乃一等，政委为邹善芳，政治主任为黄乃一。

邹善芳，1912年生于河南省光山县。1929年参加红军，1933年入党。抗战时期，任昔阳县抗日游击第一大队政治委员、八路军一二九师三八五旅二团三营政治教导员、左权县子弟兵团政治委员、三八五旅轮训大队大队长、山西青年抗敌决死队第一旅第九团团长。1955年被授予少将军衔。1990年逝世。

黄乃一，1916年生于重庆江津。1933年参加革命，1934年入党。1938年3月在延安抗日军政大学第五大队三中队学习。1938年9月任延安鲁迅艺术学院戏剧系主任助理、党支部书记。1939年9月起历任一二九师太行第三军分区辽县独立团政治处主任，太行第三军分区武装部部长、武委会主任。参加了“百团大战”。1960年9月在中国民用航空局、中国民用航空总局任职。2008年去世。

“辽县子弟兵团”未设团长，由政委和政治主任负责团内事务，团部设在石台头村。下设三个营，其干部配备是：第一营营长连云庆，教导员霍云桥；第二营营长冉隆兴，教导员约振国；第三营营长李贵成，教导员李枝华。

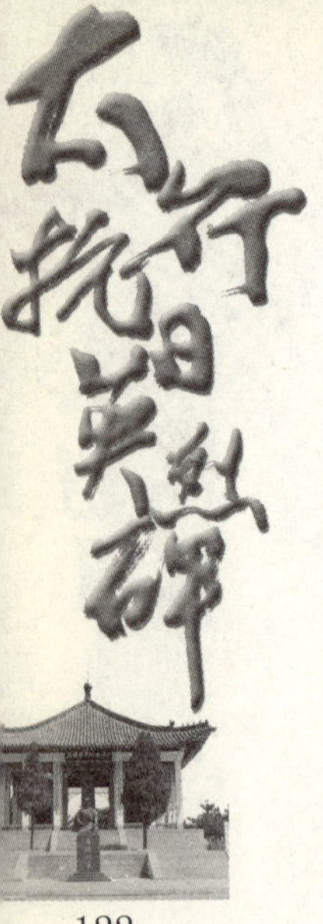

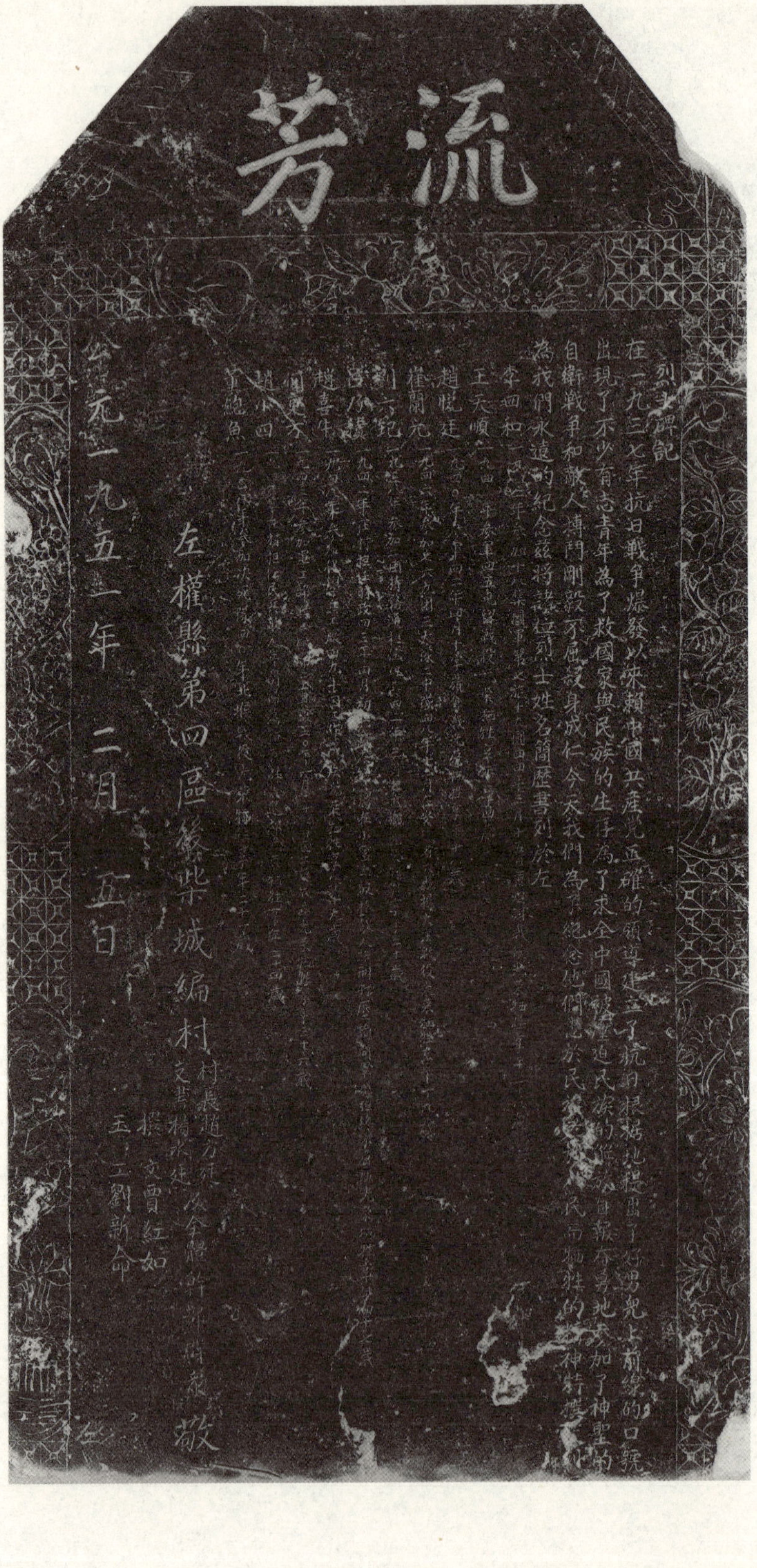

左权县后柴城村“烈士碑记”拓片。

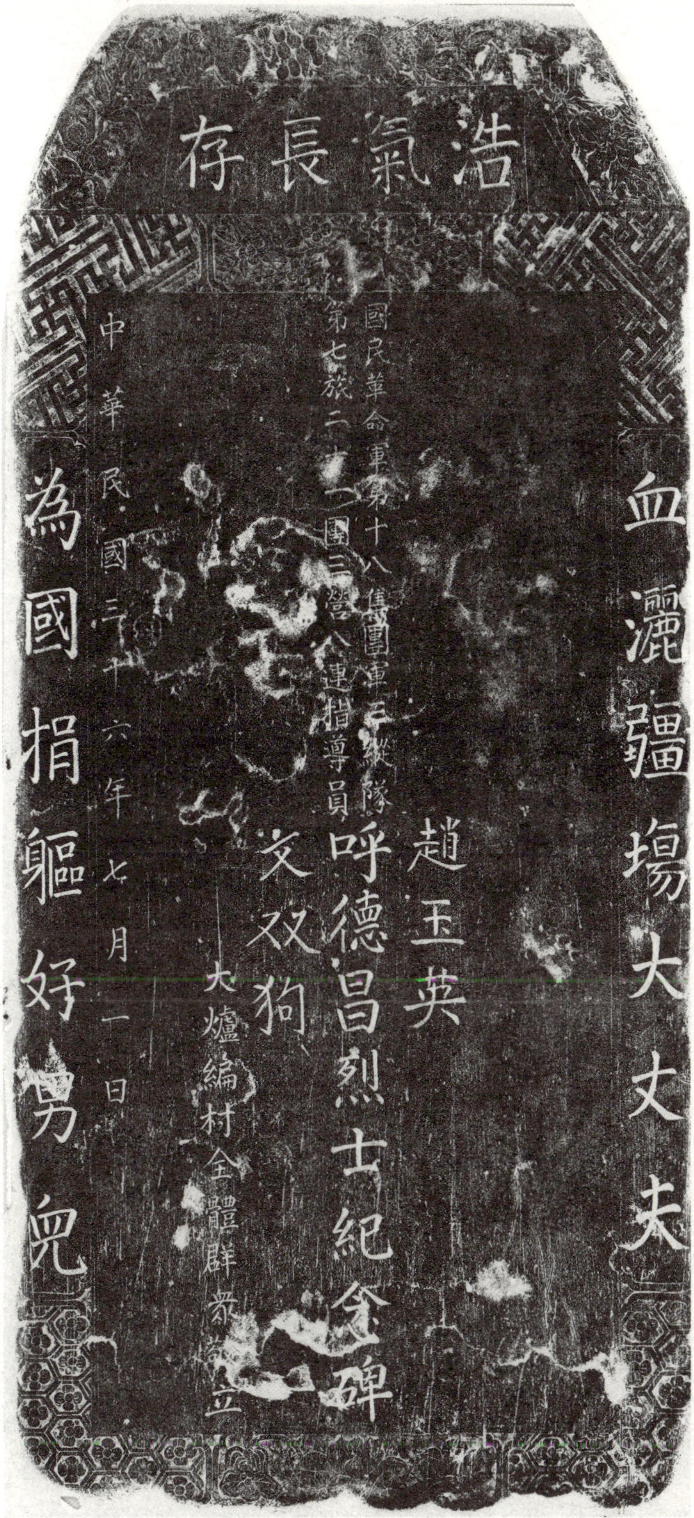

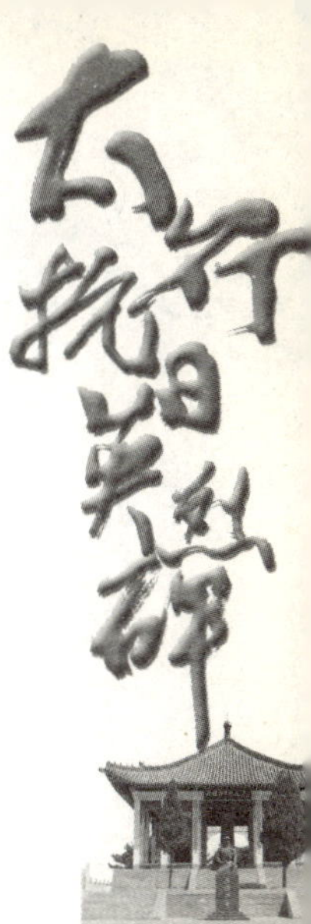

浩氣長存

血灑疆場大丈夫

國民革命軍第十八集團軍三縱隊
第七旅二一團三營八連指導員呼德昌烈士紀念碑
趙玉英
文双狗

大爐編村全體群衆公立

中華民國三十六年七月一日

為國捐軀好男兒

左权县大炉编村“呼德昌、赵玉英、文双狗烈士纪念碑”拓片。

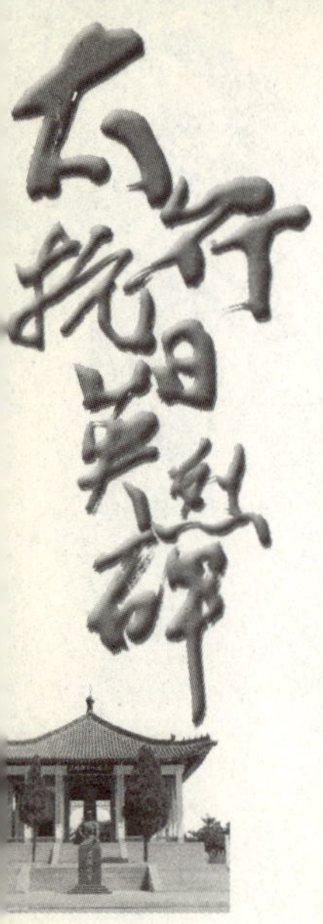

左权县中寨编村"烈士碑记"拓片。

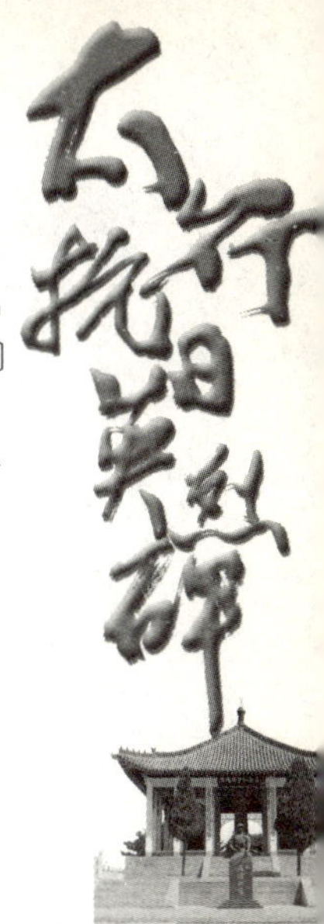

◀全民武装，杀敌上战场。（〔美〕索万喜 摄，〔美〕王晋保 供图）

“辽县子弟兵团”第三营教导员李枝华在《辽县子弟兵团》[1]一文中回忆说：“三个营经常以连队为单位分散驻扎。我们第三营营部驻孔家庄，七连驻下交村，八连驻丈八村，九连驻西沟村。由于情况不断变化，各连驻地也经常转移。”

“辽县子弟兵团”组建后就开始学习和整训。1940年2月8日是春节，为了让战士们过一个好年，李枝华自作主张给战士们放了假，让他们回家过年。因为第三营的战士都是邻近村里人，所以全体人员在春节后都按时归队了。尽管如此，团部按纪律办理，李枝华被关了禁闭。战士们2月13日过节回来，正赶上组织到西关帝君庙袭扰日军炮台，收获不小。李枝华后来回忆说：

> 子弟兵团除配合正规部队行动外，更主要的是配合民兵打游击、割电线、破坏公路，在地方组织民兵联防、栽‘消息树’，一旦发现敌人出发，马上转送情报，掩护群众转移。
>
> 那时，范子侠率领的八路军平汉中队驻在大林一带，我们营经常和平汉中队配合行动。1940年4月10日黑夜，大约有一个中队的日本鬼子，趁夜从县城出发，偷袭平汉中队。黎明时分，敌人把大林包围后发动了进攻。当时，我们三营营部和七连都驻在孔家庄。流动哨报告了平汉中队被围的情况之后，我们当即前往救援。当我带队赶到大林对面的山上时，天已大亮，双方正在激战。我们就在大林对面的山坡上，居高临下，紧密地打了一阵排子枪，在敌人惊恐之际，冲了下去。我们的突然出现，出敌预料，敌人弄不清援兵的虚实，匆忙撤退。这次战斗，平汉中队有二十多名战士牺牲。

〔1〕左权县史志办公室编：《左权县革命斗争回忆录》，邢晓寿整理，1987年印。

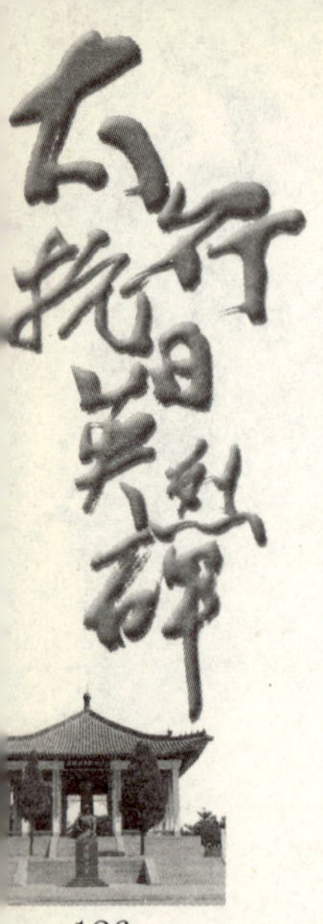

这里是我们的家园，这里是我们生长的地方。我们用生命保卫家乡。（〔美〕索万喜 摄，〔美〕王晋保 供图）▶

为壮大正规部队，“辽县子第兵团”于1940年10月被编入一二九师三八五旅第二团。这群辽县年轻人从此成为中国人民正规军的一部分，开启了新的生活。我们在已知的烈士碑上可以看到，“子弟兵团”是比较早的辽县抗战部队：

> 赵双成同志，现年三十九岁，1938年参加了三八五旅二团，担任班长，同年参加祁县南关战役，后被敌包围，光荣牺牲。[1]
>
> 张猪喜，芹泉禅房村人，1939年参加子弟兵，1942年牺牲于沙河，二十岁。[2]
>
> 张希明，石暴村人，自幼以放羊为生。1939年参加子弟兵团，后编入三八五旅二团，1943年我军攻击红都敌碉堡而殉国。[3]

1939年11月，中共辽县县委、辽县武装指挥部在原自卫队改编的游击队（又名基干队）一百余人的基础上，扩编为五百余人的“辽县游击大队”和二百余人的“辽县游击队”。“辽县游击大队”由王国彦任大队长，“辽县游击队”队长为张炳文。“辽县游击队”三个队分驻南沟、小节、苏亭，配合村自卫队组织轮番出击和辽公路，使日军架不起电线、车辆不能畅通，打击了日军的嚣张气焰。有一首《建立民兵队》的抗战民歌，就生动地讲述了辽县游击队的风采：

> 太行山呀哎，真是高呀哎，开展游击哈哈咳，好地方呀哎。

---

〔1〕见《三教村烈士纪念碑》。

〔2〕见《圪道村烈士纪念碑》。

〔3〕见《石暴村烈士纪念碑》。

◀每一颗子弹消灭一个敌人。（〔美〕索万喜摄，〔美〕王晋保 供图）

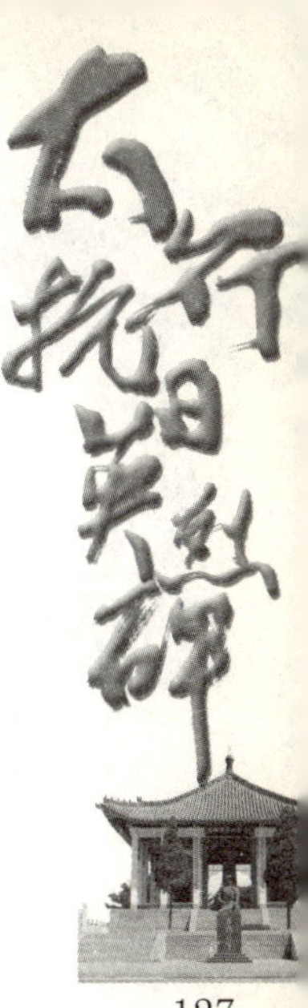

人又多呀哎，林又密呀哎，组织民兵哈哈咳，保家乡呀哎。
基干队呀哎，青抗先呀哎，加紧训练哈哈咳，三个月呀哎。
第一要呀哎，站岗哨呀哎，敌探汉奸哈哈咳，不让跑呀哎。
第二要呀哎，送情报呀哎，迅速准确哈哈咳，要记牢呀哎。
第三要呀哎，破坏路呀哎，割敌电线哈哈咳，不留情呀哎。
东一枪呀哎，西一弹呀哎，要把鬼子哈哈咳，消灭光呀哎。

1940年6月，辽县游击大队和辽县游击队分别被编入一二九师三八五旅和保安六团。8月20日起，八路军在华北敌后发动了一次大规模进攻反“扫荡”战役，史称“百团大战”。9月23日，一二九师约十个团的兵力打响了榆辽战役。24日，攻克设在辽县的日军小岭底、铺上据点，解放榆社县城和辽县的石匣村、管头村。榆辽战役历时七天，攻克日伪军较大据点八个，歼敌二百余人。杨蕴玉亲历了辽县民兵参与百团大战的过程，她回忆说：

辽县在支前工作上花了很大本钱。县、区、村很多干部，基干队、自卫队员中身体比较壮实的都被动员起来，组成了运输连，抬担架、运送粮食、弹药，参加破路。[1]

《中共左权县历史大事记述》载：

辽县组织一万余民兵出击，破坏和辽公路318段，使和辽路交通陷于瘫痪。辽

〔1〕见杨蕴玉：《抗战时期我在辽县工作的回忆》，载《左权县革命斗争回忆录》，左权县史志办公室1987年编印。

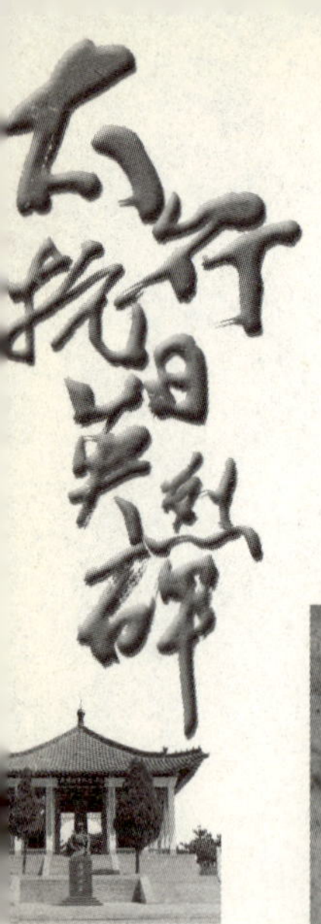

我们是人民的军队。（〔美〕索万喜 摄，〔美〕王晋保 供图）

◀ 抗战期间，杨蕴玉在太行。（闫雪 供图）

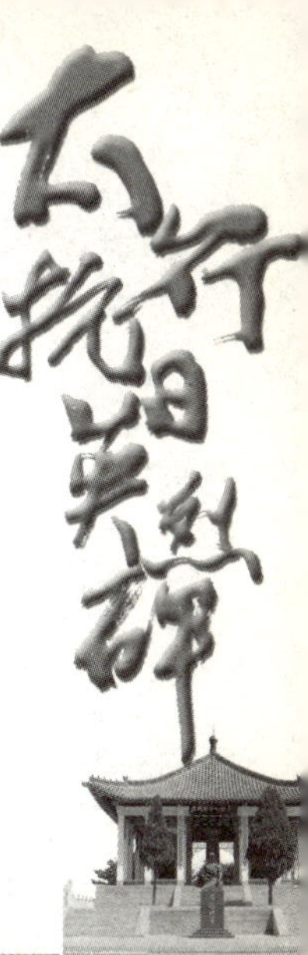

战火中的流离与抗争。

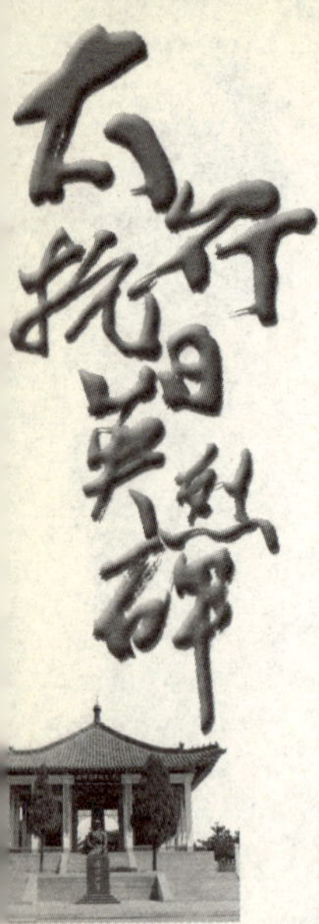

今天静谧的榆辽公路，你能想象到这里曾经是战场？（弓宇杰 摄）

县青抗先、游击队大战华山，围攻石匣，攻打管头、小岭底日伪据点，配合八路军或单独作战23次，炸毁桥洞4座，击毙日军5名，伤1名，俘4名，活捉汉奸61名，缴获轻重机枪2挺，掷弹筒1个、步枪4支、手枪3支、电线3899斤。六区民兵二百余人，袭击寒王日伪据点，毙敌2名，缴获手枪2支、手榴弹20枚，并摧毁了伪政权。七区民兵攻打了突堤日军的炮台。川口游击小组在"辽西一把锁"——巨贵如率领下，主动出击，毙日军3名，俘日伪军6名，缴获三八式步枪2支、手表2块、大衣3件、子弹2箱，其他军用品甚多。在反"扫荡"中，松树坪游击小组和敌开展争夺战，夺回毛驴6头、物资6驮。桐峪、九腰会等村民兵游击小组，在日军"扫荡"时袭扰敌人，使其被迫撤退。"百团大战"期间，辽县全县遣派民工6193人，征调毛驴4130头，用工二十余万个，保证了前线部队物资供应和伤病员、战利品的及时转运。在"百团大战"中，辽县民兵参战支前成绩突出，受到部队首长嘉奖。辽县人民有力地支援了"百团大战"，"百团大战"也锻炼了辽县人民。

1940年11月15日，辽县举办了声势浩大的"路东青抗先、基干队检阅大会"，路东各村武装群众两千余人携带着步枪、手榴弹、长矛、大刀等武器到会。青抗先、基干队进行了武装演习、武器使用及掷手榴弹比赛。上口村张马年获冀太联办杨秀峰主任以及薄一波、戎伍胜副主任授奖，得步枪一支、子弹十发、锦旗一面。羊角村刘二堂获冀太联办主任杨秀峰授奖，得步枪一支。辽县抗日县政府奖给刘二堂"民族英雄"锦旗一面。各村的青抗先、基干队模范亦获得不同的物质奖和精神奖。[1]

---

〔1〕中共山西左权县委党史研究室编：《中共左权县历史大事记述》，山西人民出版社，1993，第47页。

抗战时期的左权县城。

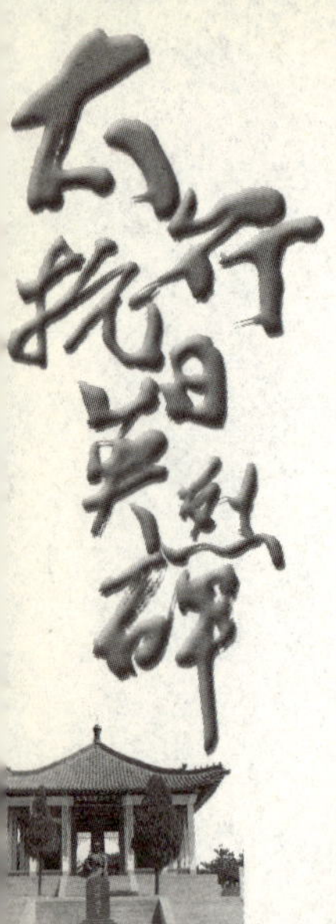

辽县西隘口村兵工厂一角。

辽县儿童团使用的臂章。

辽县、黎城县的女民兵接受检阅。

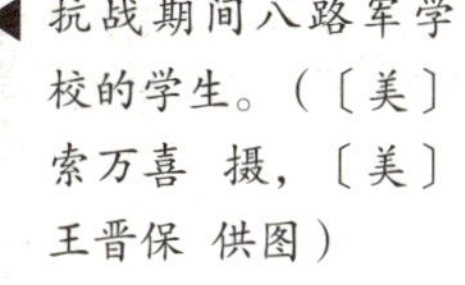
抗战期间八路军学校的学生。（〔美〕索万喜 摄，〔美〕王晋保 供图）

同年 11 月 29 日，一万余日军进攻八路军总部，辽县抗日自卫队配合总部特务团埋伏于武军寺两面山上，以伤亡五十余人的代价毙伤日伪军四百余人。当地民兵负责抬送伤员、运送弹药和饭菜，区长杨子荣率二区近百名民兵参加了战斗。

1941 年夏天，王禹来到辽县工作，在夏末秋初召开的“辽县人民武装代表大会”上，当选为“辽县武装委员会”主任。他回忆说，武委会需要“‘文武双全’的干部，就是文能联系群众、发动群众、善于做群众工作；武能训练民兵、干部，组织带领民兵开展麻雀战、地雷战，保卫家乡，保卫根据地。”为了这次选举，皇甫束玉等人编了一首《武委会》：

为了消灭日本鬼，咱县成立武委会，好干部选举出来。
这会事情最重要，选举时候需要慎重，谁马虎那可不行。
有谋有勇好枪法，我们就来选举出他，打游击他领导咱。
鬼子再要来扫荡，咱们有了铁的武装，杀敌人保卫家乡。

1942 年春，辽县武委会在西黄漳举办村干部训练班。抗大六分校校长何长工从河北邢台过来，要向南到八路军总部去。何长工在辽县抗日政府机关驻地西黄漳村住下来，王禹知道了，就去对何长工说：“明天你不要走，给我们村武装干部训练班讲讲话吧！”何长工说：“讲讲民兵打麻雀战，如何？”王禹当然乐意。次日，何长工整整讲了一上午。王禹回忆说：“讲得深入浅出，生动活泼，学员听得都入神了。”

各区、村，都成立了自己的武委会，逐渐发展成为基层武装组织的核心。

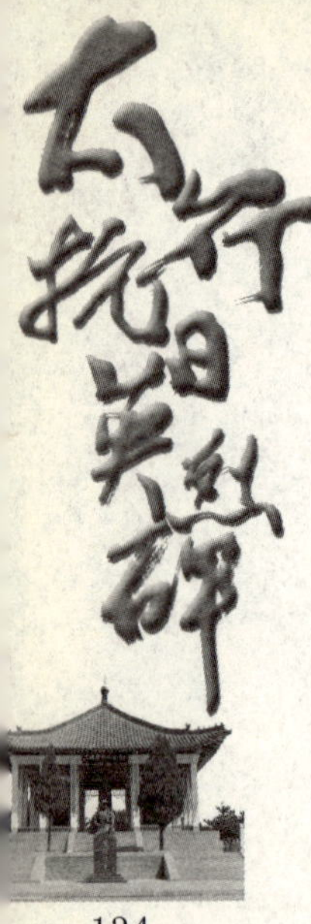

西黄漳村辽县政府旧址。这里曾是武家宅院。

何长工。

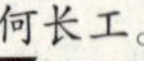

田小狗，家境极贫。1938年加入中国共产党，任村武委会主任。1942年农历四月初七日，在敌人残酷的“扫荡”中，为保护群众安全转移，坚决抵抗敌人搜山，牺牲于黎城境内的佛崖底村附近（此村与云头底相邻），年仅二十七岁。[1]

申锡荣，本村人，三十岁，当过长工，1938年参加中国共产党，历任武装分队长、大队长、村长工作。1941年5月敌人包围本村时，带领民兵火速驰救，与敌激战于西庄，因奋不顾身，光荣殉国，民主政府特追为区武委会主任。[2]

范玉官为武委会主任，率领全村武装与敌搏斗，保卫群众安全，顽敌“扫荡”数十次，均被我民兵击溃，这次我军收复左权城时，顽敌作垂死前挣扎，玉官同志奋不顾身，率领民兵配合我军与敌在平顶山展开激战，敌人死伤惨重。在这次战斗中，不幸我武委会主任范玉官光荣牺牲了。噩耗传来，全村群众无不悲恨。玉官同志现年二十九岁，是个优秀的共产党员，又是全县杀敌英雄之一，品行端正，生活朴素，获得全村人民之拥护。[3]

抗日力量遍布全县，1941年2月，辽县又正式组建了“辽县独立营”。左奎元任营长。全营共二百五十人，分一个通讯班和两个连队。曾长期在“辽县独立营”担任参谋长的王文贞回忆说：

我是1941年冬季由太行三分区调到辽县独立营担任参谋的。当时，独立营营部驻在粟城村……左权独立营（1942年9月，辽县易名为左权县，辽县独立营也随着易名为左权独立营）虽然是地方武装，所处的地位很重要。这个县地处太行山的

〔1〕见《云头底村烈士纪念碑》。

〔2〕见《梁峪村烈士纪念碑》。

〔3〕见《马家拐村烈士纪念碑》。

云头底村烈士纪念亭。

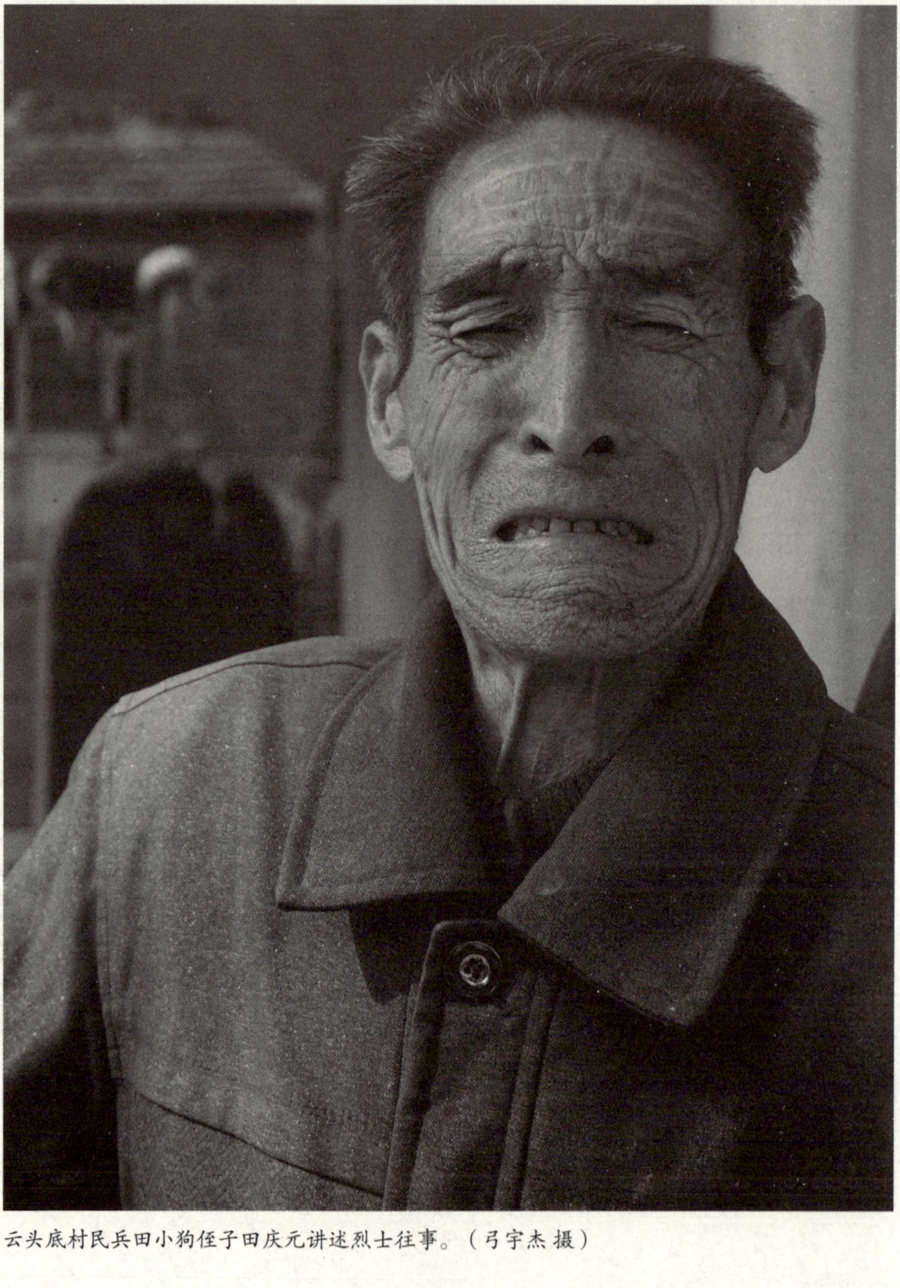

云头底村民兵田小狗侄子田庆元讲述烈士往事。（弓宇杰 摄）

马家拐村范玉官烈士纪念碑。(现存马厩村陵园)

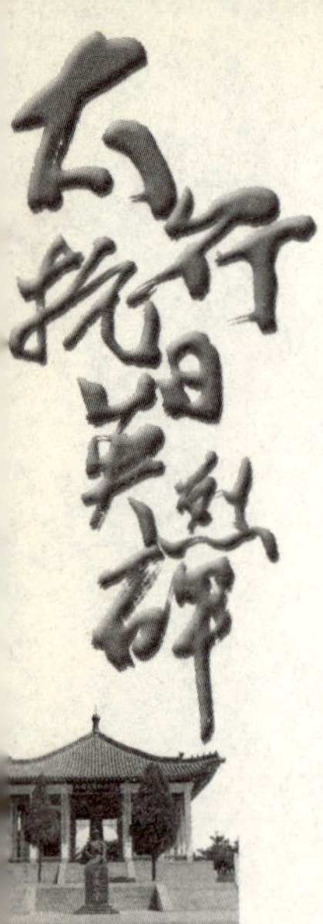

栗城村西阁见证了不一样的历史。

西黄漳村辽县公安处旧址。

腹心地区，中共北方局、八路军总部、一二九师师部、太行区党委等首脑机关驻在该县，又是太行区党委的实验县之一，可以说是太行革命根据地的“心脏”地区。

我们独立营的主要任务是打击和警戒辽县城出扰之敌，监视和辽公路敌人的动向，深入敌区宣传抗日，瓦解伪军，保护县委和县政府的领导及人民群众的生命财产，帮助民兵训练，发展自己的武装。[1]

王文贞当时二十二岁，和左奎元睡一盘土炕上。左奎元（1915—1978）是辽县寺坪村人，出身贫寒，不曾读书。《左权县志》介绍左奎元时说：幼时入本村拳房习武，武艺超群，又会耍魔术，爱打抱不平。民国二十五年（1936）在石楼、永和一带教习武术时，目睹红军东征，受共产党思想影响。翌年农历五月初五寺坪庙会，稽查队以搜查为名，将老农左奎全的六块白洋抢去。他得悉后率拳房弟兄一拥而上，将三个巡警痛打一顿。为此事，他被当局以“共匪”之名通缉，险遭迫害。王文贞回忆起左奎元时说：“他经常向我讲述他的苦难身世。他曾给地主做过工，受尽剥削和压榨，后来流浪江湖，教拳卖艺。这期间，他曾多次遇到红军，红军让他懂得了许多革命道理。”

1937年，左奎元入党，担任寺坪村锄奸员和农救会主席。1939年12月任县委民运部长、县农救会主席。他带领群众将国民党敌工团撵出根据地，将国民党河北民军赶出辽县。1941年春，左奎元任“辽县独立营”营长。左奎元对王文贞说：“我没有受过正规训练，所以我就得刻苦学习，要不，真对不起养育我们的人民。”[2]左奎元“创造了三种用手榴弹传递情报的方法：三声爆炸表明敌

〔1〕王文贞：《在左权独立营战斗的日子里》，邢晓寿、王秀凤、马海明根据王文贞谈话整理。
〔2〕王文贞：《在左权独立营战斗的日子里》，邢晓寿、王秀凤、马海明根据王文贞谈话整理。

◀ 左奎元。

◀ 左奎元儿子左节恒谈父亲和左权独立营

人倾巢而出，两声爆炸系中等规模‘扫荡’，一声爆炸属小股敌人出发抢劫。使驻军部队、民兵联防及边沿区群众及时准确地掌握敌军动向，避免了许多损失，受到八路军总部副参谋长左权将军的赞扬。”[1]据《原庄村烈士纪念碑》记载：“1942 年，独立营杨专才、原炉、原贵群等同志夜袭左权县城内的敌人阵地，抢回牲口多头，有力地打乱了左权县城内日军的作战计划，村民抗日积极性空前高涨，有力配合刘、邓大军和左权独立营取得了高尔梁战斗的胜利。”

1942 年 9 月 18 日，辽县易名为左权县，“辽县独立营”改名“左权独立营”，任务依旧是盯紧左权县城的敌人，对和顺到辽县的公路严密监视。当时辽县城驻有日军三十六师团，距离八路军总部驻地只有四十多公里的路程。而“和辽公路”是鬼子从阳泉深入太行腹地的唯一公路，是其重要的运输线。

王文贞回忆说：

营部驻辽县城东南的粟城、柏峪等地，在距县城仅二十里的苏亭村常驻一个排哨，他们夜晚经常到距敌较近的王家店、黄家会、沐池等地活动，有时到敌眼皮下的蛤蟆滩。在县城南面驻有一个连，在梁峪、十里店一带活动。这些地方距敌近，又是敌出发扫荡根据地的必经之路。所以，只要敌人一出城就置于我们的监视之下。

在和辽公路沿线……日军修建了炮楼，常驻日伪军防守。我们常在公路沿线的寒王、段峪、上下其至一带活动，除监视敌人动向外，不断配合民兵割电线、毁公路、袭扰敌人，使敌防不胜防。

我那时人年轻，爬山走山路习惯了，这一带山里很快熟悉了。从拐儿出发，攀

---

〔1〕见赵世元主编：《左权县志》，高等教育出版社，1999。

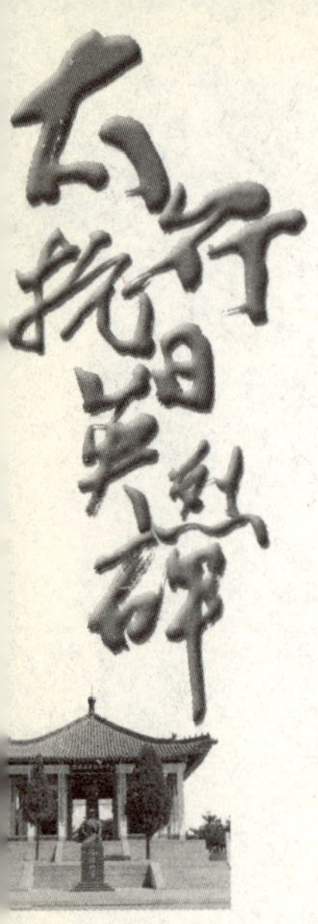

"左权独立营"▶至今仍是劲旅。（邢兰富 供图）

上那座大山梁，经华山、骆驼岩，就能把数十里公路看得一清二楚了。[1]

当时在辽县工作的赵树理说："正规军和左权、辽西两县的独立营，更是经常住在离敌人据点十里八里的地方封锁着敌人，近一年来，离敌十里左右的村子，差不多都不维持敌人了，因此伪军、伪政府、棒棒队，人数少了谁也不敢到五里以外。鬼子在里边封锁，咱们在外边封锁，这样越封锁圈子越小，封到今年 4 月，咱们就给他来了个大围困。"[2]赵廷伟 1943 年秋进入左权独立营，他晚年依旧记得其中的几次战斗。1943 年夏，左权独立营先后两次攻打文峰塔炮台。据《中店村烈士纪念碑》载，连三有 1943 年 7 月参加左权独立营，牺牲于文峰塔。

宋耕如（1913—1943）出生在北乡下丰堠村，1935 年毕业于山西省立国民师范学校，后回到辽县当了小学教师。他 1937 年加入中国共产党，历任辽县第一民族革命小学校长、辽县抗日干部训练班主任、辽县抗日民主政府教育科长，中共辽县县委宣传部副部长、第四区分委书记。

1943 年 5 月 14 日，宋耕如与左权县武委会主任史刚（1921—1943）、左权独立营二连连长石岱（1916—1943）"由西崖底山上返东安区公所，行至河滩，为敌特遣别动队三部突出包围"。石岱作为军事干部在受伤后仍击毙三个敌人，努力掩护宋耕如、史刚突围，后英勇从容就义。宋耕如、史刚在敌人追来后，将公文掩埋后殉职。

至今，在西黄漳村耸立着《左权县政府前教育科长宋耕如、武委会主任史刚、独立营第二连连长石岱三烈士纪念碑》。碑文说："三烈士均系少年英俊，同为

〔1〕王文贞：《在左权独立营战斗的日子里》，邢晓寿、王秀凤、马海明根据王文贞谈话整理。
〔2〕见赵树理：《辽县城复活了》，载《赵树理全集·5》，北岳文艺出版社，2019。

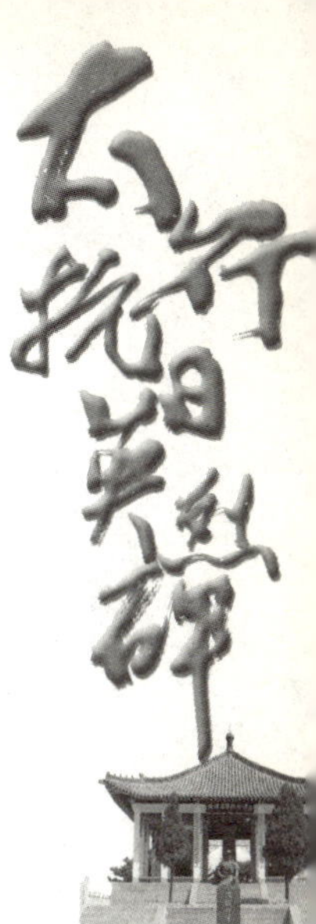

中華民國三十二年九月十八日

左權

武委會主任史剛

縣縣政府前教育科長宋耕茹三烈士紀念碑

獨立營第二連連長石岱

左權縣全體民眾敬立

“宋耕如、史刚、石岱三烈士纪念碑”拓片。

左权县松树坪东村李荣春烈士的侄女李爱兰讲述烈士故事。李荣春当民兵放哨被日本人杀害，其妻改嫁弟弟李金春，生有一女李爱兰。李金春牺牲在山东，遗骨未回乡，李爱兰至今领着一份遗属补助。李荣春烈士碑现存松树坪村。（弓宇杰 摄）

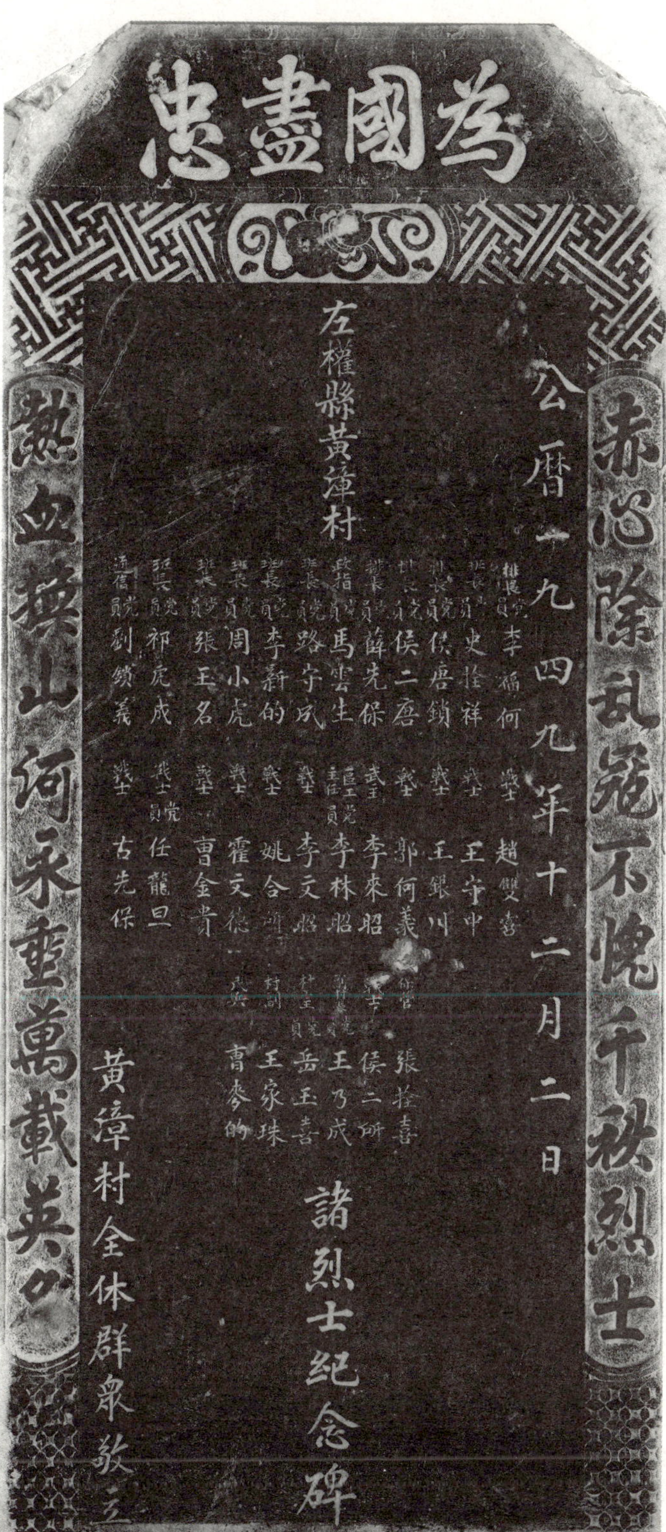

“左权县黄漳村诸烈士纪念碑”拓片。

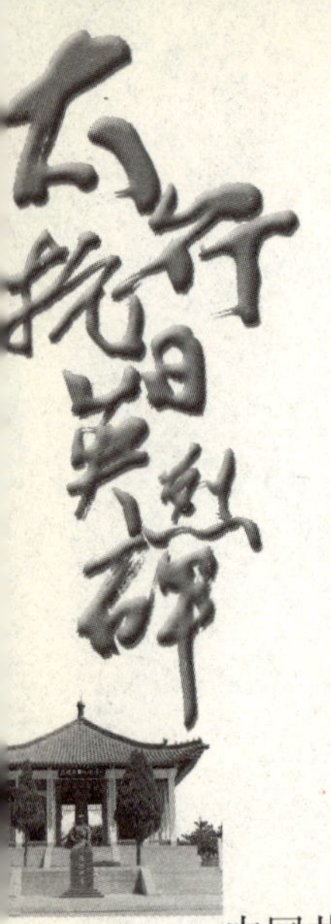

左权县上其至村刘存仁烈士的孙女刘改英（前左）和丈夫闫文章及女儿回忆往事。

中国共产党员。在民族敌人面前胆肝如铁、临难不苟，足证其富有民族气节，又不愧为无产阶级先锋队员。当兹寇焰未息，抗战胜利在望之际，烈士之行径，实为抗日革命之法楷。我全县人民为纪念烈士而复仇，将如何向抗战胜利之目标努力迈进耶！”

1944 年 5 月 25 日，左权独立营参加了第二次攻打七里店炮台战斗。1944 年底到 1945 年初，左权独立营配合主力先后攻打襄垣、祁县纱厂。在攻打祁县纱厂的战斗中，总部特务团伤亡人数较多，副团长赵玉珍就是在这次战斗中光荣牺牲的。1944 年秋和 1945 年夏，独立营两次参加白晋路破袭战。1944 年 10 月间，在榆社县桃阳镇集结，准备攻打武乡县城（段村）未果。

“解放左权县城”，是“左权独立营”干得漂亮的一件事。

杨蕴玉回忆说：

1945 年春天，日本鬼子败局已定，驻守左权县城及据点的敌人非常恐慌。4 月中旬出现房屋停建、菜园停种、廉价拍卖物品的现象，敌人汽车往来频繁，运走粮食弹药。我地下工作人员及时送出了敌人可能逃跑的情报。

左权县委在接到情报后，马上开会研究对策。大家认为，左权独立营和边缘地区的区干队全部投入战斗，力量还显薄弱，应就近向驻在麻田的八路军总部报告敌情并请求帮助。我当即给总部参谋长滕代远同志打了电话。他决定派朱德警卫团的两个营投入战斗，由欧治富团长亲自指挥。

左权县委积极配合部队解放县城的战斗，县长黄明、县武委会主任李贵成和我于 4 月 23 日离开西黄漳到马家拐，组织各村民兵协助部队侦察情报，运送粮食、弹药，准备担架等，全力投入解放县城的斗争。

◀ 1947年10月，杨蕴玉（前排左一）等太行革命干部合影。（闫雪 提供）

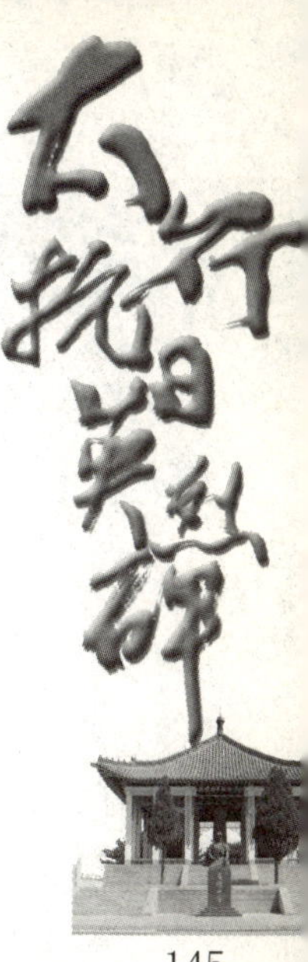

4月25日上午，我吃完早饭不久，忽然听到一声枪响，马上跑出院外打听消息。民兵报告说，鬼子出城了，占了马家拐村前面的山头。我军已抢占了制高点，双方各守阵地，没有交火，在相持中。夜幕降临，好几个山头上同时展开了激烈的战斗。[1]

赵廷伟说：“1945年4月26日中午12点左右，配合上其至敌炮台的伪警备队数十人起义，同时接收了他们全部人员的武器。当时炮台里有六个日寇，其中五人在起义时被当场打死，一人逃跑回城。当天晚上，敌人就由左权县城向和顺撤退了。左权县城也就从此得到解放。”

杨蕴玉说：“4月26日晚，日本鬼子弃城逃跑，城里的伪军全部反正。左权独立营打头阵，搜索前进，入城后与守尾之敌遭遇，激烈交火后，把他们赶出了城。黄明、李贵成和我跟随欧治富团长一起进了城。就这样，被日军占领了六年之久的县城，回到了左权人民手中。”[2]

在收复左权县城的过程中，左权县人民付出了血的代价。据豆瑶村《乔维晋、乔小元二烈士纪念碑》载：

维晋同志生于民国十一年，现年二十三岁，贫农出生，在十六岁时就给别人当雇工。抗战开始，担任革命工作，历任工会宣传等职。因该同志对工作积极负责，忠实可靠，于1942年4月参加中国共产党。武委会成立时，前后担任正副主任。1944年5月敌人奔袭扫荡，该同志领导民兵打击敌人，使群众能安全转移。1945年我军收复左权城，该同志以二十三岁的青年干部，领导民兵配合我军作战，在大堡

〔1〕《中国教育报》见习记者李萍整理。
〔2〕《中国教育报》见习记者李萍整理。

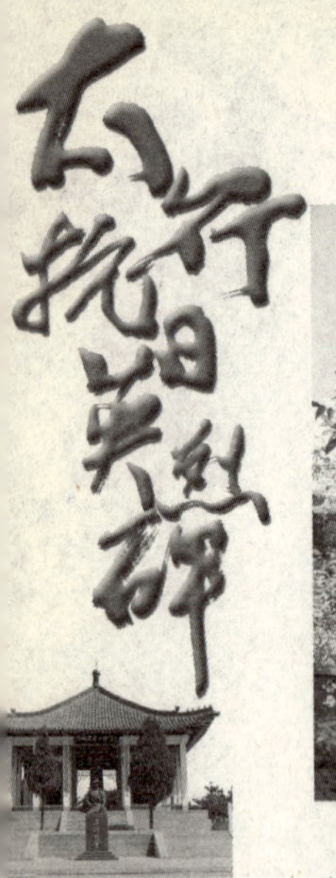

◀ 豆峪村村主任乔瑞宏是烈士乔维晋的孙子，他讲道：“三爷爷（乔维晋）是村内积极的民兵，背上干粮出去，经常几天不回家。有次人们听见枪响，几天找不见人，也不敢明着上山找，后来找到了，发现人已经去世了。我父亲将他的遗体背回葬埋了。村里专门为乔维晋和乔小元立了碑，以昭后世。我父亲乔云德给他顶了门。在我们村附近牺牲的烈士很多，后来民政局在我们村为这些烈士修了陵园。”（弓宇杰 摄）

岩战役，勇敢冲杀，奋不顾身，腿部、首部中弹，壮烈牺牲。

小元同志生于民国九年，现年二十五岁，家庭贫寒。十岁时就给地主放羊，受尽剥削，吃尽苦。自1943年才脱离地主压迫，翻身回家，务农生产。1944年4月加入中国共产党，担任村民兵侦查队。1945年春天，我军收复左权城大堡岩战役，小元同志为配合我军作战，奋不顾身，前进侦查，遭敌埋击，孤不敌众，英勇牺牲。

二烈士身为中国共产党员，是久经锻炼的革命青年干部。在工作中积极负责，工作有方，堪称模范。为了民族解放事业，在枪林弹雨、暴敌重围的紧急情况下，不屈不挠，英勇冲杀，孤身作战，坚持阵地，壮烈牺牲，真是中华民族的好男儿，是共产党员的高尚品质。

赵树理在《辽县城复活了》一文中写道：

我军收复辽县这天晚上，城里人就放胆点起灯来；第二天，大开城门，出入自便，老乡们说这个大看守所可算打开了。不几天，许多商号都进了城，老乡们六七年来不能随便买来的盐、布、白面，这下满街都是，想买多少都行了。城里七八岁的小孩们，没有见过的东西太多了，连花生柿饼都成了没有见过的生东西，见什么东西也问，大人们慢慢给他们解释着。

开祝捷大会那一天，城周围各村的人，因为六七年来没有大胆到城里玩玩，趁这机会，几乎是老少男女全体开来，除把一个可坐七千人的大会场占满以外，各街上的人还都挤得转不过身来。各小饭店准备下一天卖的东西，早饭以后就都卖光了。[1]

〔1〕赵树理：《辽县城复活了》，载《赵树理全集·5》，北岳文艺出版社，2019。

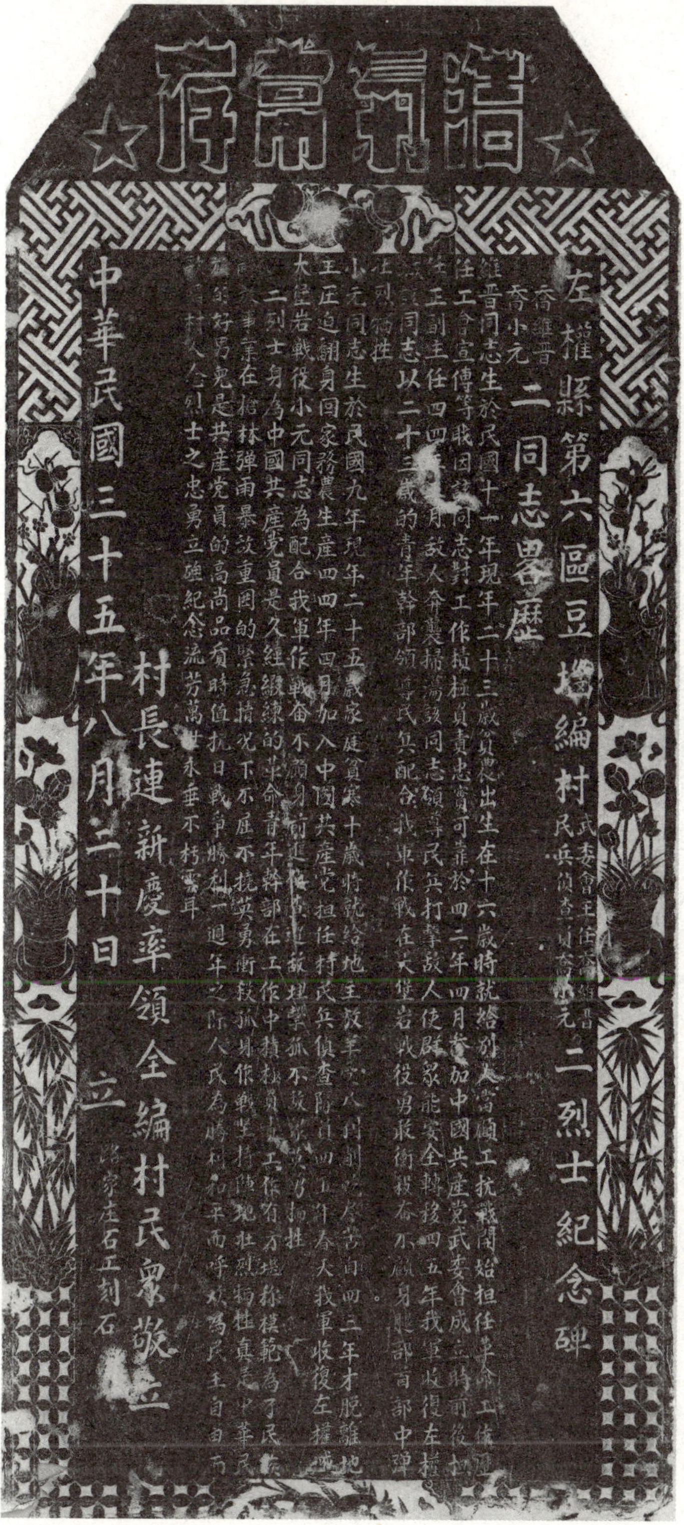

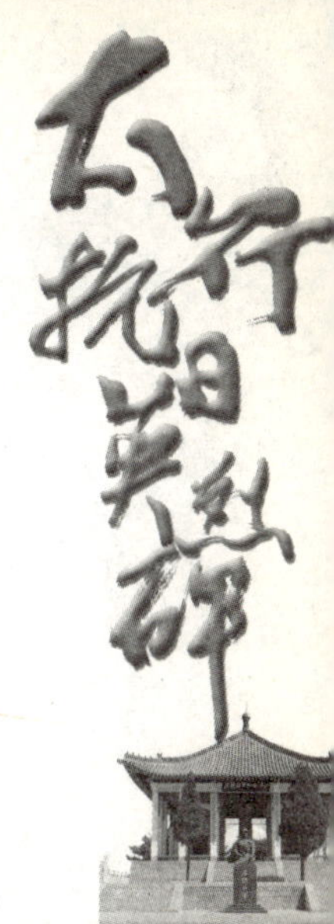

左权县豆塯村“乔维晋、乔小元二烈士纪念碑”碑拓片。

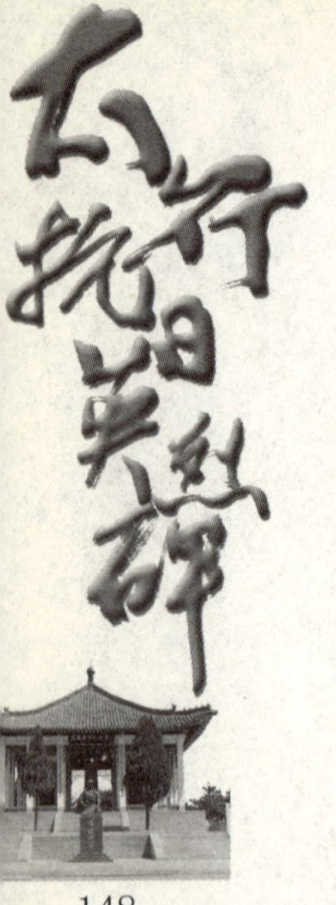

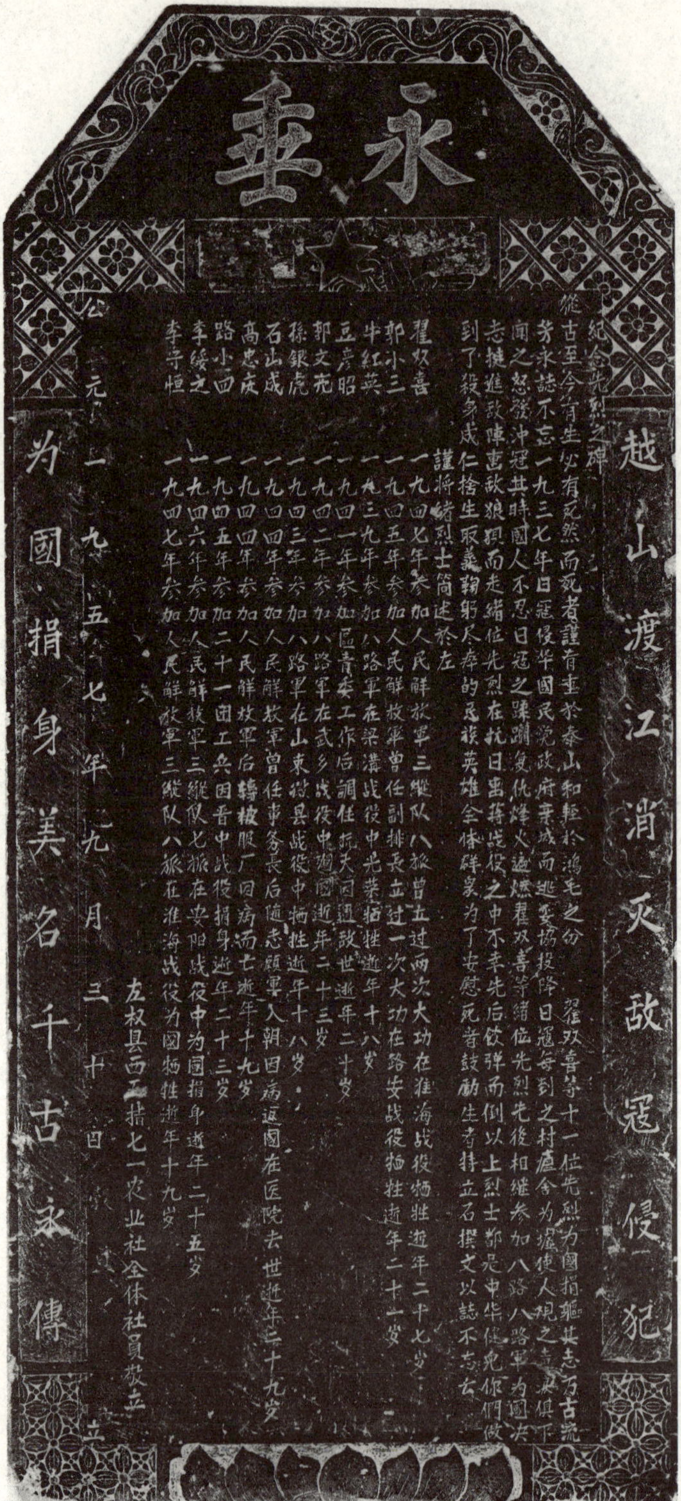

永垂

越山渡江消灭敌寇侵犯

纪念先烈之碑

從古至今有生必有死然而死者謹有重於泰山和輕於鴻毛之分翟双喜等十一位先烈为國捐軀其志万古流芳永誌不忘一九三七年日寇侵华國民党政府棄城而逃妥協投降日寇每到之村廬舍为墟使人視之声淚俱下聞之怒發沖冠其時國人不忍日寇之蹂躏复仇烽火遍燃翟双喜等绪位先烈先後相继参加八路八路軍为國决志捷進敌陣重敌狼狽而走绪位先烈在抗日当蒋战役之中不幸先后饮弹而倒以上烈士都是中华健兒你們做到了殺身成仁捨生取義鞠躬尽瘁的民族英雄全体群象为了安慰死者鼓励生者特立石撰文以誌不忘云

謹將绪烈士簡述於左

翟双喜 一九四七年参加人民解放軍三縦队八旅曾立过两次大功在淮海战役牺牲逝年二十七岁

郭小三 一九四五年参加人民解放軍曾任副排長立过一次大功在路安战役牺牲逝年二十一岁

牛紅英 一九三九年参加八路軍在梁溝战役中光荣牺牲逝年十八岁

豆彦昭 一九四一年参加區青委工作后調任抗大同遇敌世逝年二十岁

郭文元 一九四二年参加八路軍在武乡战役中殉國逝年二十三岁

孫銀虎 一九四三年参加八路軍在山東莒县战役中牺牲逝年十八岁

石山成 一九四四年参加人民解放軍曾任事務長后随志願軍入朝因病返國在医院去世逝年二十九岁

高忠庆 一九四四年参加人民解放軍后轉被服厂因病而亡逝年十九岁

路小四 一九四五年参加二十一团工兵因晋中战役捐身逝年二十三岁

李绥之 一九四六年参加人民解放軍三縦队七旅在安阳战役中为國捐身逝年二十五岁

李守恒 一九四七年参加人民解放軍三縦队八旅在淮海战役为國牺牲逝年十九岁

左权县西五指七一农业社全体社員敬立

公元一九五七年九月三十日立

为國捐身美名千古永傳

左权县西五指村“纪念先烈之碑”拓片。

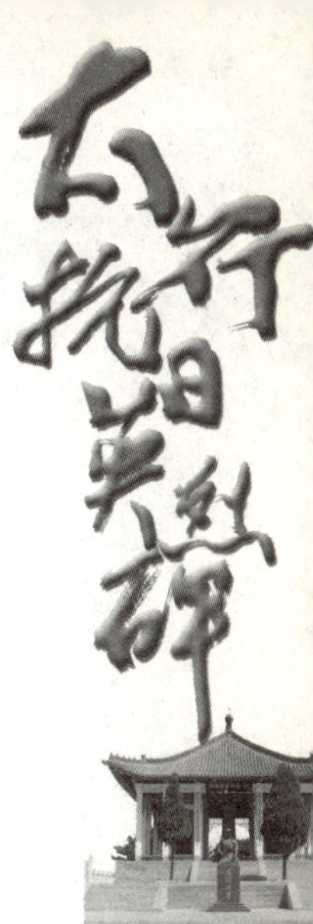

左权县郭家峪村“烈士纪念碑”拓片。

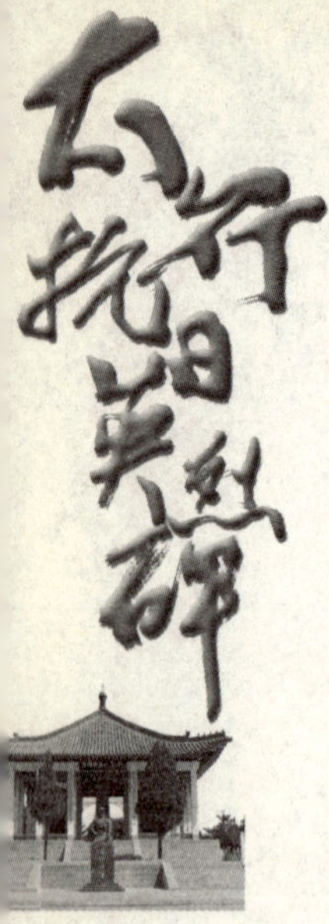

1945年夏，杨蕴玉（中间未戴眼镜的女同志）和张树蕃、张尚德、韩光煌、李贵成、杨成江、黄明、刘九祥等县干部合影。（闫雪供图）

1945年5月，左权独立营参加了“安阳战役”，牺牲负伤的达四十多人。其中连长王四丑等十多名同志在这次战役中光荣牺牲了。这是左权独立营（包括以前辽县独立营在内）伤亡最大的一次。[1]

> 李贵荣同志，年二十岁，在1943年参加子弟兵团，任职机枪班长，百团大战英名可佩。以后身体衰弱，经上级批准，回赎保养。1944年3月18日，自愿参加左权独立营，担任班长，后编为野战兵团，任职第一排排长，并在1946年加入中国共产党，兼任副连长，后在安阳战役与敌几次交锋，最后光荣殉国。[2]

抗战胜利后，左权独立营归属八路军三八五旅七六九团第四营。之后，四营扩建为左权独立团，经历了“激战上党”“三出陇海”“鏖战鲁西南”“挺进大别山”“进军大西南”等战斗。

1917年出生在石匣村的李桂林，1944年任辽西县青救会秘书。县城光复后，辽西县基干大队同左权独立营合并，李桂林任副政委。在解放襄垣战斗中，他不幸中弹牺牲，年仅二十八岁。1952年，“左权独立营”在上甘岭战役中荣立集体一等功。

在社会主义建设和改革开放的岁月里，左权独立营修筑成渝铁路、支援淮南抗洪抢险、参加连泰光缆施工。

2015年9月3日，纪念中国人民抗日战争暨世界反法西斯战争胜利七十周

〔1〕根据王文贞回忆整理。

〔2〕见《西瑶村烈士祠烈士纪念碑》。

◀“左权独立营”两次参加天安门广场阅兵。

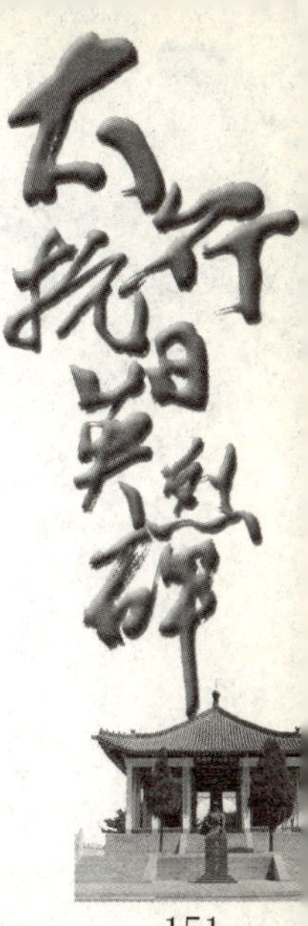

年阅兵场上，左权独立营的战旗在天安门城楼前光荣受阅。

2017 年 12 月，左权独立营被确定为陆军干部见习锻炼基地。

2019 年 10 月 1 日，在庆祝新中国七十华诞阅兵典礼上，左权独立营旗帜飘过天安门广场！太行儿女爱国爱家乡的颂歌，继续传扬！

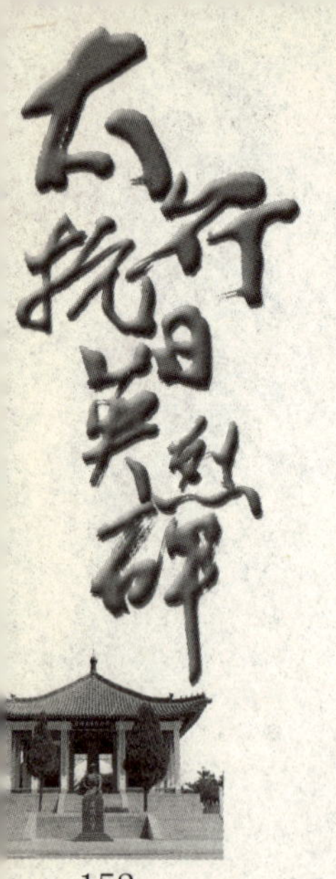

课后活动：

★阅读《中共左权县历史大事记述》（中共山西省左权县委党史研究室编，山西人民出版社 1993 年版），了解左权县党组织走过的历程。

★阅读《左权县革命斗争回忆录》（左权县史志办公室 1987 年编印），真实感受左权这块土地上曾经发生的轰轰烈烈的抗战故事，并以《数十年后的寻找》为题写一篇作文。

★搜集与“左权独立营”相关的史料，写一篇《左权独立营营史》。

第五讲
艰苦卓绝在辽西

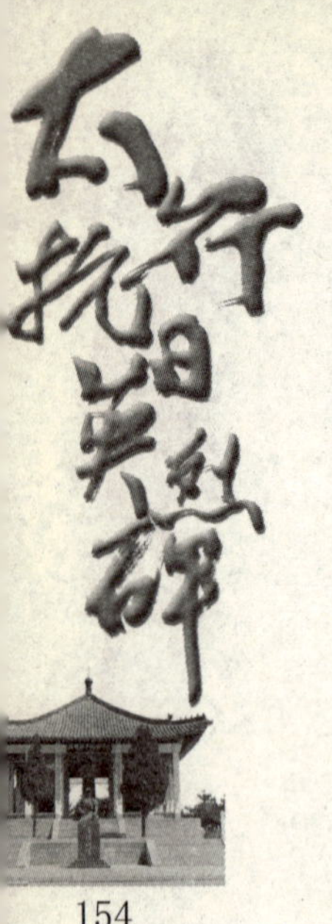

课前提示：

★“平辽公路”是左权县的第一条公路，也是山西省的第一条公路。与榆辽公路一样，平辽公路在抗战史上曾发挥重要作用，请搜集相关史料，试分析一下平辽公路在抗战时期的战略意义。

★了解“辽西县”的历史吗？去左权烈士陵园看看辽西县的烈士碑，试着了解辽西的抗战故事。

◀◀**前页图片：**榆辽公路，当年的战争硝烟已经散尽，但历史把一个个可歌可泣的故事写在大地上。（弓宇杰 摄）

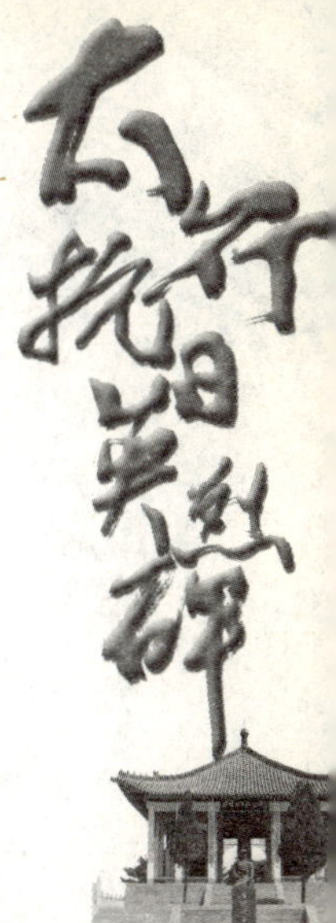

◀ 左权县蒿沟村全景。

太行山脉，在左权县境内由东北略微倾斜向西南方向穿境而过。太行山脉东南侧，就是当地人所说的“东南乡”，而太行山脉西北侧，就是当地人一般意义上的“西北乡”。东南乡山高沟深，气候相对温暖，地面物产丰富；西北乡土多缓坡，气候相对寒冷，地面上作物单调。东南乡人受大山阻隔，进城不易，民风淳朴；西北乡交通条件好，进城方便，民风的淳厚感可能弱于东南乡，但爱乡之情一也。

1921年，山西大旱。为救助灾民，美国“红十字会”与华洋义赈会合作，用“以工代赈”的办法捐款修筑了一条“平辽公路”。因为辽县出境后是和顺县，所以这条路也被叫成“和辽公路”。“平辽公路”基本呈南北走向，公路以东的辽县东南部深石山区，被笼统地称为“路东”。1939年，日本侵略者占领辽县城之后，修筑了辽县通往榆社县的“榆辽公路”。榆辽公路是东西向的，这样，辽西一片土石山区，又被分割为路北、路南两个区域。

人们说，辽县是太行山区实验县、中心县，指的是路东一片深石山区。中共中央北方局、八路军总部，在南乡；中共辽县县委、辽县抗日政府等机关，在东乡。南乡中心地带、东乡连成一片，是太行山抗日根据地的中心地带。

日军入侵后，辽县西北乡平辽、榆辽公路沿线，都是日军的炮楼、据点。1939年7月5日，日军占领辽县城，并在周围的盘城岭、七里店、文峰塔、石匣、火神庙及公路沿线的路岩岭、寒王、其至、石港等地修筑了炮台。所以辽县西北乡实际上是在敌人的眼皮底下。

太平洋战争爆发前，近藤一作为日本陆军独立混和四旅独立步兵第十三大队的一名新兵，来到了辽县。“那里是日中战争的最前沿，是邻近八路军抗日据点的一个危险地带。”

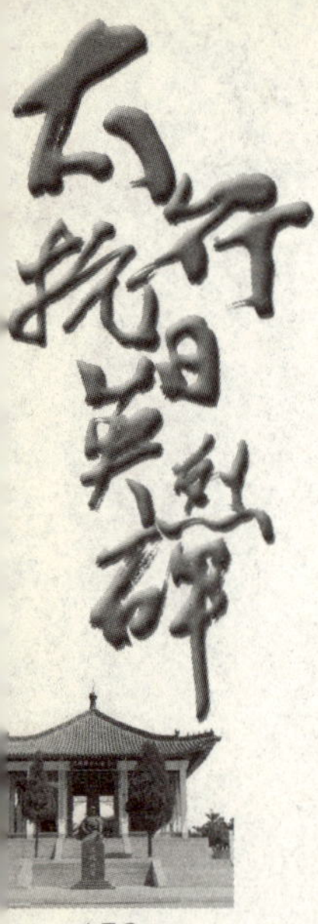

照片中为抗战时期的辽县。

到达辽县后，新兵接到的第一个命令，便是训练用刺刀刺杀中国人。训练的靶子，就是两个被反剪着双手绑在木杆上的中国俘虏。

接到教官的命令，我们冲上去对准那人的左胸刺下去。刺刀刺进了他的胸膛。那一瞬间，我的腿突然停止了抖动，就像拿筷子插进豆腐里一样，毫无罪恶感。和我同一个部队的老兵们，乐于在山间的村落里寻找年轻女性，然后集体轮奸她们。在一场“讨伐战”中，他们还让一名被轮奸的、刚刚分娩的年轻母亲，浑身上下只穿一双鞋子和我们一起行军走路。也许是为了减轻行军中的负重，行进中一个老兵突然夺过母亲怀抱里的婴儿，狠狠地抛到了山谷里。母亲撕心裂肺地哭喊着，也追随婴儿跳进了山谷。士兵们看到这一幕，都高兴得哈哈大笑起来。而这，就发生在我的眼前。

为了搞清楚一发手枪子弹能穿透多少个人，我们找到了十名中国男性，让他们前胸贴后背地排成一列，用枪抵着第一个人的后背扣动了扳机……最后，尸体被扔到了猪圈里。[1]

据《辽西抗日烽火》载：

日军为了巩固占领区，采取“三光”政策，以其军事优势不时对根据地进行袭击，以致辽县西北部分敌占区扩大，多数乡村成为敌我双方频繁出击的游击区，根据地大大缩小。[2]

---

〔1〕《日本老兵回忆在中国犯下的血腥罪行》，载于《新华网》2005年8月3日，转引自日本《东京新闻》（2015年7月23日）报道。

〔2〕见巨玉秀、郝晋瑞、王志明合编：《辽西抗日烽火》，1994年。

蒿沟街景。

辽西县公安局大队旧址。

红都村。

红都炮台。

小岭底炮台。（弓宇杰 摄）

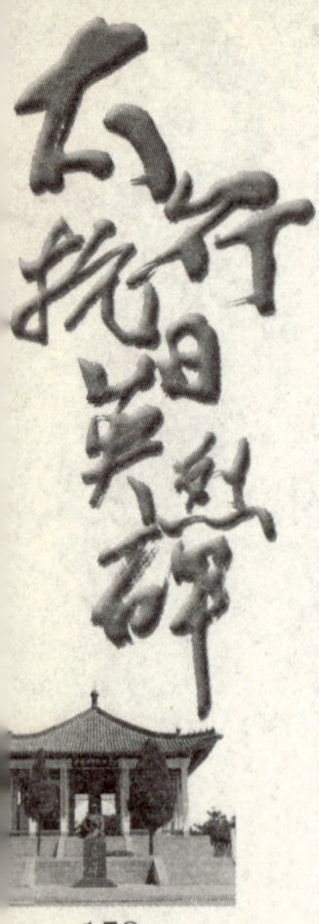

左权县上其至村民刘忠汉寻找当年上其至日本炮台遗址。（弓宇杰 摄）

日军依托辽县城，频繁“扫荡”根据地，试图打击八路军抗日主力。辽县虽说是太行山里的一个偏远小县，但是在1939年突然成了中日对抗的战场，敌我双方在太行山脉两侧安营扎寨，展开斗智斗勇的军事较量。

1940年发动的百团大战，八路军拿下日军占据的榆社县城及榆社的沿壁、王景等日军据点，辽西的小岭底、管头、石匣、寒王等日军据点也被端掉。日军蜷缩进辽县县城，八路军判断，攻下容易守住难，所以没有打辽县。

日军在百团大战中伤亡惨重，遂疯狂反扑血洗辽西，制造了一起又一起惨案，致使辽西出现了大片的无人村。紧接着，日军在1940年冬天开始重新布局辽西的军用工事，红都、七里店、上其至、路岩岭等据点陆续建好。其中，红都炮台最为有名。史载：

> 红都炮台构筑在红都后山顶上，是辽西境内榆辽路段的主要制高点。碉堡由石头水泥筑成，而且半截筑在地面以下，相当坚固，是华北有名的碉堡之一。[1]

在这个背景下，1941年8月，中共晋冀豫区党委和晋冀鲁豫边区政府决定，把辽西单独拿出来设立“辽西县”。9月底，辽西县在蒿沟村葫芦寨正式宣布成立。10月初，辽西县在榆社孟南庄召开了全县干部大会，县委班子，平均年龄二十岁出头！时任辽西县抗日政府县长的张广居（1918—1996）年仅二十三。他生于沁县梅沟村，1936年加入牺盟会。

辽西县抗日政府的任务：一是建立地方武装；二是瓦解敌伪人员；三是建立

〔1〕见巨玉秀、郝晋瑞、王志明合编：《辽西抗日烽火》，1994年9月印制，第5页。

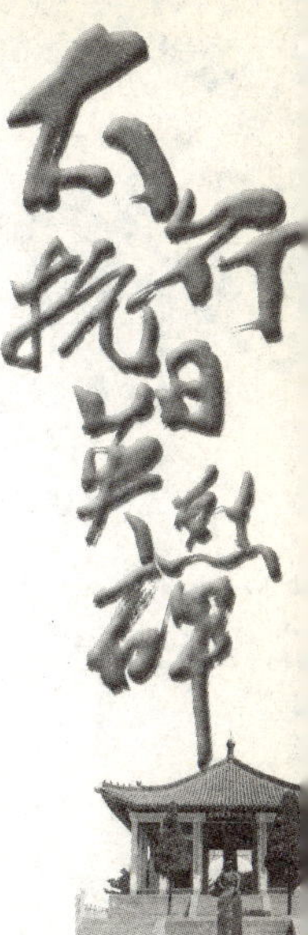

◀左权县七里店村烈士曹玉田的侄子曹仲喜讲述叔叔的英雄故事。(弓宇杰 摄)

乡村抗日政权；四是恢复正常生产生活秩序；五是安排党员干部在敌占区乡村任伪职，让群众的损失降到最低。

辽县当时的主要任务是监视敌人，躲避敌人“扫荡”，而辽西县则直接与敌人周旋。所以，辽西县的处境更加困难。辽县牺牲在战场上的英雄多，辽西县被敌伪杀害的英烈多。

据七里河村《“曹玉田同志千古”烈士纪念碑》载：

玉田同志，左权七里河村人，生前性情温和，聪慧有才，勤劳生产，俭约持家，对家人、村人相处甚好，可称青年中优秀革命分子。七七事变后不辞劳苦，积极参加抗战工作，（民国）二十八年（1939）敌占县城，处境非常恶劣，不避艰险，但仍坚持革命工作，因此遭到村中落后分子反对，密报敌伪。虽受尽敌人惨无人道的拷打，死而复生几经数次，玉田同志赋有高度的中国青年革命品节和坚强意志，始终没有吐露革命真情，遂被敌于（民国）二十九年（1940）三月杀害。

巨贵如出生在辽县川口村，在村上小学读过三年书。“忠厚诚实，沉静寡言”是他的特点。他对民间音乐痴迷，无论什么乐器到了他的手里都可以奏出优美的曲调。可惜，他不是出生在一个“以乐养人”的环境中，那个时代更需要刀枪。他曾在“抗日自卫队”中任中队长。日军侵占县城后，巨贵如“率领游击小分队，经常出没于敌炮台周围及公路两侧，寻机打击骚扰敌人”。据《辽西抗日烽火》载：

川口村是日军扫荡辽西及晋中腹地的必经之路，也是联通晋中平川的要道口，

曹玉田烈士纪念碑。现存马厩村烈士陵园。

◀ 左权县川口村巨贵如烈士故居。（弓宇杰 摄）

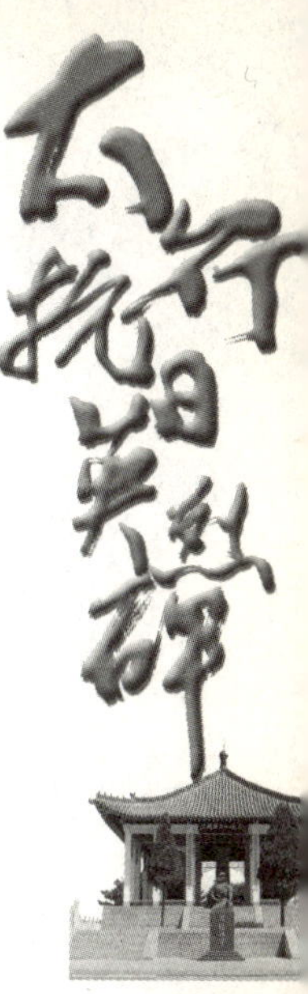

巨贵如和他的游击小分队，牢牢把住这个隘口，像一把铁锁，锁住大门。他亲手先后击毙日伪军十余名（内有日军小队长一名），缴获步枪和手枪数支，子弹数百发。《新华日报》（华北版）报道了他英勇杀敌的事迹，称赞他为辽西革命根据地的“一把锁”。

1940 年 7 月，日军奔袭川口村。巨贵如召集游击队员，安排道：“敌人几次扫荡都扑了空，这次要给敌人些厉害。”当敌来临，巨贵如一枪放倒两个，紧接着手榴弹在敌群中开花，敌人乱了阵脚，丢下一堆尸体逃走了。

1940 年 9 月，八路军突袭小岭底和石匣两处日军据点，五名日本兵从据点逃出来。其中有两人跑到川口村一带，一个被巨贵如等生擒，一个被巨贵如等击毙。巨贵如乘胜追击，独自追赶逃跑的一个日兵。待二人短兵相接，巨贵如勇斗敌顽，将敌刺死。就在这时，又一日兵突然从大树后扑过来。巨贵如用劲拉住一棵小树，当敌靠近，松手将树枝弹出，树梢恰好扫倒敌人。敌人爬起来逃窜，巨贵如一跃而上，将敌摁倒，并用刺刀解决了敌兵。这样，日军据点的五个漏网之鱼，一人被俘虏，其余全被打死，同时缴获步枪四支。

据《辽西抗日烽火》载：

1940 年 12 月的一天，二百名日伪军从县城出发，利用大风雪之夜对川口村突然袭击，巨贵如得到情报后首先安排群众转移，接着将民兵编为三个战斗小组，成梯队分别占据有利地形，与敌展开了麻雀战。待鬼子上了村口的桥，贵如率队员们一起开枪，几名日军中弹倒下桥去。敌退回桥头，用机枪、小炮向村里猛轰时，三个战斗小组相互掩护着与敌周旋。遭到痛打又扑空之敌用抢、砸、烧发泄兽行，不

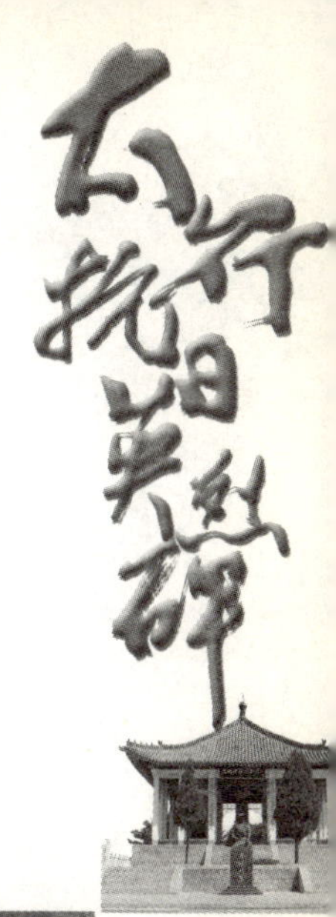

◀据巨贵如儿媳张凤鱼讲述，巨贵如牺牲时年仅二十七岁，后家人将其安葬在村后山坡。巨贵如妻子抚养大四个子女，伺候着巨贵如的父母，艰苦度日。大儿子十七岁时担着担子去壶关下了煤窑。张凤鱼十七岁时嫁给巨贵如的二儿子，当时家里一贫如洗。

1957年，巨贵如（又写作“巨桂如”）的母亲享受了一次政府一百五十元的抚恤金，家人将此纪念证作为非常高的荣誉，用心保存。几年前，左权县民政局在马厩村修烈士陵园时，希望将巨贵如遗骨移到陵园，家属没有同意。巨贵如烈士牺牲纪念碑在长城村（后移至店上村口）和县城烈士陵园共两处。（弓宇杰 摄）

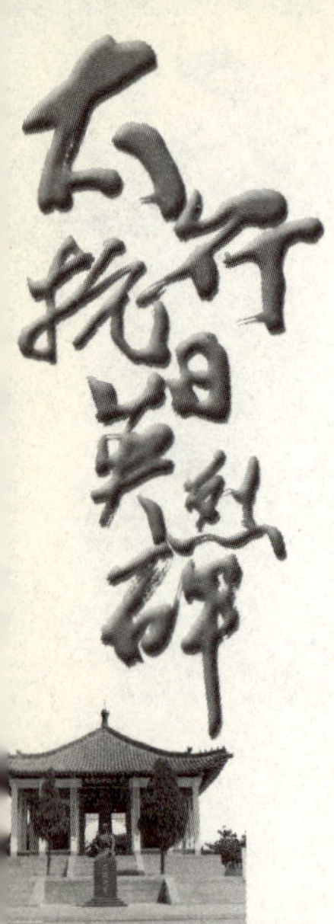

左权县川口村老百姓逃难时，曾在这处山洞躲避。（弓宇杰 摄）

一时川口村火光四起。这时贵如在北岭发现三名日军赶着驮骡，立即带几名队员下山将三名敌人打倒。村内日军听到村外枪响，以为是八路军援兵到来，匆忙退走。敌这次偷袭，丢下八箱子弹。

1941 年，日军对辽西的“扫荡”“蚕食”更加紧逼。巨贵如率领游击分队，采取地雷战、麻雀战、迂回战等，机动灵活地置敌于死地，保护了辽西川口以上各村的百姓。敌伪对巨贵如恨之入骨，想方设法灭掉巨贵如和川口村的游击队。4 月 19 日是个雨天，敌伪试图灭掉川口游击队，结果进村后没找到人，搜山时与游击队员相遇。巨贵如利用熟悉地理环境的优势，干掉多个鬼子，而自己毫发未损。

《辽西抗日烽火》载：

狡猾的日军大队人马顺大路撤离后，却留下一小队潜藏在水渠中。细雨蒙蒙，视线不清，贵如见敌离后，就下山追击。发现敌弃下一头毛驴，还有几箱子弹，他率队员去取时，忽然发现敌人埋伏，他一面甩出手榴弹，一面大喊“快撤”。在他的掩护下，队员撤退上了山，而他中弹光荣牺牲，年仅二十七岁。

在左权县烈士陵园有一通纪念碑，记载了巨贵如的英雄事迹。碑文说：“辽西的神枪手瞑目了，门户的一把锁去掉了，敌人便大胆地敢向辽西进袭，川口以上各村便先后被敌强行联络，受敌压榨了许多日子……贵如烈士虽然牺牲了，他的光荣事迹却历历可数地摆在我们面前，鼓起我们革命抗战的勇气，誓为贵如烈士报仇雪恨。贵如烈士是个忠实的共产党员，其为国牺牲、视死如归精神，堪称

左权县殿（店）上村口刘元龙烈士纪念碑。

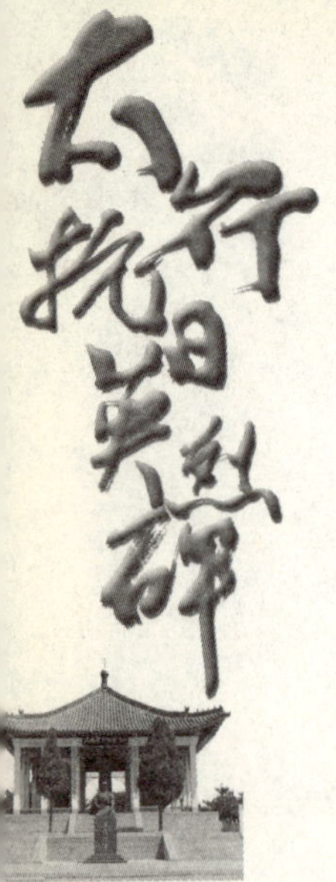

左权县殿（店）上村口的这通烈士纪念碑字迹已漫漶。

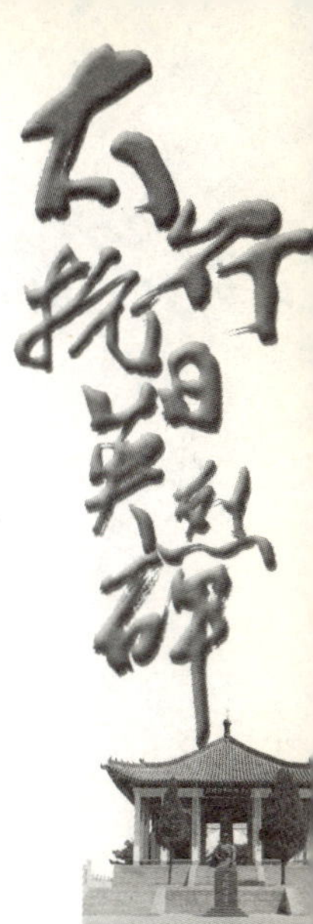

百世流芳

左权县烈士陵园“李桂林、刘元龙烈士纪念碑”拓片。（毛上虎 拓制）

左权县殿（店）上村刘元龙烈士墓。（弓宇杰 摄）

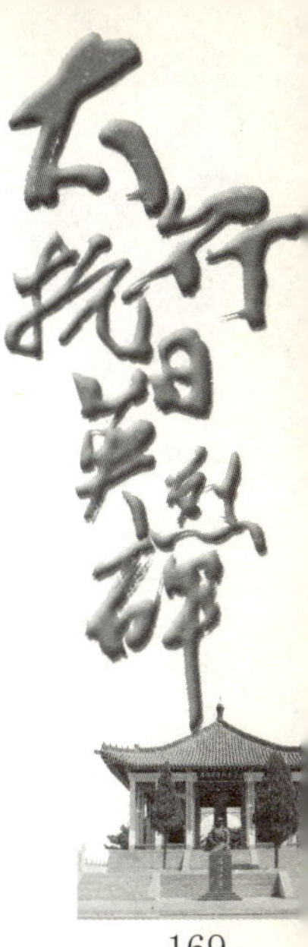

左权县殿上村崔府君庙戏台。

中华民族优秀子孙，其忠肝义胆，可作继进者的模范。”

刘元龙（1916—1941），出生在辽县西殿上村，少年时读过三年书。1939年日军入侵，刘元龙组织了村上自卫队保卫家乡，之后成了辽西三区区委委员。1940年9月榆辽战役期间，刘元龙组织群众支前，受到赞扬。辽西县成立后，刘元龙任第三区基干队政委。

《辽西抗日烽火》载：

> 1941年11月23日，元龙同志到距敌红都炮台五里许的霍家沟村检查工作。由于汉奸告密，敌人于黎明时突然将霍家沟村包围。元龙临危不惧，为避免给群众造成损失，他叮嘱村干部隐蔽后，身带双枪镇定而机智地边战边退，将敌引离村庄后身负重伤，弹尽力竭被俘。敌逼他投降，他破口大骂：“老子生为中国人，死为中国鬼，决不屈膝投降。”鬼子汉奸恼羞成怒，残酷地用铁丝拴住他的锁骨，并用刺刀割坏他的双脚，逼他带路去找区委机关。他把敌骗到大灰渠南山上，敌发觉是座空山，才知上当受骗。元龙告诉敌人：“我就是三区政委刘元龙，想从我身上打主意是白日做梦，我与你们誓不两立。”为诱使敌人开枪，向靠近山上的群众报警，他高声怒骂不绝。行至一陡坡处，他猛然挣脱敌手，顺陡坡滚下山去。敌人惊恐之余，急忙开枪射击，元龙同志身中数弹壮烈牺牲。在他停止呼吸后仍然怒视狂寇，敌人野蛮地剜去他的双眼。那时他只有二十六岁。

刘元龙牺牲后，辽西县县长张广居在追悼大会上号召：“向中华优秀子孙、党的坚强战士刘元龙同志学习。”辽西县政府将南岭山改称为元龙山。

一位英雄倒下了，无数个英雄站起来。据《段峪村烈士纪念碑》载：“雷宪

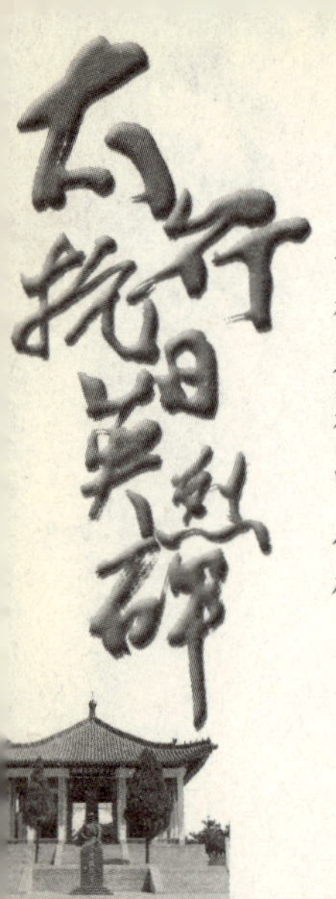

马厩村村民郝先江讲述：“我们村赵同庆烈士，弟兄四人，有三人参加革命。赵同庆逝世后，在村口立碑纪念，并将我们村牺牲的其他烈士的名字也刻在了碑的后面。马厩烈士陵园建成后，此碑移至陵园内。”（弓宇杰 摄）▶

福1942年加入辽西公安大队，因日寇包围辽西县政府，在蒿沟岭站岗，敌人利用汉奸将他击杀殉难，年仅十七岁。”

马厩村《革命烈士赵同庆同志纪念碑》载：

赵同庆现年三十一岁，幼学四年，后务农为业。抗战开始，参加革命，历任本村自卫队长、辽西县公安队员及区公安干事等职。于1938年加入中国共产党。素来工作积极，尚有艰苦奋斗的意志。日寇盘踞辽城，他更加义愤。不幸于1942年5月被汉奸秘告，敌即包围，在北地垴被捕，当以非刑拷打。赵同志至死不屈，表现了他的革命意志坚贞不移，最后敌施行残暴手段，光荣牺牲于骆驼岩村，人闻之深表惋惜。此种气节凛然，真不愧为优秀共产党员、爱国志士，实为我后代青年之楷模矣！

1943年，日军把“杀人魔头”清水利一调到左权县。赵树理在《辽县城复活了》一文中说过清水。他写道：

清水很能杀人，自来到辽县之后，亲自指挥着杀过六百多人。他的杀法也很多：活剥过人皮，摘过人心，是他亲手干的，干的时候还召集老百姓去看；把一个活人，一条腿绑到树上，一条腿绑到骡子身上，把骡子打开，把一个人撕成两块，名叫“立劈”；把许多人埋到地里，脑袋露在上边，名叫“栽葱”；至于用铁丝从左耳穿进去右耳穿出来挂在梁上，或者把竹签钉到小便里去，那更是平常事。

不论哪个老百姓，一听说清水叫他，全家人就哭成一堆，先带一点棉花布块，准备挨了打包伤；带一些烟土，准备熬不过时寻死。走了之后，家里人一面给他准备后事，一面拍卖家产贿赂汉奸赵子明（清水的亲信人）求情。

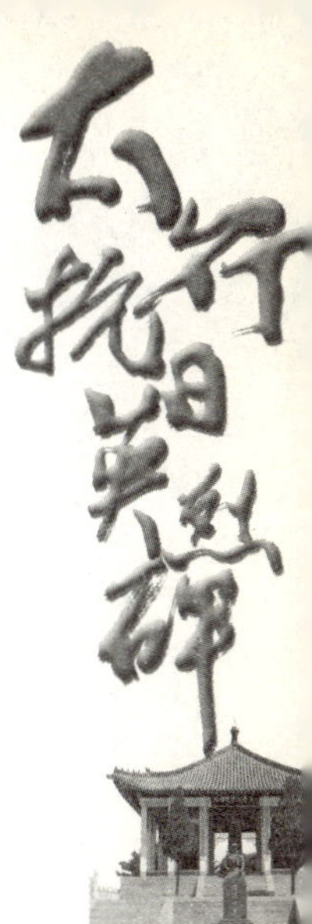

左权县马厩村革命烈士赵同庆同志纪念碑。

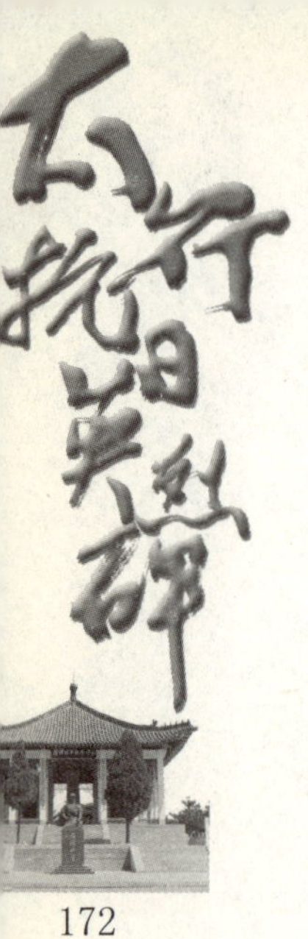

左权县大林峧村
“烈士碑记”拓片。

疲惫的士兵。这在当时非常常见的。（〔美〕索万喜　摄，〔美〕王晋保供图）

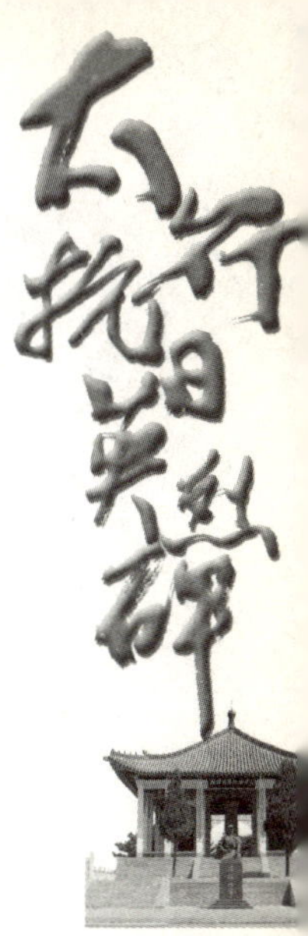

日军为“强化治安”，纠集敌占区内的地痞流氓组建“灭共自卫团”，由盘踞在县城的清水直接指挥，所以也叫“清水工作队”。因为这群人挥舞棍棒无恶不作，所以老百姓都叫他们“棒棒队”。

清水利一指挥日军和“棒棒队”对辽西县的抗日组织疯狂打击。辽西县的工作也异常艰难了起来。《段峪村烈士纪念碑》载：

雷金元，幼年牧牛，稍长佣工。1943年参加辽西抗日公安大队，刺探敌情，宵行夜宿，艰苦备尝，全力为公，失于调养，病重而逝，年三十六岁。

而直接被敌人害死的，各村都说不过来。《柳林村烈士纪念碑》载：

刘仁辰，家贫无力上学，幼即务家，后善泥木匠之技术，外出打工以补家用。1938年加入中国共产党，历任村副、农会分会会长，1941年又任村党支部书记。同年6月敌逼维持，刘仁辰明为维持暗为抗日政府传递情报，被敌特报告而被捕入狱，被打得皮开肉裂，也不吐一字。敌人无奈，入狱月余把他释放。回家之后，才知妻已病故，虽子女无人照顾，也毫不犹豫又继续革命工作，反贪除霸。1942年打断联络，率众退上东山掘窑而居。1943年3月13日，红都炮台之敌两路奔袭柳林，敌至东岭天还未明，仁辰同志发觉敌已至山顶，仁辰立即督促群众退却，被敌发觉，用机枪扫射而亡，时年五十一岁。

段吉昌（1918—1943）是武乡县段村镇人，抗战后投身救亡运动，先后担任

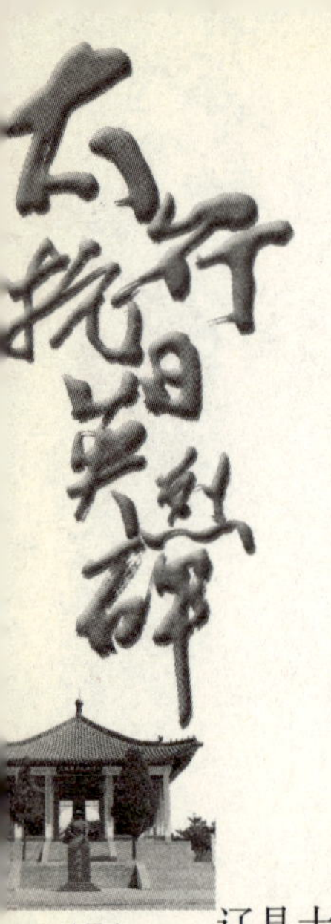

左权县孔家庄村也曾发生过很多抗战的故事。▶

孔家庄村原村主任王建民讲述本村故事。▼

辽县十区区委书记、辽西二区区委书记。敌人悬赏万元抓捕段吉昌，但他依旧兢兢业业地工作在一线。1943 年 3 月，因特务告密，段吉昌在红土堖村被捕。以二十五岁的年纪殉国于红土堖村。左权县烈士陵园的段吉昌烈士纪念碑上写道：

吉昌同志对革命工作忠实积极，埋头苦干，不怕困难。敌人在大维持时，人心动荡，社会秩序紊乱，生活处境全系敌占区。他本人受令任务坚决，奔走于十里店一带，领导群众对敌斗争。食不能接连，睡没有地点，常宿于野庙、山坡之中。为人民求生存，组织群众抵抗敌人斗争，了解敌人情形，破坏敌人工作，故引起极为注意，成敌人眼中之钉。工作环境险恶，数度为敌包围，英勇斗争而脱险。敌曾赏款万元来抓拿吉昌同志，但是为群众利益，得到群众拥护，未被敌抓捕。当环境特别险恶之时，曾有□□干部动摇妥协或消极工作，且他是更加坚决沉着，既能坚持工作又能照常学习。不幸于 43 年 3 月，敌秘密特务报告，由特务带领敌人被捕于红土堖村。被捕后，敌人百般严刑拷打，严刑用遍，但是吉昌同志毫不屈服，坚持着高度的共产党员气节与敌展开口头搏斗。敌人无法，即取法西斯之最后□□成吉昌同志以死刑，群众闻之大小颇为悲痛。

《孔家庄村烈士纪念碑》载：

民国三十一年（1942）六月，敌人向我村进行了两次规模较大的“扫荡”，民国三十二年（1943）十一月敌人又将我村包围，刘玉梁、刘五斤领导和掩护群众退却，光荣牺牲。同年十二月，汉奸关宇毅带敌再次包围我村损失最大。几次“扫荡”，全村被杀害干部、群众二十名、抢粮二百多担、抢去牲畜五十七头，烧毁房屋五十二间，

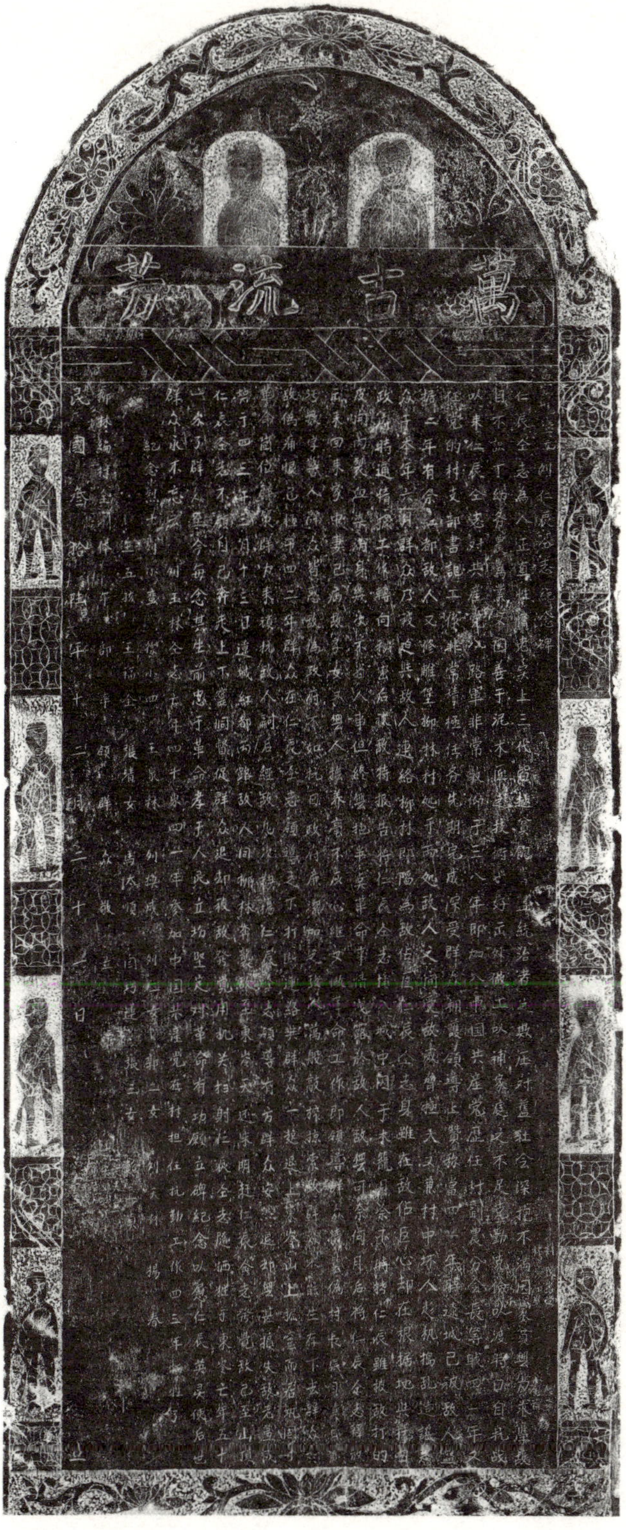

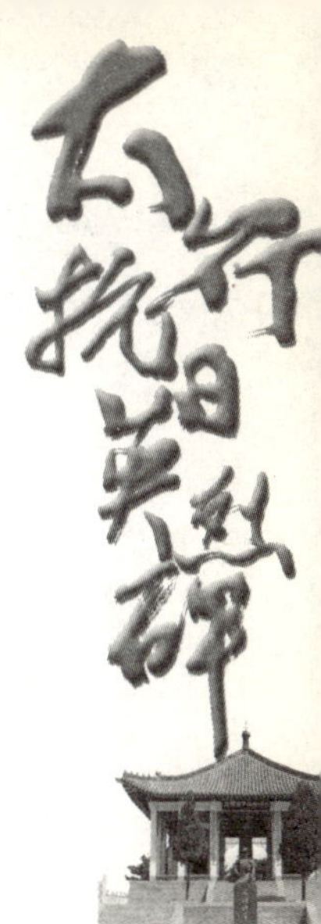

左权县柳林编村“刘仁辰同志纪念碑”拓片。

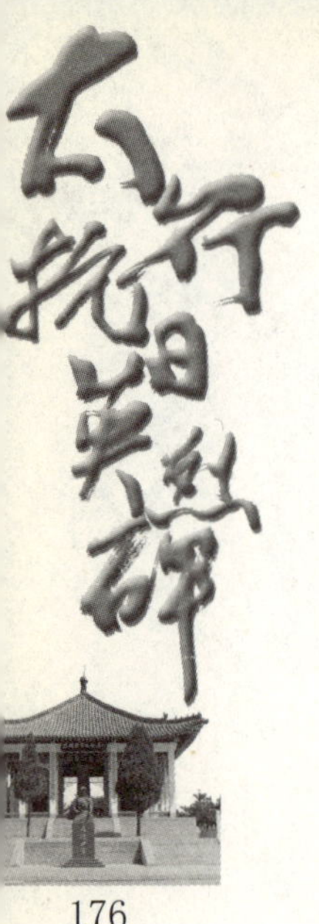

左权县柳林村为榆社县死难同胞立的“烈士碑记”拓片。

◀左权县石匣村东阁（真武阁）见证过村内外的风云，也见证过烈士的英勇。

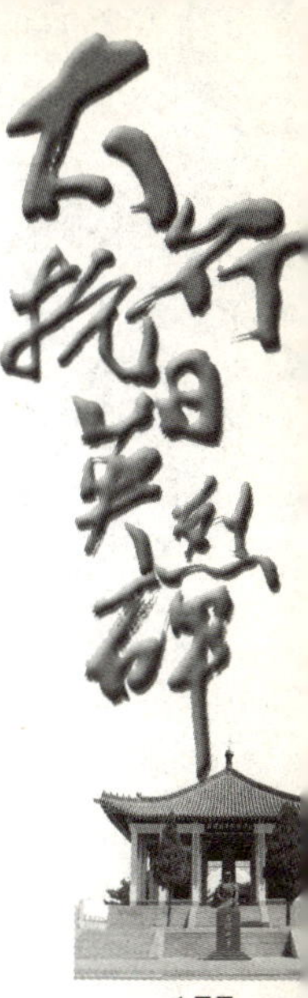

抢走和损毁衣物、农具甚多。

刘玉川，幼时家贫，入学四年后即务农。1938年6月参加中国共产党，任村农会主席二年，又任民兵干事二年，民国三十二年（1943）十一月红都炮台之敌包围我村时，领导民兵与敌斗争不幸被捕，于辽县城惨遭拷打，死不屈服，被惨杀于辽县城。

石匣村《李玉和烈士纪念碑》载：

李玉和同志，现年四十六岁，从小家贫，以学木匠为生。为人忠厚老实，勤俭度日。七七事变后，他奋起担当了抗日工作。敌占辽城，他担任本村农会主席。玉和同志不但不被敌势所威胁，对工作更加努力，1938年加入中国共产党，从此成为一名优秀的共产党员。1940年4月，敌人在石匣筑起炮台，环境恶劣，随根据地担任农会主席。百团大战我军摧毁了石匣炮台，他仍在村掌握工作，石匣工作大为开展。1943年他担任石匣编村抗日村长，对工作积极，任何危难情况下他和群众总是在一起，不愧为群众楷模。1944年11月27日不幸有本村特务程存喜勾结敌人，将玉和同志包围在□□□□杀手段，他始终对敌搏斗不屈，咬掉敌人一手指，毁坏敌步枪两支，因寡不敌众被敌人用惨绝人寰的毒手将他害死。为玉和同志为国为民牺牲精神，永垂不朽，聊以为志。

刘云旺（1920—1944）出生在辽县竹宁村，在村里小学念过书，十六岁进县城。抗战后即参加革命。1941年起担任辽西县第一区、第三区区委副书记、书记兼区基干队政委等职。他所工作的区域几乎都是敌占区，炮台森严，环境异常艰苦。而刘云旺总能“出色地完成”各项任务。《辽西抗日烽火》中说：

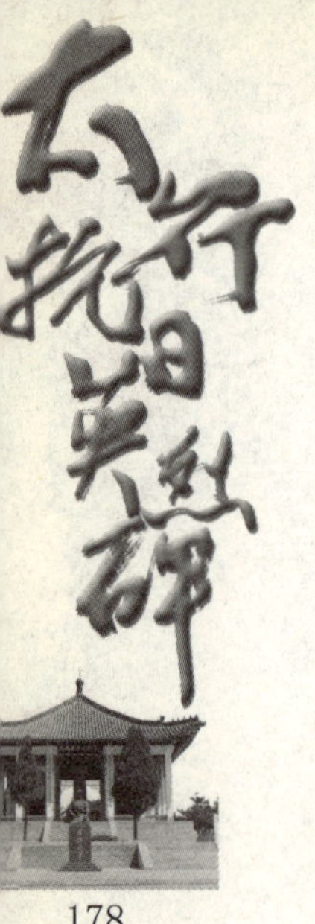

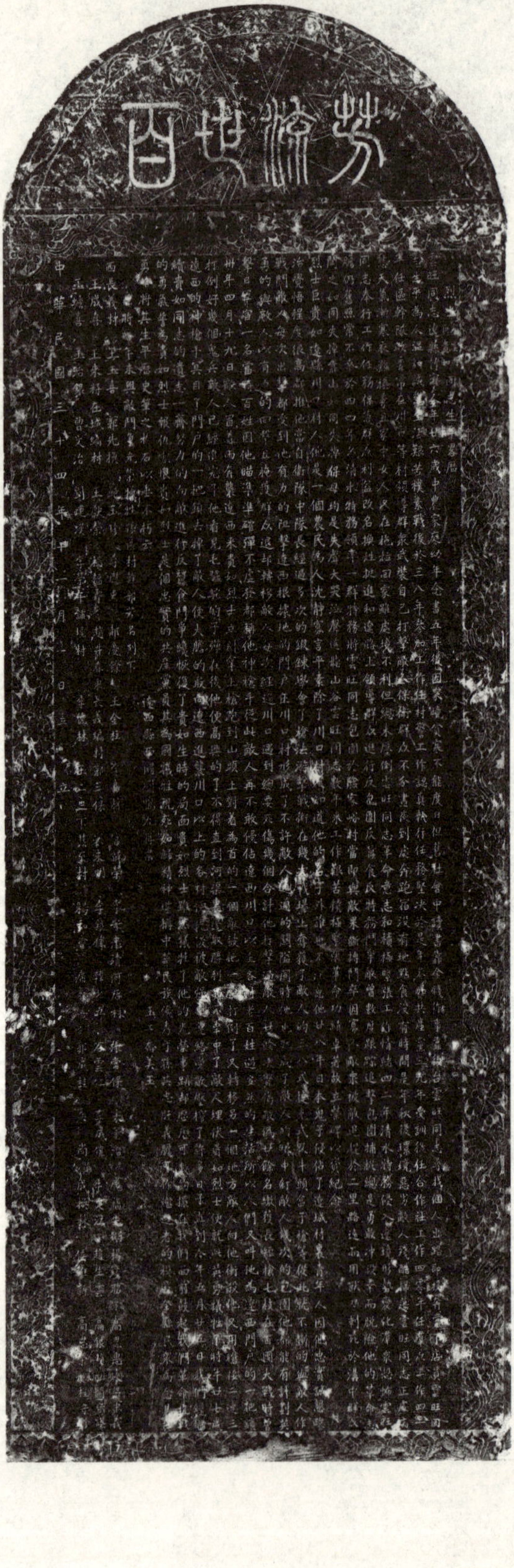

“刘云旺、巨贵如二烈士纪念碑”拓片。

◀竹宁村烈士刘云旺的孙子刘建华(右)、刘建明(左)在爷爷坟前讲述往事。刘建华说:刘云旺父亲刘文保,母亲巨氏,生了老大刘更旺、老二刘海旺、老三刘云旺、老四刘元旺、姐姐刘大女、妹妹刘瑞芳,姊妹六人全部入党。抗战八年期间,全家先后为革命牺牲了八个人的生命。(弓宇杰 摄)

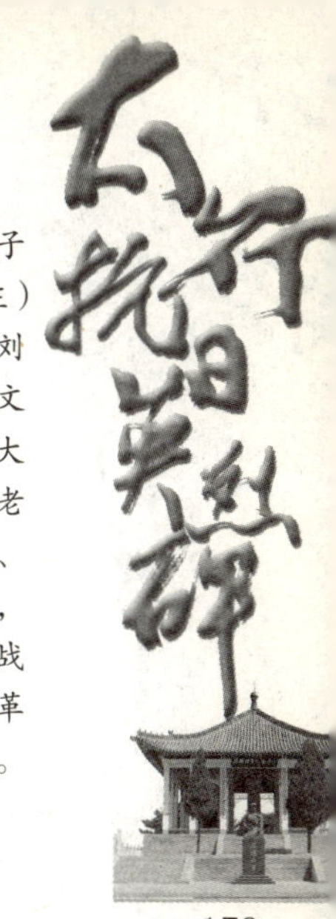

第一区虽然全部为维持敌人的村子,敌人在各村都任命有伪村长,指定有联络员,但云旺同志对革命的两面政策,及宽大与镇压相结合政策贯彻得好,即使是炮台脚下敌统治十分严密的村子的伪村长,大多数也争取为我所用。他采取了巧妙的办法,选派为人正直的人负担伪职。他们名为敌人的伪村长和联络员,实际是在我掌握下为我办事的革命两面政权。他们应付敌人,保护群众利益,完成我方布置的各项任务。就连敌人任命的伪区长,也被争取为我们工作的依托对象。

为了粉碎敌人推行的"治安强化"和"连环保甲制"等制度,分化瓦解敌人,云旺同志正确贯彻了党的统一战线政策,团结一切可以团结的力量,一致对日。如一区寒王镇的地主士绅孙华,他拥护抗日坚决不给敌人办事,把他争取过来后通过他在上层人士中进行了大量工作,收到了很好的效果。对于死心塌地为敌办事、民愤极大的汉奸特务,经上级批准给以坚决镇压。同时他还十分重视抓争取敌伪下层军政人员,教育其家属的工作。在这方面,他主动配合敌工部门,进行了大量工作,对以后策动辽县敌警备队一百八十余人起义,也起了一定的配合作用。

1944 年 1 月 14 日凌晨,正在殷家峪工作的刘云旺和一区区长巨善忠等十多个人,被敌人包围了。刘云旺迅速掩埋文件后突围,不想被敌人击中,壮烈牺牲,年仅二十四岁。其他十多人同时遇难。

根据左权县烈士陵园纪念碑上的记述:

(19)42年,清水特务侵入辽境,形势变化,□聚恐怖。云旺同志奉行工作任务,保护群众利益,改名换姓,挺进和辽路上,领导群众进行反包围、反蚕食、反特务斗争。

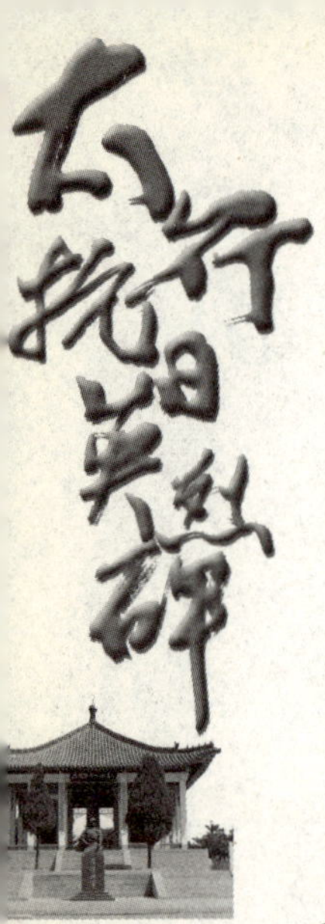

马佩珍的家乡——梁峪村。

敌曾数度跟踪追击、包围捕捉，总是勇敢冲杀，幸而脱险。他的革命志胆仍旧照常。不幸于44年冬，清水特务领率一群特务将云旺同志包围于殷家峪村，当即与敌果断搏斗，卒因寡不敌众，被追赶于二里路远，而用兽刀刺死于沟中。群众闻之，如同失掉靠山如同失掉□母，均是失声大哭，泣声遥听山谷。

马佩珍（1913—1945）出生在辽西梁峪村。读完高小返乡完婚，婚后受岳父资助，他到设在榆社县的“省立八中”读书。1938年，经一二九师的一个朋友介绍，加入中国共产党。1941年8月，辽西县成立后，马佩珍任公安局局长。1942年4月任一区区长。关于这段经历，左权烈士陵园内有碑文记述：

（19）41年8月，辽西划为县治。调佩珍同志做公安局长，致力于反扑奸伪，发展武装，为42年的反蚕食、反特务斗争奠定了基础。当时，佩珍同志发展与领导的各武装，即辽西独立营之前身。42年4月精兵简政，以和辽路斗争为全县胜败决定一环，与东起红岩岭，西至馒头山划为第一区，地域辽阔，斗争亦为全县重点，即又调佩珍同志去任第一区长，支持这个危局。从反维持、反特务甚至和辽路工作开展到城关，无不由佩珍同志领导，每次政治攻势必深。东关、后窑峪、西关等地，洪亮的夜间喊话，使敌伪胆寒，□众兴奋。马区长之名，虽山庄、小沟无一不晓。敌伪抱必害佩珍同志之决心，甚至悬赏捕捉，亦数次遇险。

1943年冬，马佩珍被调回辽县县政府担任县长秘书。《辽西抗日烽火》中载：

1945年初，为了加强县城及城周围村工作，成立第四区，这一艰巨任务，又落

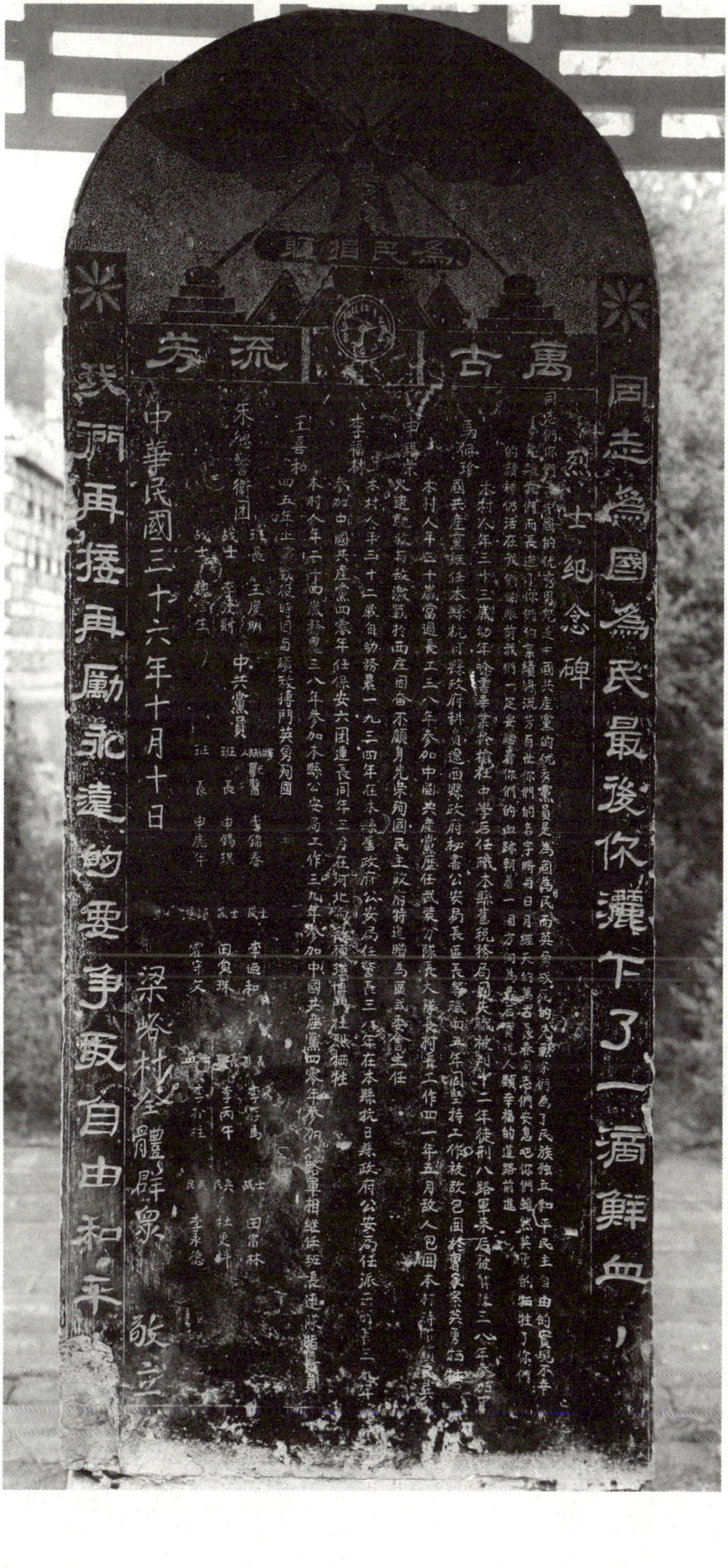

左权县梁峪村“马佩珍等烈士纪念碑”。

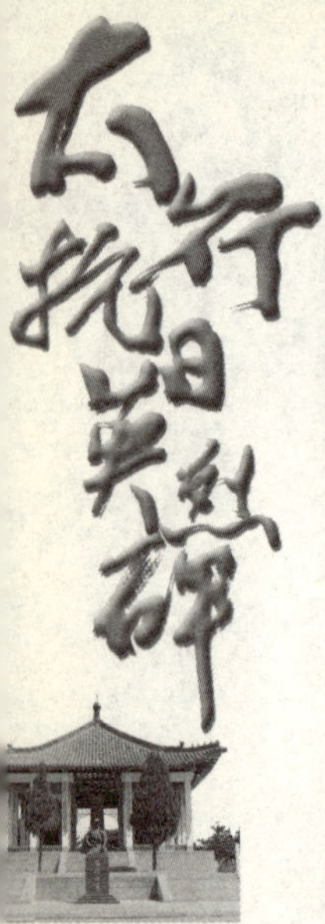

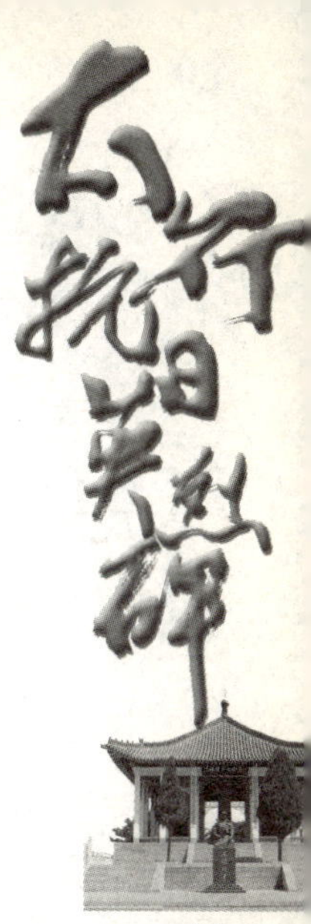

◀辽西县政府工作人员合影。（刘建民供图）

到他的肩头，被任命为四区区长。四区的范围在县城周围十五里以内。他深入城西关、沙河等处宣传抗日必胜，发动群众，部署策划伪军反正，引起日军清水特务队的注意。就在县城解放之前的3月16日，他在殷家庄工作后，深夜返宿曹家寨，被特务跟踪，在拂晓前被敌人包围。佩珍与抗日村长韩玉玺同志避入地道内，在群众掩护下，敌人至午未能找到。敌人怒盛，以酷刑拷打群众，佩珍不忍群众受苦，在洞内对敌开枪，敌人来到洞口，逼他们缴械投降，佩珍意志如钢，坚强不屈，抱必死之决心，岿然不动。最后，敌以柴草堆积洞口，纵火燃烧，将两个英雄铁汉活活熏死。敌将佩珍尸体运回城内，割下首级，挂于城门口，夸耀其“赫赫战果”。牺牲时年仅三十二岁。此次遇难的还有公安干事马庆成、交通员张锦江同志。

当时的辽西县县长张广居后来撰写碑文说：“计我与佩珍同志共同工作五年，生前尝互为勗勉曰：‘我等遭（招）致危险者数矣，□心马革裹尸，决勿丧节屈辱。’果实践前言矣。我等为和平民主团结，建设独立自由幸福的新中国而奋斗者，能不勉哉？”

1945年11月，辽西县和左权县合并，称为左权县。辽西县在历史上，虽然只存在了四年多的时间，但是在抗战最艰苦的年代，发挥了巨大作用。牺牲的四百八十一名干部，多数没有把名字留在纪念碑上，甚至都没有留下姓名。

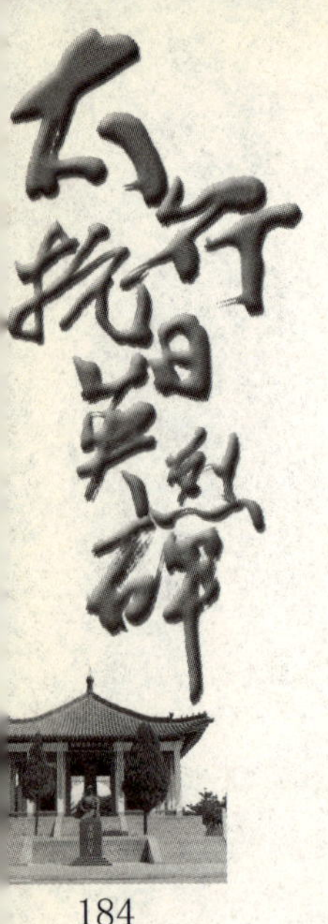

课后活动：

★课余时间到寒王乡、石匣乡寻找一下村落里的烈士纪念碑，向村中长者了解一下碑上所记烈士的故事。

★以刘元龙、刘云旺、马佩珍等辽西烈士为原型，试创作一篇文学作品，或诗、或小说皆可。

★认真阅读左权烈士陵园的纪念碑，选一通你认为最感兴趣的纪念碑，试着了解一些有关纪念碑的背景及故事。

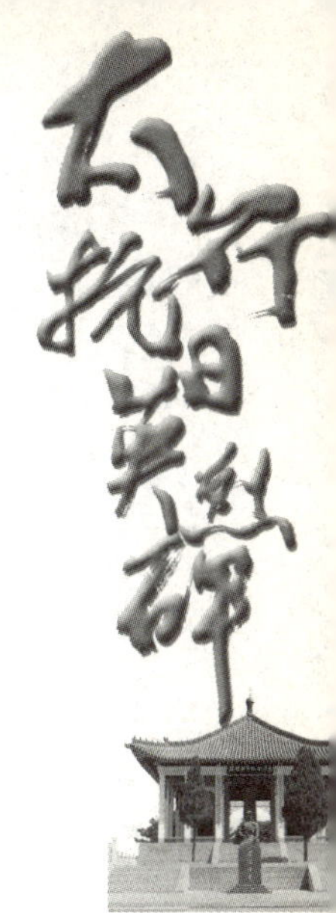

第六讲
乾坤正气永不亡

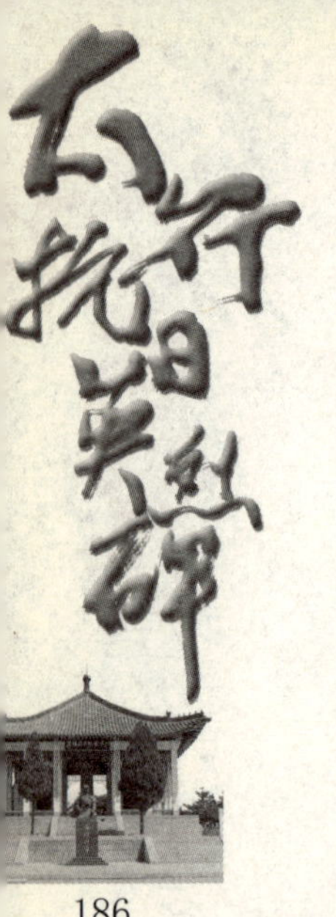

课前提示：

★你对古辽州有所了解吗？所谓“一州管三县”管的是哪几个县？在地理、民俗、文化上，左权县和榆社县、和顺县是否较其他邻近县相似度更高？

★有条件的话，到榆社县烈士陵园、和顺县烈士陵园参观一下，了解一下周边县人民在抗战中付出的牺牲和努力。

★“左权中学校”并不叫“左权县中学”，你知道这是为什么吗？你会唱“左权中学校歌”？了解一下“校歌”的历史。

◀◀ **前页图片：**这张照片拍摄于抗战期间的和顺县。大约反映的是八路军布置夜间偷袭敌人的情景。抗战史有很多珍贵的瞬间没有被记录下来，目前留存下来的抗战老照片都承载了不一样的历史。（〔美〕索万喜 摄，〔美〕王晋保 供图）

◀ 和顺县北关村的阁虽翻修过，但原址未变。

▼ 和顺县小东关村阁。

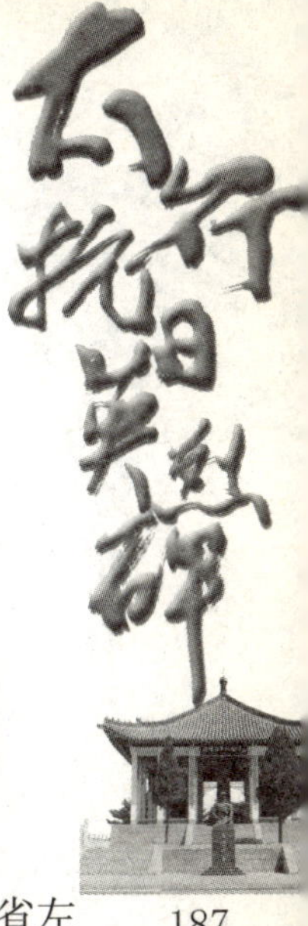

福建人魏秀仁（1818—1873）在小说《花月痕》中评价辽州（含今山西省左权县、和顺县、榆社县）人道：“西北苦寒，太行尤甚。山中人有立志者，则肌肤实而心地坚朴。视轻挑便利者，不啻霄壤。他日出而医国，此皆笼中物也，愿君留意焉……时事方艰，身家多故。保此身在，国家之元气虽断未断，乾坤之正气虽亡不亡。”

八路军驻扎辽县深山后不久，日军不断派重兵蚕食太行山区，试图一步步逼近根据地。1939 年 1 月 23 日，日军先从昔阳县向南占领了辽县北的和顺县城。占领和顺城的是日军独立混成第四旅团等。和顺县城距辽县城只有四十五公里，日军却花费了半年时间，直到当年的 7 月 15 日才占领辽县城。为何？因为敌人每前进一步，都有无数好男儿与之殊死搏斗。

由和顺籍作家刘江撰文、立于民国三十五年十月二十五日的《纪念和顺全县党政军民抗日烈士建碑志》（简称《建碑志》）讲述了和顺人民在抗战中的斗争、牺牲，明确指出，在抗日期间，和顺县涌现出“五百位党政军烈士”。

这五百位烈士中，有普通的和顺人，比如北关的王楞孩（1913—1942）。他从小爱打抱不平。据《和顺县志》载：

> 民国二十七年（1938）四月，日军入侵县城，他带领全家逃至东喂马村。十四日因惦记家舍，绕小路返回县城。刚走至北关坛上，遇到一名全副武装的日本士兵，持枪逼他到小东关蔡玉狗院中的菜窖旁，让他下窖拾山药蛋。楞孩纵身跳入窖内，边拾边想对策。敌人见王不上来，就用步枪向窖内乱捅。他急中生智，出其不意抓住枪管，顺势将敌闪入窖内，紧紧压在身下，随手从敌腰间抽出刺刀，将日军刺死。他头部和手指也受了伤，带着满身血迹，从小东关东阁外绕小道返回喂马村。

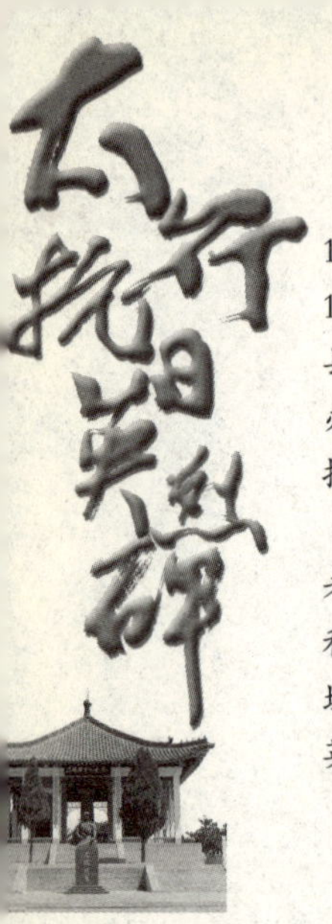

1938年5月1日在和顺县园街村创办了《胜利报》。图为《胜利报》老同志重返和顺报社旧址。（宋树英 供图）

王楞孩在庆功会上被授予“杀敌英雄”称号。随即，宣传册《杀敌英雄王楞孩》发行，活报剧《杀敌英雄王楞孩》和大鼓词《说唱王楞孩》盛大上演，王楞孩的事迹传遍太行山。之后，他参加了抗日队伍，先是交通队员，后为独立营基干队员。1942年春，他探亲时被捕遭敌人残害，年仅二十九岁。

还有两位牺牲时年仅十九岁的女英雄，她们是东关的王荣芝（1923—1942）和新庄村的赵仲妮（1924—1943）。王荣芝上过县立女子学校，是昔阳县妇救会副主席、晋冀豫边区妇救总会宣传委员。1942年5月日军“扫荡”，她在掩护群众撤退突围时被捕。虽遭酷刑，但她初心不改，后被日军杀害。赵仲妮1939年参加一二九师缝纫队，后进入被服厂。1943年遇日军“扫荡”，她在转移中负伤牺牲。

和顺县烈士中，也有红军出身的外省人。比如和西县公安局局长侯谦（1914—1942）是四川人。1942年10月被捕后，他宁死不屈，被日军杀害后烧了尸体。殉国时，他才二十八岁。

同时，还有身居要职的抗日县长翟文田（1917—1944）。翟文田出生在河北清苑县。抗战开始后，他成了山西青年抗日决死队的一员。1938年6月作为牺盟会特派员，他来到和顺，任和顺县、和西县抗日政府县长。1944年10月，日军“扫荡”和西根据地时，翟文田被捕。在阳泉监狱，敌人把他的父亲叫来劝降，翟文田对父亲说：“头可断，志不可屈，宁可站着死，绝不跪着生。”最后，翟文田在太原监狱被折磨而死。据《建碑志》载，“和西翟县长文田、侯公安局长谦即于（19）42年10月反“扫荡”战中在牛家沟为人民壮烈牺牲”，誉他们为“民族英雄”。

◀ 和顺县烈士陵园纪念碑。（弓宇杰 摄）

马坊死难英雄烈士纪念碑
李德生
一九九六年十一月十五日

李德生 1945 年 1 月攻打日军在和顺马坊的据点，全歼守敌。这是他为和顺“马坊死难英雄烈士纪念碑”的题字原件。（宋树英 供图）

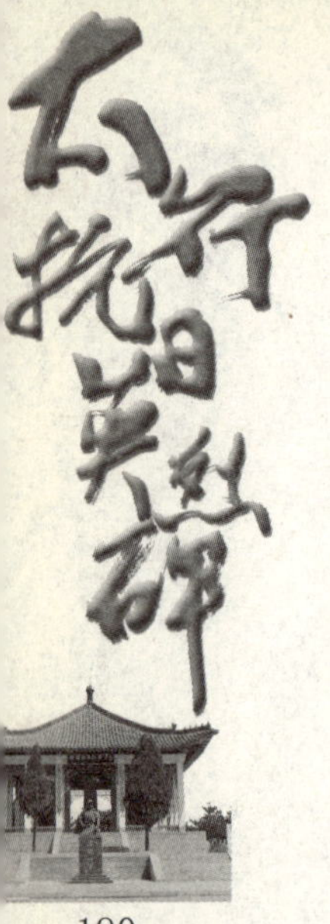

和顺县烈士陵园刊刻着刘江撰写的《“民族魂”：纪念和顺全县党政军民抗日烈士建碑志》的纪念碑。（弓宇杰 摄）

◀ 榆社文峰塔。（张卫兵 供图）

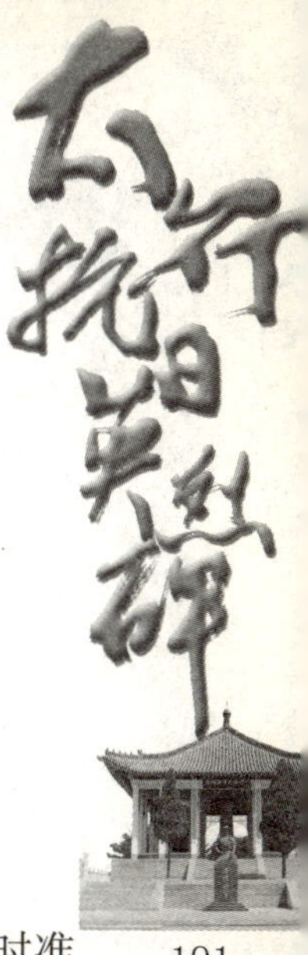

日军在辽县城布兵，在军事上，是与辽县南部山区的抗日军队对峙，随时准备消灭八路军司令部；在战略上，以辽县为基地，打通向西的榆辽公路，让晋东、晋东南连成一片。《晋中市志》载：“民国二十九年（1940），日本侵略军强征民夫，将榆社至辽县的高脚路改建为战争使用的汽车路。”有了这条路，日军就把军车开到了榆社。1940 年 6 月 16 日，榆社县城第一次沦陷。在此之前，榆社没有向外的公路。那么，交通相对不便的榆社县城是晋中各县最后一个沦陷的县城。不过，两个月后的百团大战，很快把平辽公路作为重点。1940 年 9 月 25 日，八路军收复榆社县城，日军只在榆社县城待了三个多月。

《山西公路交通史》载：

> 1942 年，日伪山西省公署投入 58500 元，修通沁县到榆社的 65 公里公路。1942 年 2 月 16 日，榆社县城再次沦陷。日伪山西省公署给 42 公里长的榆辽公路投了 33000 元修补后，晋东山区和晋东南山区终于连在了一起。太行抗日根据地也遭遇了最困难的时期，1942 年 5 月，日军“铁壁合围”麻田，左权将军十字岭殉国。直到 1944 年 3 月 29 日，八路军攻下榆社县城，榆社县全境解放，为晋中各县之最早。

关于抗战期间榆社的烈士情况，《榆社县抗日殉国烈士亭纪念文》中虽没有写具体的烈士人数，但碑文中写道：“在敌占榆社三年中，我干部群众英勇奋斗，流血牺牲，如张寿砚同志深入敌区进行瓦解敌伪工作，不幸被捕，威诱不屈，惨遭杀害。寿砚同志死时尚高呼共产党万岁！中华民族解放万岁！其忠勇节烈，可为全县楷模。再如马定夫同志，投笔从戎，献身革命，为保卫国家民族歼敌于太谷一带，于凤山战斗壮烈殉国。”

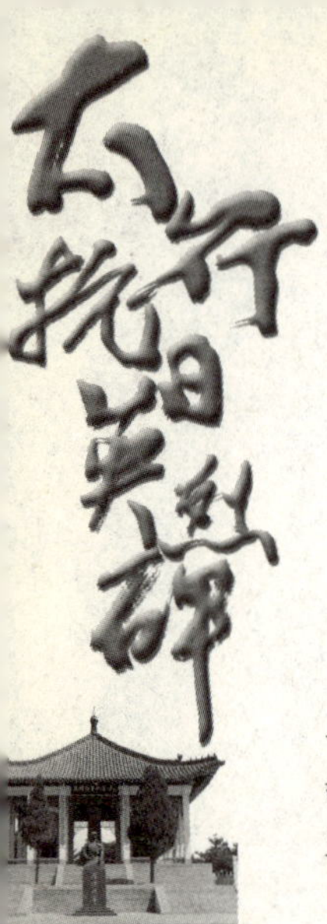

马定夫烈士遗像。（张卫兵 供图）

马定夫烈士故居。（张卫兵 供图）

马定夫，1915 年出生在榆社县东汇村。《榆社县志》介绍马定夫时说：

> 六岁始识字，学习珠算、书法。八岁入学，嗜书如命，学识渊博，外号叫“马百精”。十四岁考入县第一高小，酷爱鲁迅、李大钊之文章，凡书皮、笔记本均写有“愿将浩气弥天地，不让金钱累子孙”之誓言。民国十九年（1930）秋，先后考入太原新民中学、太原友仁中学，皆因组织学潮，而遭开除。民国二十二年（1933），考入省立第一中学，继续宣传革命思想。在《新闻晚报》发表《猪嘴绅士》文章，抨击富者之压迫、剥削罪恶，呼唤穷者抗争，又被当局驱逐出校。民国二十二年(1933) 8 月，考入太谷铭贤中学。毕业后，于民国二十四年（1935）考入北平镜湖高中，同年加入中国共产党外围组织——反帝大同盟。次年加入中国共产党。

抗战开始后，马定夫回乡参加山西牺盟会。1937 年 10 月，当地抗日游击队正式成立，马定夫出任榆社县抗日游击队第三大队指导员兼队长。1939 年后，历任中共榆社县委宣传部部长等职，一直在晋中一带与敌斗争。1943 年 7 月 23 日，马定夫在太谷县枫子岭村与民联欢，遭二百余日伪军偷袭。他说：“有我们在，就有群众在，我们绝不能让群众受到鬼子的伤害！”在掩护群众转移的战斗中，马定夫腹部中弹，以二十八岁年轻生命奉献于抗战事业。

张寿砚（1917—1943）生于榆社西马乡南白村，1934 年考入省立第八中学。1937 年参加抗日游击队。1942 年担任榆社县委敌区工作站站长时，潜入敌人内部，策动二十八名警备队员携带三十一支步枪投诚。1943 年 8 月 13 日，张寿砚再赴敌占区时被捕。《榆社县志》中写道：

◀ 张寿砚烈士遗像。（张卫兵 供图）

◀ 张寿砚烈士安葬处。（张卫兵 供图）

日军将张寿砚捆于南河底村边一棵柳树上，在头上贴“共匪”纸条示众。敌人先以好言诱降，遭痛斥后将其衣服剥光，对其严刑拷打。张寿砚被打得皮开肉绽，血溅四处，而始终不屈服，高呼“打倒日本帝国主义”“打倒汉奸维持会”“中国共产党万岁”，最后，竟被二十余名日、伪军每人捅一刺刀，壮烈殉国，年仅二十六岁。中共中央延安《解放日报》刊登了他的英雄事迹，号召全党向他学习。

据载，和顺县五百位烈士，榆社县六百九十六位烈士，左权县七百九十五位烈士。在左权县的七百九十五位烈士中，有共产党员三百一十二人。在左权县烈士陵园有一篇《左权县八年抗战始末记》，文章的作者没有留下名姓，但是确实是一篇非常有战斗力的文章。

1937年7月7日卢沟桥事变爆发，日寇逞其虎狼之威，疯狂进犯，先后占据平津、保定、石家庄、太原、邢台等华北重要城市。素以惯打内战著称之中央军、晋绥军仓猝（促）应战，望风披靡，变为逃兵溃卒，窜奔各地，抢劫奸淫，无恶不作。呻吟于山西土皇帝阎锡山廿余年暴政统治下之辽县人民突遭巨变，御侮有心，自卫乏术，警报频传，一夕数惊。当此水深火热、颠沛流离之际，中国共产党领导下之八路军渡河北上，提出与华北人民同生死共患难誓不退过黄河等坚决抗战主张。10月初，一二九师进驻辽县，一面肃清溃匪，安抚流亡；一面派遣干部，协助地方成立战地动员委员会，发动群众，组织武装，民气为之一振。特别是（19）38年4月粉碎敌九路围攻；39年1月，击退敌三路进攻两役，县城失而复得者再，广大人民更确立了持久抗战，最后胜利信心。从此军民一心，在敌后建立抗日民主根据地，改造旧政权，成立各种救国团体。在实行减租、减息、增资政策下，人民生活得到初步改善，

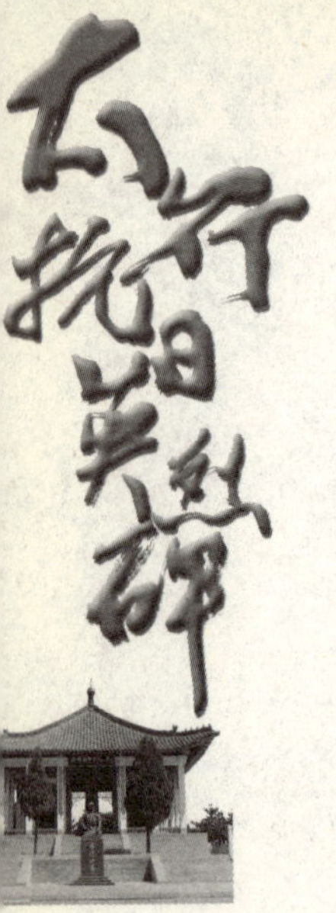

左權縣八年抗戰始末記

一九三七年七月七日盧溝橋事變爆發日寇逞其虎狼之威瘋狂進犯先後佔據平津保定石家莊太原邢臺等華北重要城市
以慣打內戰着稱之中央軍晉綏軍倉猝應戰望風披靡變為逃兵潰卒竄奔各地搶劫姦淫無惡不作呻吟於山西土皇帝閻錫山廿餘
年暴政統治下之遼縣人民突遭鉅變禦侮有心自衛乏術警報頻傳一夕數驚當此水深火熱顛沛流離之際中國共產黨領導下之八
路軍渡河北上提出興華北人民同生死共患難誓不退過黃河等堅決抗戰主張十月率一二九師進駐遼縣一面肅清潰匪安撫流亡
一面派遣幹部協助地方成立戰地動員委員會發動群衆組織武裝民氣為之一振特別是三八年四月粉碎敵九路圍攻三九年一月
擊退敵三路進攻兩役縣城失而復得者再廣大人民更確立了持久抗戰最後勝利信心從此軍民一心在敵後建立抗日民主根據地
改造舊政權成立各種救國團體在實行減租減息增資政策下人民生活得到初步改善抗戰積極性亦同時提高
日寇既陷武漢深感後方威脅集中優勢兵力回師華北掃蕩敵後華北既轉為主要戰場國民黨又向敵暗送秋波坐觀成敗我遼
城及平遼公路乃於三九年七月五日第三次淪陷敵手同時我遼縣抗日政府即移駐路東旋又增設路西辦事處以便領導至此敵我
鬥爭便進入短兵相接尖銳與複雜階段四零年春敵進陷榆社並在寒王突堤石匣小嶺底管頭等地修築碉堡派兵駐守路西領土又
被分割為南北兩塊八月下旬八路軍發動百團大戰收復榆社揮師東進蕩平縣境內所有碉堡直逼縣城人心大為振奮未幾敵施行
報復向我根據地連續掃蕩三次殘毒空前四一年春敵又修築洪度炮臺擴編偽軍收買漢奸組織特務奔襲包圍捕捉殺害我幹部和
人民實施其蠶食政策在敵血腥屠殺與威脅誘降下形成路西大部路東距城十五里內村莊暫時維持局面若干民族敗類如劉顯榮
春麟翔李金才之流不惜靦顏事仇為虎作倀在維持區則發展新民會對根據地則發展偽國民黨妄圖逞其出賣祖國反共反人民之
滔天罪行一時形勢惡化抗日幹部與人民之被捕被殺日有所聞我工作人員在敵游區活動日必徙居數村夜則露宿山坡窯洞雖飽
嘗風寒暑熱之苦冒槍林彈雨之險甚至犧牲流血然從未有向敵屈膝者
四一年八月路西正式改為遼西縣從此東西分治互相策應形成對敵夾擊之勢同時又建立縣區村各級武委會民兵組織得到
普遍發展四二年初對敵展開全面的長期的反蠶食鬥爭打垮維持封鎖敵人於城週十里內敵據點下之村莊與關廂裡偽軍偽組織

左权县烈士陵园“左权县八年抗战始末记”拓片（一）。

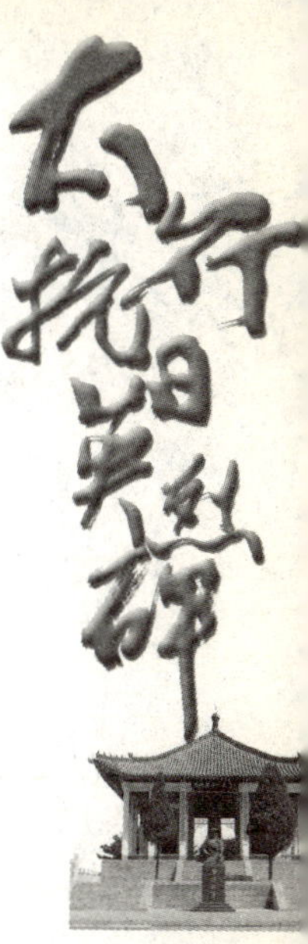

◀侵入辽县的日本军官到美国人王普霖家中。（〔美〕王晋保 供图）

抗战积极性亦同时提高。

日寇既陷武汉，深感后方威胁，集中势兵力回师华北，扫荡敌后。华北既转为主要战场，国民党又向敌暗送秋波，坐观成败。我辽城及平辽公路乃于39年7月5日第三次沦陷敌手，同时我辽县抗日政府即移驻路东，旋又增设路西办事处，以便领导。至此，敌我斗争便进入短兵相接，尖锐与复杂阶段。40年春，敌进陷榆社，并在寒王、突堤、石匣、小岭底、管头等地修筑碉堡，派兵驻守，路西领土又被分割为南北两块。8月下旬，八路军发动百团大战，收复榆社，挥师东进，荡平县境内所有碉堡，直逼县城，人心大为振奋。未几，敌施行报复，向我根据地连续扫荡三次，残毒空前。41年春，敌又修筑红都炮台，扩编伪军，收买汉奸，组织特务，奔袭包围，捕捉杀害我干部和人民，实施其蚕食政策。在敌血腥屠杀与威胁诱降下，形成路西大部，路东距城十五里内村庄暂时维持局面。若干民族败类，如刘显荣、秦麟翔、李金才之流，不惜腼颜事仇，为虎作伥。在维持区，则发展新民会；对根据地，则发展伪国民党，妄图逞其出卖祖国、反共、反人民之滔天罪行。时形势恶化，抗日干部与人民之被捕被杀，日有所闻。我工作人员在敌游区活动，日必徙居数村；夜则露宿山坡、窑洞。虽饱尝风寒暑热之苦，冒枪林弹雨之险，甚至牺牲流血，然从未有向敌屈膝者。

41年8月，路西正式改为辽西县。从此东西分治，互相策应，形成对敌夹击之势。同时又建立县、区、村各级武委会，民兵组织得到普遍发展。42年初，对敌展开全面的，长期的反蚕食斗争。打垮维持，封锁敌人于城周十里内。敌据点下之村庄与关厢里伪军、伪组织内部均能进行抗日活动。腹心区则贯彻减租减息法令，进一步发动群众。在人民生活改善、思想觉悟基础上，群众更加武装起来，对敌伪威胁亦随之而加强，并为44年以后大生产运动造下有利条件。是年，敌犹妄图挣扎，

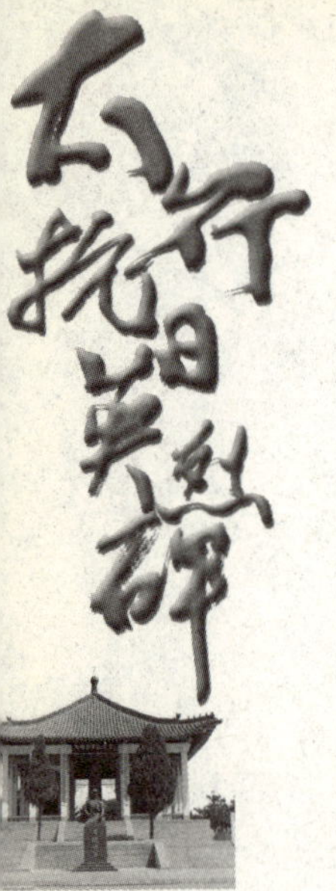

內部均能進行抗日活動腹心區則貫澈減租減息法令進一步發動群眾在人民生活改善思想覺悟基礎上群眾更加武裝起來對敵偽威脅亦隨之而加強並為四四年以後大生產運動造下有利條件是年敵猶妄圖掙扎曾由各地抽調大量敵偽軍配合其特務爪牙於二月及五月向遼東進行兩次毀滅性的大掃蕩實施其鐵壁合圍與三光政策十月間又向遼西進行二十餘天的反復清剿但不論敵寇如何殘酷與兇暴均在我民兵的麻雀戰地雷戰與配合八路軍的游擊戰運動戰打擊下遭受到慘重的挫敗

在四二年五月反掃蕩戰爭中我們亦曾付出相當的代價即我十八集團軍總司令部副參謀長左權將軍竟於麻田之役因掩護群眾退卻而光榮犧牲噩耗傳來全縣人民悲憤激昂誓死要為左將軍報讐並提議改遼縣為左權縣永作紀念嗣經晉冀魯豫邊區政府批准於是年九月十八日在黃漳舉行改縣命名典禮大會舊治遼縣從此遂改稱左權縣

敵寇於軍事進攻失敗後又圖加強其特務統治制伏我民心乃於四三年五月自昔陽調其特務頭子清水利一來遼專主其事時值五月掃蕩龐炳勛孫殿英二逆投敵之後敵特國特完全合流清水驅使其殘毒的特務隊不分晝夜奔襲突擊包圍我邊沿區尤以扶峪寨溝竹寧川口獅岩前龍沐池等村為最甚我邊沿區人民不甘受敵偽蹂躪相率攜妻帶子拋棄家園避入根據地結合基幹武裝組織民兵聯防一面戰鬥一面生產進行頑強抗拒七月以還全縣展開反特務鬥爭偽國民黨偽新民會組織機構悉被摧毀許多失足和上當份子在我抗日政府教育與寬大政策爭取下紛紛覺悟與回頭於是敵偽陰謀又一次遭到我沉重的打擊

一九四三年又是災荒最大的一年由於連年敵寇摧毀與亢旱舊存既空新收大歉人民喫糠嚥菜均感來處不易在政府有計劃的發放救濟及組織生產提倡節約下全縣並未餓死一個人四四年秋飛蝗入境咀食田禾下莊至新店一帶受害頗鉅又在組織起來的人民力量下進行捕打最後一次圪道村的殲滅戰勝利的結束了太行區的剿蝗戰鬥四五年春繼續組織群眾刨蝗卵捕蝗蝻在根除蝗害上曾起決定作用於是歷史上任何統治階級所無法應付之蝗災旱災在我們組織起來群策群力的奮鬥下渡過了我們不僅能戰勝人禍並且能征服天災因此廣大人民不但有了高度戰勝敵人信心而且感覺在共產黨領導下嘗到無限的生活興趣同時又響應毛主席號召組織起來開展大生產運動經過兩年的努力將近百分之八十的農民都組織在互助組變工隊勞動社合作社紡織小組等組織內並湧現出各種英雄模範和能手四百餘人領導人民深耕細作發展副業向耕三餘一足衣足食方向邁進

左权县烈士陵园“左权县八年抗战始末记”拓片（二）。

◀ 左权盲人宣传队2009年5月25日缅怀英烈的演出照。

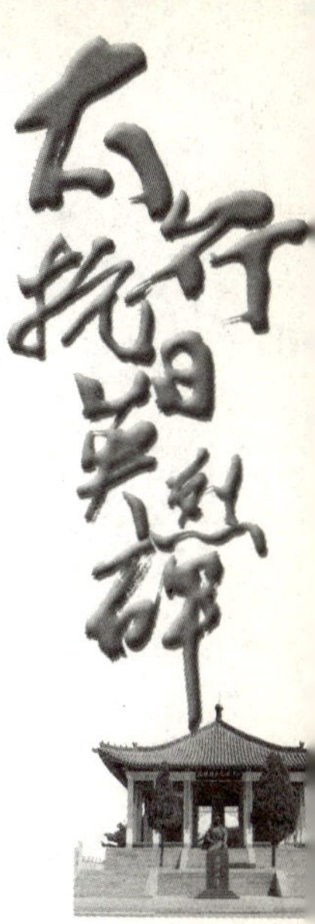

曾由各地抽调大量敌伪军，配合其特务爪牙，于二月及五月向辽东进行两次毁灭性的大扫荡，实施其铁壁合围与三光政策。十月间又向辽西进行二十余天的反复清剿。但不论敌寇如何残酷与凶暴，均在我民兵的麻雀战、地雷战与配合八路军的游击战、运动战打击下遭受到惨重的挫败。

在42年5月反扫荡战争中，我们亦曾付出相当的代价。即我十八集团军总司令部副参谋长左权将军竟于麻田之役，因掩护群众退却而光荣牺牲。噩耗传来，全县人民悲愤激昂誓死要为左权将军报仇，并提议改辽县为左权县，永作纪念。嗣经晋冀鲁豫边区政府批准，于是年9月18日在黄漳举行改县命名典礼大会，旧治辽县从此遂改称左权县。

敌寇于军事进攻失败后，又图加强其特务统治，制伏我民心，乃于43年5月，自昔阳调其特务头子清水利一来辽专主其事。时值五月扫荡，庞炳勋、孙殿英二逆投敌之后，敌特、国特完全合流。清水驱使其残毒的特务队，不分昼夜奔袭突击，包围我边沿区，尤以扶峪、寨沟、竹宁、川口、狮岩、前龙、沐池等村为最甚。我边沿区人民不甘受敌伪蹂躏，相率携妻带子，抛弃家园，避入根据地，结合基干武装，组织民兵联防，一面战斗，一面生产，进行顽强抗拒。7月以还，全县展开反特务斗争，伪国民党、伪新民会组织机构悉被摧毁。许多失足和上当分子，在我抗日政府教育与宽大政策争取下，纷纷觉悟与回头。于是，敌伪阴谋又一次遭到我沉重的打击。

1943年，又是灾荒最大的一年。由于连年敌寇摧毁与亢旱，旧存既空，新收大歉，人民吃糠咽菜，均感来处不易。在政府有计划的发放救济及组织生产，提倡节约下，全县并未饿死一个人。44年秋，飞蝗入境，咀食田禾，下庄至新店一带受害颇巨。又在组织起来的人民力量下进行捕打，最后一次圪道村的歼灭战，胜利的结束了太行区的剿蝗战斗。45年春，继续组织群众刨蝗卵、捕蝗蝻，在根除蝗害上曾起决定

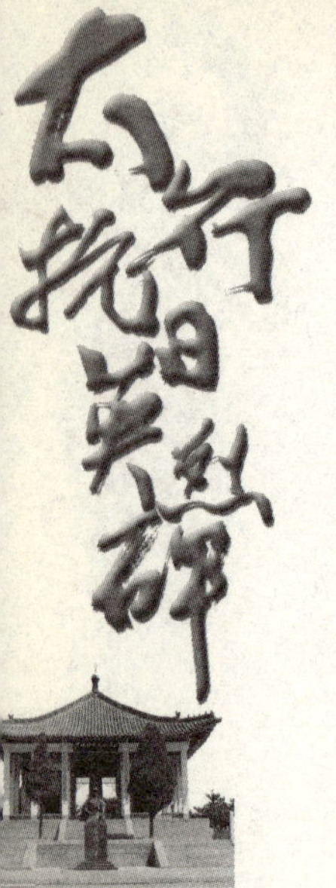

在軍事上四四年經我兩次猛襲洪度其至等炮臺後敵偽統治頓呈不可收拾狀態遼城亦隨之而陷於我軍民長期圍困中終於四五年四月二十六日在我朱德警衛團左權遼西兩獨立營及兩縣民兵圍攻下敵偽狼狽北竄淪陷五年又九個月二十二天之遼縣城乃告光復八月間日寇投降抗戰勝利四年來左權遼西兩縣分治局面於十一月一日正式合併復歸於一並定名為左權縣

左權縣八年抗戰經歷是一部可歌可泣的血淚鬥爭史綜合八年中全縣損失在人口方面被敵殺害者三零二七口因戰爭罹疾受凍挨餓而死者七三九四口被敵俘去三二八口逃亡失踪三九七口負傷六零九口殘廢不能勞動者四八三口共計一二二四零口佔現有人數一九二三四二口一的百分之一三強房屋被燬四二三六二間搶去衣服二五八一九四件搶去糧食五零八三七二石對敵負擔糧五零八三六零石款一五一二二五零圓給敵支差苦力二八五一零一一個工損失農具一九九五二零件損失傢俱及其他資材價值三四八九五二八二六圓家畜方面損失牲口一三八六四頭豬六二零七口羊一八八九九隻雞八七三七五隻蜂八二五窩工業損失二七六一四三四圓商業損失一三五三四二九四圓礦業損失七一六六三四圓

特別使我們最感悲痛而且也最值得我們欽佩的是八年來黨政軍民各級幹部及戰士民兵自左權將軍以次計犧牲七九五人其中共產黨員三一二人他們都是抗日戰爭中的組織者與領導者他們為了保衛祖國保衛人民利益不惜犧牲自己的一切在戰場上衝鋒在前退卻在後在敵人面前堅貞不屈視死如歸為國家為人民流盡最後一滴血發揚中華民族之凜然氣節在他們的感召下激發了後死者的敵愾心繼續奮鬥終至戰勝敵人收復失地使衰老的中華祖國成為世界五大強國之一我全縣人民感激他們的功德敬慕他們的志行特就昔日萬壽宮遺址興建烈士園題諸先烈英名於碑碣留作永久之紀念

戰爭教育了人民人民將贏得戰爭贏得和平可是當抗戰期間退到峨嵋山上的國民黨反動派現在又捲土重來高喊接收主權收復失地在東北在華北在華中在華南到處燃起內戰的烽火向人民開刀搶奪勝利果實日寇投降將近一年雖經數度談[illegible]共一再忍讓然而國民黨反動派在美帝國主義者支持下總是出爾反爾自食其言以致和平民主迄今未能實現

我們知道和平民主的到來是肯定的但我們同時也知道必須用鬥爭纔能求得和平民主的實現與鞏固我們一定要繼承先烈們的遺志踏着先烈們的血跡向反動派們作頑強不息的鬥爭為建立新中國而努力

左权县烈士陵园“左权县八年抗战始末记”拓片（三）。

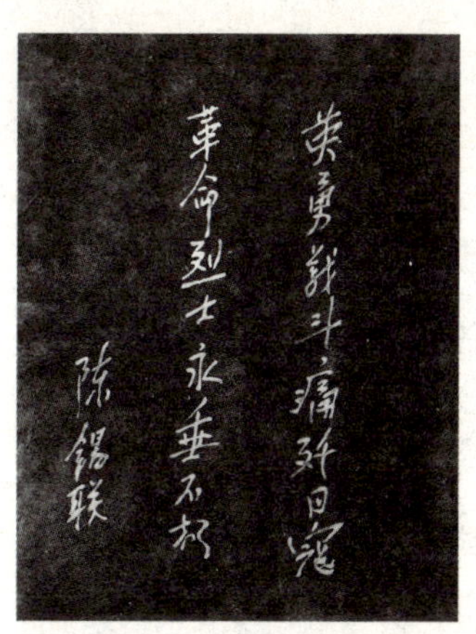

陈锡联（1915—1999），湖北红安人。1929年参加红军，1930年入党。抗战期间任第一二九师旅长、军分区司令员，1955年被授予上将军衔。他题写的“英勇战斗痛歼日寇，革命烈士永垂不朽”被刻在武乡长乐村纪念碑上。

作用。于是，历史上任何统治阶级所无法应付之蝗灾、旱灾，在我们组织起来群策群力的奋斗下渡过了。我们不仅能战胜人祸，并且能征服天灾，因此广大人民不但有了高度战胜敌人信心，而且感觉在共产党领导下尝到无限的生活兴趣。同时又响应毛主席号召，组织起来，开展大生产运动。经过两年的努力，将近百分之八十的农民都组织在互助组、变工队、劳动社、合作社、纺织小组等组织内，并涌现出各种英雄模范和能手四百余人，领导人民深耕细作，发展副业，向耕三余一，足衣足食方向迈进。

在军事上，44年经我两次猛袭洪度、其至等炮台后，敌伪统治顿呈不可收拾状态，辽城亦随之而陷于我军民长期围困中。终于45年4月26日，在我朱德警卫团，左权、辽西两独立营及两县民兵围攻下，敌伪狼狈北窜，沦陷五年又九个月二十二天之辽县城乃告光复。8月间，日寇投降，抗战胜利。四年来，左权、辽西两县分治局面于11月1日正式合并，复归于一，并定名为左权县。

左权县八年抗战经历，是一部可歌可泣的血泪斗争史。综合八年中全县损失，在人口方面，被敌杀害者三零二七口，因战争、罹疾、受冻、挨饿而死者七三九四口，被敌俘去三二八口，逃亡失踪三九七口，负伤六零九口，残废不能劳动者四八五口，共计一二二四零口，占现有人数——九二三四二口——的百分之一强。房屋被毁四二三六二间，抢去衣服三五八一九四件，抢去粮食五零八三七八二石，对敌负担粮五零八三六零石，款一五一二二零圆，给敌支差苦力二八五一零一个工，损失农具一九九五二零件，损失家具及其他资材值三四八九五二八二六圆。家畜方面损失牲口一三八六四头，猪六二零七口，羊一八八九五只，鸡八七三七五只，蜂八二五窝。工业损失二七六一四三四圆，商业损失一三五三四二九四圆，矿业损失七一六六三四圆。

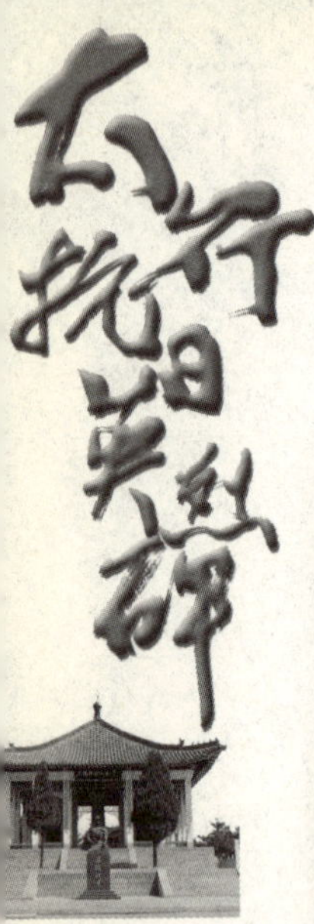

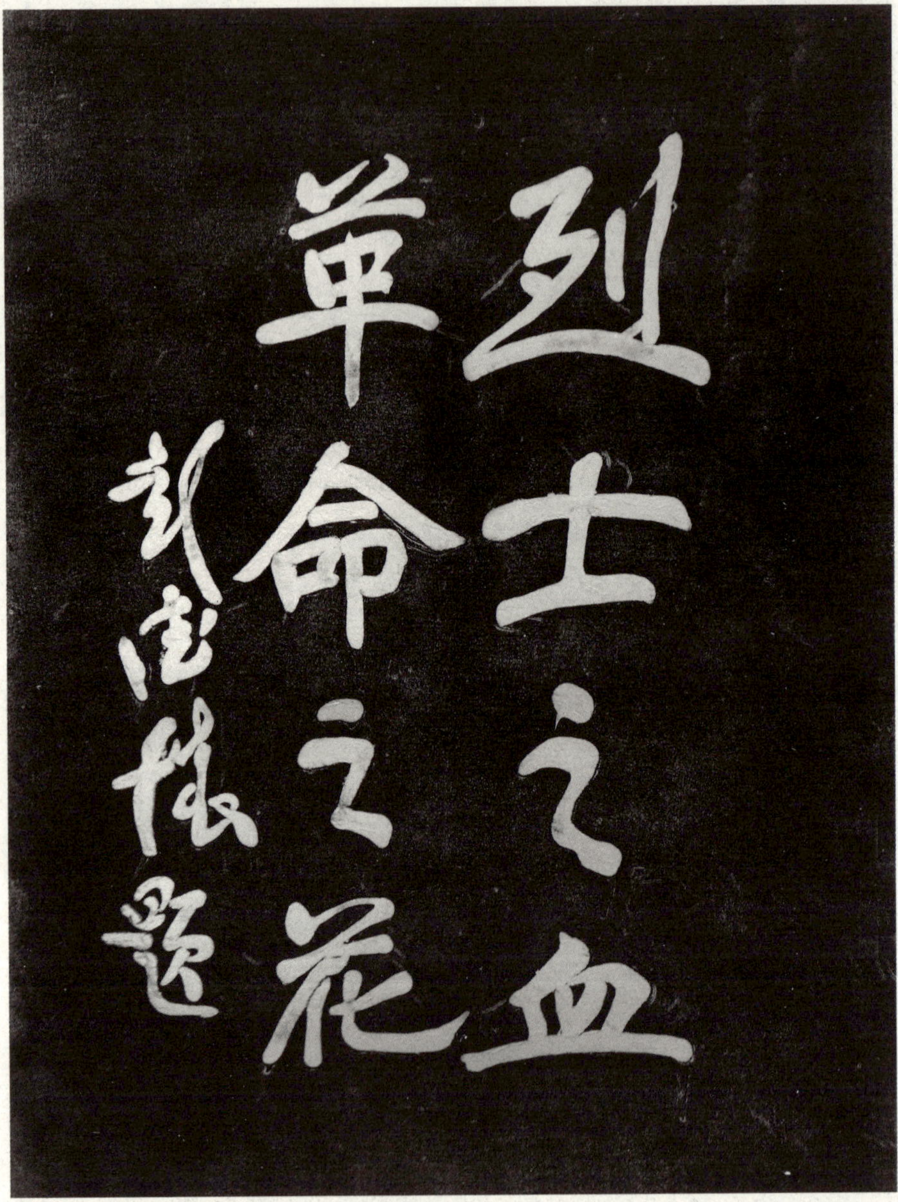

烈士之血
革命之花
彭德怀题

武乡县“长乐村战斗纪念碑”上彭德怀题词拓片。

◀ 卢沟桥宛平城内“中国人民抗日战争纪念馆”全面讲述了这场战争和战争中的英雄烈士。

特别使我们最感悲痛而且也最值得我们钦佩的是，八年来党政军民，各级干部及战士民兵，自左权将军以次计，牺牲七九五人，其中共产党员三一二人。他们都是抗日战争中的组织者与领导者，他们为了保卫祖国、保卫人民利益，不惜牺牲自己的一切，在战场上冲锋在前，退却在后，在敌人面前坚贞不屈，视死如归，为国家，为人民，流尽最后一滴血，发扬中华民族之凛然气节。在他们的感召下，激发了后死者的敌忾心，继续奋斗，终至战胜敌人，收复失地，使衰老的中华祖国成世界五大强国之一。全县人民感激他们的功德，敬慕他们的志行，特就昔日万寿宫遗址兴建烈士园，题诸先烈英名于碑碣，留作永久之纪念。

战争教育了人民，人民将赢得战争，赢得和平。可是当抗战期间退到峨眉山上的国民党反动派，现在又卷土重来，高喊接收主权，收复失地，在东北、在华北、在华中、在华南，到处燃起内战的烽火，向人民开刀，抢夺胜利果实。日寇投降将近一年，虽经数度谈判，中共一再忍让，然而国民党反动派在美帝国主义者支持下总是出尔反尔，自食其言，以致和平民主，迄今未能实现。

我们知道和平民主的到来是肯定的，但我们同时也知道必须用斗争才能求得和平民主的实现与巩固。我们一定要继承先烈们的遗志，踏着先烈们的血迹，向反动派们作顽强不息的斗争，为建立新中国而努力！

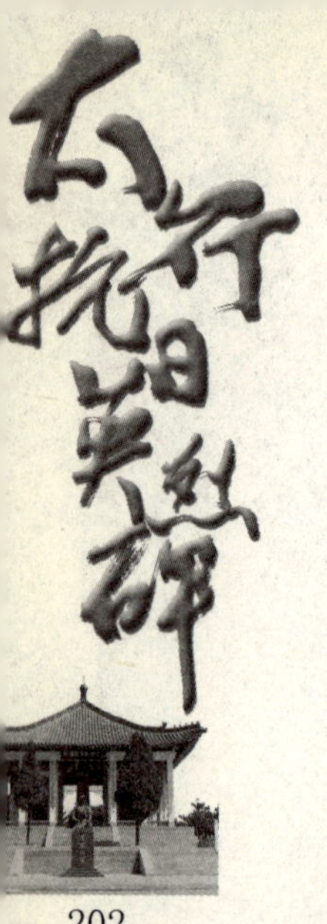

课后活动：

★观看《开天辟地》《建党伟业》《太行山上》《党的女儿》等影片，同时观看《巴顿将军》《最后一班地铁》《从海底出击》《最长的一天》等反映二战的国外影片，你觉得你更喜欢怎样的艺术表达？

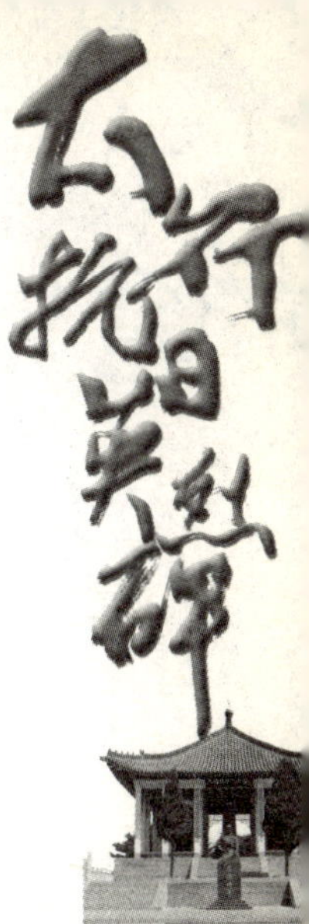

附录：太行抗日英烈碑名录

2018—2020 年拓制采访所见

编号 | 立碑地 | 英烈碑名称 | 立碑时间 | 现存地址

001. 小会村：赵登禹夫人李玉芳墓碑，1932 年，左权县政协库房
002. 赵登禹荫庇辽阳碑，1932 年，左权县南街服装厂旧址
003. 赵永富同志之墓，1935 年，左权县东安山烈士陵园
004. 马厩：宋莲芝之母之墓，1937 年，左权县辽县抗战纪念馆
005. 马厩：张义侠将军墓碑，1938 年，左权县辽县抗战纪念馆
006. 陈有信之墓墓碑，1939 年，左权县杨家庄村
007. 孙慎言之墓墓碑，1939 年，左权县杨家庄村
008. 徐寿朋之墓墓碑，1939 年，左权县杨家庄村
009. 蒋支队长鸿高同志纪念碑，1939 年，昔阳县闫庄乡陈村
010. 桐峪：抗战阵亡将士纪念牌，1940 年，左权县桐峪镇桐滩村
011. 抗日烈士贯伟栋之墓墓碑，1940 年，左权县马厩烈士陵园
012. 黎城：八路军抗战三周年纪念碑，1940 年，黎城县西井镇下寨村
013. 国民革命军第八路军荣誉碑，1940 年，昔阳县皋落镇东峪沟村
014. 上口村：李石青同志纪念碑，1941 年，左权县东安山烈士陵园
015. 黄厚魁纪念碑，1941 年，左权县东安山村烈士陵园
016. 辽县民兵烈士纪念碑，1942 年，左权县芹泉镇西黄漳村
017. 左权将军纪念碑，1942 年，左权县芹泉镇西黄漳村
018. 石门：左权将军墓碑，1942 年，河北省涉县石门村
019. 杨裕民碑·建塔碑，1942 年，河北省涉县石门村
020. 朝鲜烈士陈光华同志墓碑，1942 年，河北省涉县石门村
021. 朝鲜烈士石鼎同志墓碑，1942 年，河北省涉县石门村

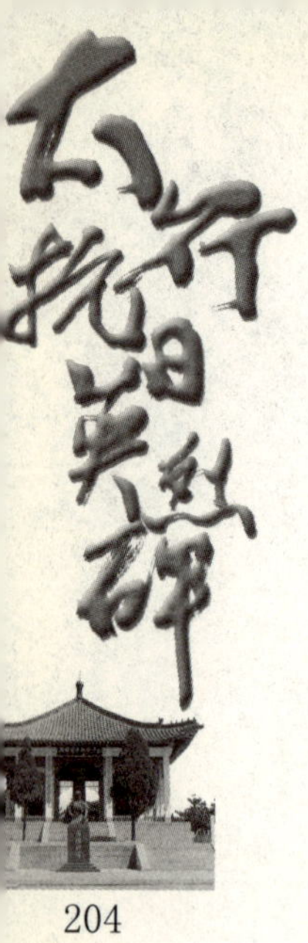

022. 东安山：苟天沛墓碑，1942 年，左权县东安山村烈士陵园
023. 张衡宇同志墓碑，1943 年，河北省涉县石门村
024. 何云先生墓碑，1943 年，河北省涉县石门村
025. 宋耕如、石岱、史刚三烈士纪念碑，1943 年，左权县西黄漳村
026. 刘仁辰同志纪念碑，1943 年，左权县石匣乡柳林村
027. 马家拐民兵纪念碑，1944 年，左权县马厩烈士陵园
028. 抗战七年来光荣牺牲的模范民兵芳名录，1944 年
029. 冀南银行行长高捷成墓碑，1944 年，河北省涉县石门村
030. 寿阳“民族英雄”路南烈士碑，1944 年，寿阳县羊头崖乡白云村
031. 王满堂等五烈士纪念碑，1945 年，左权县龙泉乡佛口村
032. 卢东道等六同志纪念碑，1945 年，左权县东安山村烈士陵园
033. 泽城：赵永富同志墓碑，1945 年，左权县东安山村烈士陵园
034. 马家拐：范玉官同志纪念碑，1945 年，左权县马厩烈士陵园
035. 泽城村：郭昌祥同志墓碑，1945 年，左权县东安山烈士陵园
036. 创建烈士祠碑记，1945 年，左权县烈士陵园
037. 烈士李桂林暨刘元龙二同志纪念碑，1945 年，左权县烈士陵园
038. 赵玉珍副团长纪念碑，1945 年，左权县烈士陵园
039. 烈士刘云旺、巨贵如烈士纪念碑，1945 年，左权县烈士陵园
040. 烈士段吉昌同志生平略历碑，左权县烈士陵园
041. 马佩珍烈士纪念碑，1945 年，左权县烈士陵园
042. 昔西对敌斗争中殉难烈士之公墓，1945 年，昔阳县西寨乡庄窝烈士陵园
043. 革命烈士三李三烈士公墓，1945 年，昔阳县西寨乡庄窝烈士陵园
044. 赖勤、范熙同同志墓碑，1946 年，河北省涉县石门村
045. 左权将军纪念碑，1946 年，左权县烈士陵园
046. 左权八年抗战记始末碑，1946 年，左权县烈士陵园
047. 左权县八年抗战党政军民殉国烈士英名录碑，1946 年，左权县烈士陵园
048. 左权烈士陵园刘伯承题文碑，1946 年，左权县烈士陵园
049. 李一清“死者的精神永远为生者遵循”碑，1946 年，左权县烈士陵园
050. 李俊明同志略历碑，1946 年，左权县烈士陵园
051. 晋东合作总社社长吕东滨同志纪念碑，1946 年，左权县烈士陵园
052. 宋耕如 史刚 石岱三烈士碑，1946 年，左权县烈士陵园

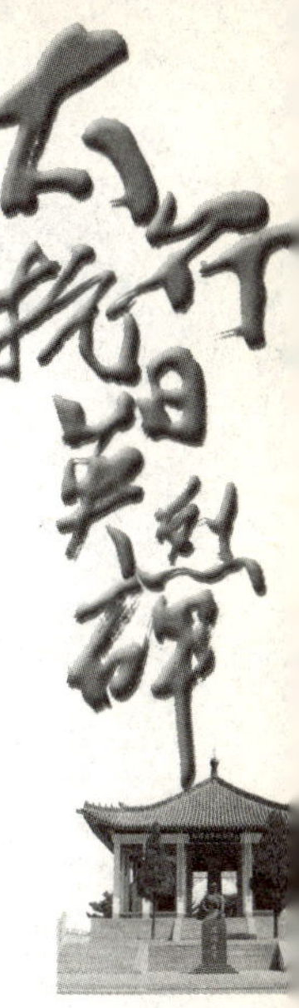

053. 刘浩之烈士传略纪念碑，1946 年，左权县烈士陵园
054. 乔维晋、乔小元二烈士纪念碑，1946 年，豆峪村烈士陵园（？）
055. 赵同庆烈士纪念碑，1946 年，左权县马厩烈士陵园
056. 抗日英雄史六成等纪念碑，1946 年，左权县马厩烈士陵园
057. 七里河村：曹玉田烈士纪念碑，1946 年，左权县马厩烈士陵园
058. 桐滩镇烈士纪念碑，1946 年，左权县桐滩镇戏台北侧
059. 苏公烈士纪念碑，1946 年，左权县苏公村北山坡根
060. 刘玉川烈士纪念碑，1946 年，左权县石匣乡孔家庄
061. 松树坪李玉明等三烈士纪念碑，1946 年，左权县龙泉乡松树坪村
062. 榆社县抗战八周年纪念碑，1946 年，榆社县烈士陵园
063. 纪念先烈王秦、叶邓等同志文碑，1946 年，榆社县
064. 建立抗日殉国烈士亭纪念文碑，榆社县
065. 榆社死难同胞纪念碑，1946 年，左权县石匣乡柳林村
066. 李玉和烈士纪念碑，1946 年，左权县石匣乡石匣村
067. 郭三烈士纪念碑，1946 年，左权县石匣乡石匣村
068. 突堤：死难烈士纪念碑，1946 年，左权县辽阳镇突堤村
069. 丈八编村抗战殉难烈士纪念碑，1946 年，左权县辽阳镇丈八村
070. 马坊：胜利碑记碑，1946 年，和顺县马坊乡马坊村
071. 刘米小等五烈士纪念碑，1946 年，和顺县
072. 纪念和顺全县党政军民抗日烈士建碑志碑，1946 年，和顺县烈士陵园
073. 和顺县抗日烈士纪念碑，1946 年，和顺县烈士陵园
074. 刘建等七烈士纪念碑，1946 年（？），和顺县烈士陵园
075. 平定第四区二十三位烈士碑，1946 年，寿阳县落摩寺
076. 本村田聚生等六十九人殉难纪念碑，1946 年，昔阳县赵壁乡斜峪沟村
077. 禅房烈士碑记碑，1947 年，左权县芹泉镇禅房村
078. 连壁：牛更江等四烈士纪念碑，1947 年，左权县龙泉乡连壁村
079. 白祯祥等烈士纪念碑，1947 年，左权县龙泉乡连壁村
080. 张猪保等烈士碑，1947 年，左权县石匣乡大林村
081. 中寨烈士碑记，1947 年，左权县芹泉镇中店村箕岗庙院内
082. 源泉化学厂烈士纪念碑，1947 年，黎城县源泉村
083. 呼德昌、赵玉英、文双狗烈士纪念碑，1947 年，左权县拐儿镇大炉村

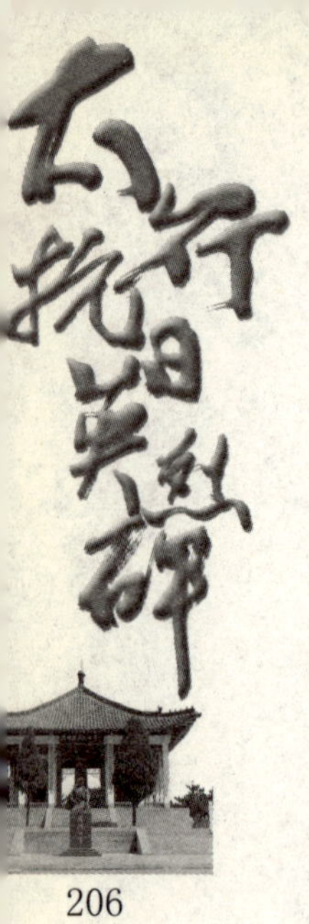

084. 纪念殉国烈士文碑，1947 年，榆社县东汇村
085. 李占荣烈士纪念碑，1947 年，左权县龙泉乡西瑶村
086. 光荣烈士碑记碑，1947 年，左权县桐峪镇上武村
087. 梁峪：马佩珍等四烈士纪念碑，1947 年，左权县马厩烈士陵园
088. 纪念死难烈士碑，1947 年，左权县大林村
089. 赵振祥烈士纪念碑，1947 年，左权县大林村
090. 路南烈士纪念碑，1947 年，寿阳县羊头崖烈士塔内
091. 张国玉等烈士纪念碑，1948 年，左权县羊角乡盘垴村
092. 田源海烈士纪念碑，1949 年，左权县羊角乡羊角村
093. 杨荣有同志之墓，1949 年，左权县东安山烈士陵园
094. 石暴烈士纪念碑，1949 年，左权县桐峪镇石暴村南阁旁
095. 覃飞同志牺牲纪念碑，1949 年，左权县马厩烈士陵园
096. 陈士俊等烈士纪念碑，1949 年，左权县羊角乡圪道村
097. 西黄漳村诸烈士纪念碑，1949 年，左权县西黄漳村西龙王庙
098. 科举村烈士碑，1949 年，和顺县义兴镇科举村
099. 云头底烈士碑，1950 年，左权县麻田镇云头底村
091. 口则村纪念烈士碑，1950 年，左权县马厩烈士陵园
092. 武军寺烈士碑记，1950 年，左权县麻田镇武军寺村
093. 李保富等烈士纪念碑，1951 年，左权县龙泉乡温城村
094. 后柴城诸烈士纪念碑，1951 年，左权县马厩烈士陵园
095. 温城编村烈士纪念碑，1951 年，左权县龙泉乡温城村
096. 纪念革命光荣先烈碑，1951 年，左权县芹泉镇下庄村
097. 大林峧村烈士纪念碑，1951 年，左权县麻田镇大林峧村
098. 赵双成纪念碑，1951 年，左权县龙泉乡三教村
099. 武邦柱等四烈士纪念碑，1951 年，左权县麻田镇东峪村
100. 寿阳第七区革命先烈碑，1951 年，寿阳县宗艾村瑞祥寺戏台
101. 张韩河烈士纪念碑，1952 年，寿阳县景尚乡张韩河村
102. 纪念人民功臣纪念碑，1953 年，左权县羊角乡羊角村
103. 江东顺等烈士纪念碑，1953 年，左权县麻田镇郭家峪村
104. 段峪：雷腴田等五烈士纪念碑，1955 年，左权县马厩烈士陵园
105. 里思乡烈士碑，1955 年，寿阳县里思村

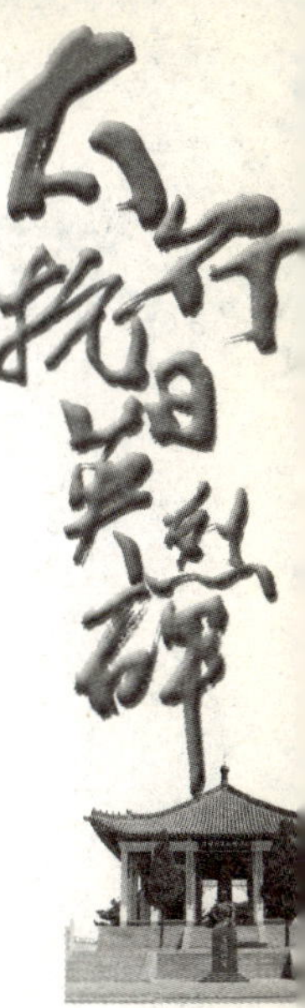

106. 革命先烈碑序碑，1956 年，寿阳县道坪村
107. 西五指：纪念先烈之碑，1957 年，左权县拐儿镇西五指村
108. 纪念和顺县党政军民革命烈士碑记碑，1957 年，和顺县烈士陵园
109. 錾岩：烈士纪念碑，1963 年，左权县桐峪镇錾岩村
110. 平松惨案碑志碑，1964 年，和顺县平松乡
112. 白云惨案碑记碑，1965 年，和顺县义兴镇白云村
113. 王有苗等四烈士纪念碑，1967 年，左权县龙泉乡佛口村
114. 太行新闻烈士永垂不朽纪念碑，1985 年，左权县麻田镇西山村
115. 左权将军纪念碑，1986 年，左权县十字岭
116. 长乐村战斗纪念碑，1986 年，武乡县长乐村
117. 无名烈士千古碑，1991 年，左权县豆堖村烈士陵园
118. 关长沟、前峧村无名烈士纪念碑，1992 年，左权县豆堖村烈士陵园
119. 李修仁书：阵亡烈士永垂不朽，1993 年，左权县赵堖村无名烈士园
120. 中华脊梁民族忠魂碑，1993 年，左权县赵堖村无名烈士园
121. 八路军抗日英烈永垂不朽碑，1999 年，左权县东隘口烈士陵园
122. 陈国璋烈士碑，2000 年，左权县麻田镇西崖底村
123. 李德林烈士纪念碑，2001 年，左权县烈士陵园
124. 义勇军烈士之墓碑，2002 年，左权县桐峪镇上武村
125. 朝鲜义勇军烈士纪念碑，2002 年，左权县麻田镇云头底
126. 原庄：抗日烈士纪念碑，2006 年，左权县马厩烈士陵园
127. 苏亭伏击战纪念碑，2007 年，左权县粟城乡苏亭村
128. 左权县南街村赵湘烈士墓碑，2007 年，河北省武安市烈士陵园
129. 贺赵革命烈士碑，2008 年，河北省武安市贺赵烈士陵园

（以下为年代无考的英烈碑）

130. 庄窝烈士陵园纪念碑，昔阳县西寨乡庄窝烈士陵园
131. 昔西死难同胞之公墓，昔阳县西寨乡庄窝烈士陵园
132. 和顺六烈士纪念碑，
133. 五十八位烈士题名碑，和顺县烈士陵园
134. 八十二位革命烈士题名碑，和顺县烈士陵园

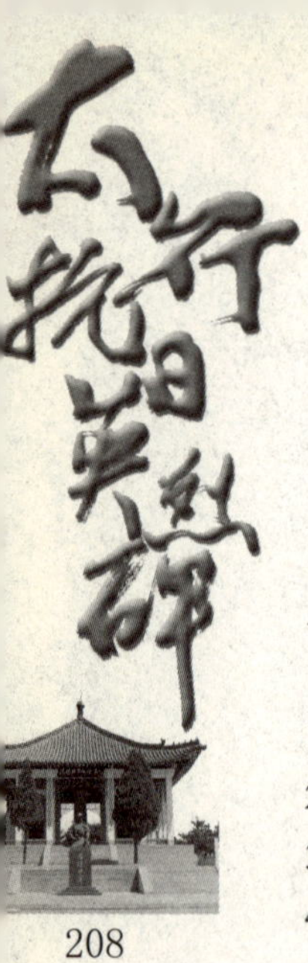

★主要参考书目（资料）：

1.《辽州志》（清光绪六年续修本），郭健卫点注，1993 年 4 月榆次（复印稿）。

2. 晋中市地方志编纂委员会编：《晋中市志》，中华书局，2010。

3. 赵世元主编：《左权县志》，高等教育出版社，1999。

4. 榆社县志编纂委员会编：《榆社县志》，中华书局，2015。

5. 和顺县志编纂委员会编：《和顺县志》，海潮出版社，1993。

6. 山西交通厅公路交通史编委：《山西公路交通史》，人民交通出版社，1988。

7. 冀鲁豫烈士纪念馆编：《晋冀鲁豫英烈》，大众文艺出版社，2007。

8. 晋冀鲁豫烈士陵园管理处编：《怀念左权同志》，解放军出版社，2005。

9. 王孝柏：《左权年谱》，人民出版社，2012。

10. 古越：《大运筹：共和国元帅重大决策》，中共中央党校出版社，1999。

11. 刘红庆：《左权将军》，华文出版社，2015。

12. 王兵主编：《三晋石刻大全·晋中市左权县卷》，三晋出版社，2010。

13. 冯锦昌主编：《三晋石刻大全·晋中市和顺县卷》，三晋出版社，2012。

14. 中共山西省左权县委党史研究室编：《中共左权县历史大事记述》，山西人民出版社，1993。

15. 左权县史志办公室编：《左权县革命斗争回忆录》，1987 年 5 月内部印行。

16. 郝红东主编：《左权县抗战回忆录》，中央文史出版社，2011。

17. 中共左权县委县政府编：《八路军总部在麻田》，山西人民出版社，1990。

18. 陈厚裕、邢晓寿编著：《八路军总部在左权》，中央文献出版社，2006。

19. 皇甫束玉：《束玉信札·上》，高等教育出版社，2006。

20. 皇甫建伟、张基祥编著：《碧血辽县》，山西人民出版社，2010。

21.《左权抗战民歌选》，山西省左权县党史史志办公室 1987 年 5 月编印。

22. 皇甫建伟、邢晓寿编著：《左权抗日烽火》，山西人民出版社，2010。

23. 巨玉秀、郝晋瑞、王志明编：《辽西抗日烽火》，1994 年 9 月（自费）。

24. 清徐县政协文史委编：《清徐历史人物》，北岳文艺出版社，2008。

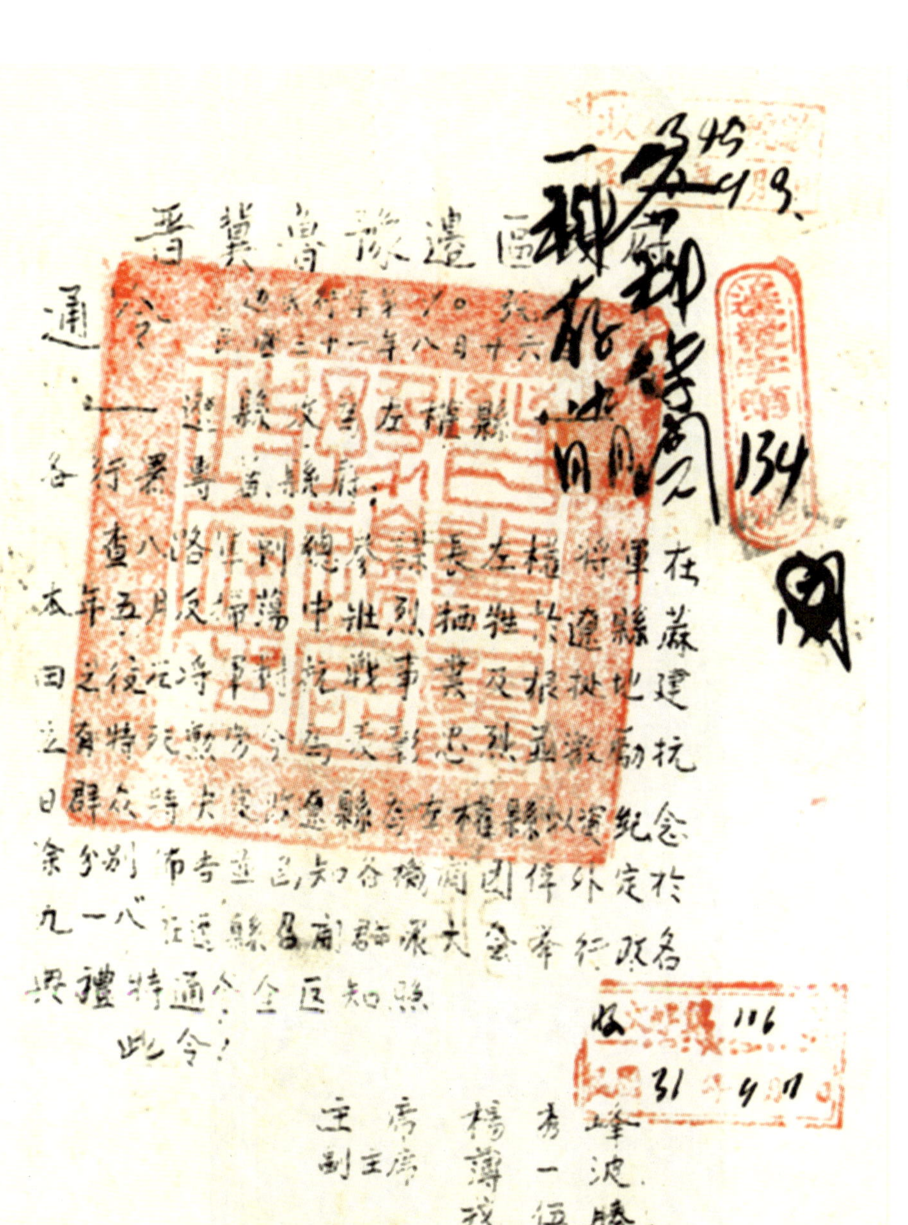

晋冀魯豫邊區政府

通令 邊政行字第70號 民國三十一年八月十六日

一、遼縣改為左權縣

各行署專員、縣府：

查八路軍副總參謀長左權將軍在本年五月反掃蕩中壯烈犧牲於遼縣麻田之役，左將軍對抗戰事業及根據地之建有特殊勳勞，今為表彰忠烈並激勵抗日群眾，特決定改遼縣為左權縣，以資紀念。除分別布告並呈知各機關團體外，定於九一八在遼縣召開群眾大會舉行改名典禮，特通令全區知照。

此令！

主席 楊秀峰
副主席 薄一波
戎伍勝

晋冀鲁豫边区政府通令：辽县改为左权县（1942年8月26日）

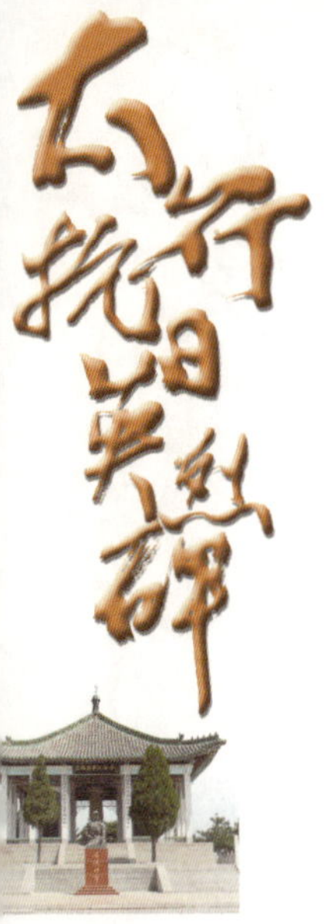

創建烈士祠碑記

日本帝國主義於一九三七年七月七日發動全面侵華戰爭我遼縣群衆在國民黨土皇帝閻錫山[illegible]下[illegible]從[illegible]戰三八年敵對晉東南發動過三次圍攻中央軍晉綏軍望風而逃縣城兩次不守幸有共產黨八路軍領導群衆[illegible]敵[illegible]度被我先後三九年武漢陷落後日寇對國民黨採誘降政策正面戰場遂進入停戰狀態敵集中絕對優勢兵力四師華北掃蕩[illegible]進城又於七月五日第三次陷落鬥爭便進入極其尖銳與複雜階段三九年縣城雖陷我八路軍控制城週十餘里以外之村庄敵不敢首出城門一步四零年敵進陷榆社和遼路之寒王窑堤榆遼路之石匣小嶺底管頭均修築碉堡全縣被分割為幾塊八月我八路軍發動百團大戰收復榆社後揮師東進將榆遼和遼公路之碉堡全部盡平未幾敵發動對我根據地瘋狂掃蕩[illegible]又[illegible]碉堡[illegible]善掃蕩而來的是蠶食政策距敵較近村庄先後被迫維持偽加強對敵四一年遼西正式划為縣治組織了縣的[illegible]了縣區武裝進而一尺魔高一丈與蠶食政策同時敵人發展偽軍收買漢奸組織特務奔襲包圍捕捉殺害我抗日幹部及群衆威逼投降與維持遼西大部村庄在敵血的屠殺鎮壓下不得已暫時維持了敵人若干民族敗類如劉顯[illegible]金付秦麟翔之流配[illegible]事敵國民黨反動派乘機進一步與敵人勾結在維持區發展新民會向根據地大大發展其偽國民黨一時人心動盪使我神[illegible]村[illegible]遭到莫大損失[illegible]幹部及群衆被特務與敵偽結合被捕被殺者日有所聞抗日幹部無不能存在日必更居數村夜必露宿山坡窑洞風吹雨[illegible]露在所不避槍林彈雨犧牲流血亦所不惜敵雖兇頑總戰不勝人民的力量經過了四一年的[illegible]鬪爭四二年春全縣群衆憤怒之踩躪在共產黨的英明領導下發動了英勇的反蠶食鬪爭距城十五里以外及公路線以外之村庄均先後斬斷[illegible]宵打垮維持重新建立抗日政權敵人雖兇在全縣群衆的一致行動下終於束手無策讓我們取得了勝利七月又進行了全縣的反特務鬪爭偽國民黨偽新民會組織機構被我摧垮在我抗日民主政府教育與寬大政策爭取之下紛紛[illegible]與回頭又一次給敵人以致命的打擊十月敵偽為恢復其血腥統治發動了有名的為時二十天的十月掃蕩反復奔襲包剿扒拉搶殺姦淫搶[illegible]兇息拉[illegible]遼西群衆沒有被嚇倒敵進我進敵人向根據地掃蕩我即深入敵游區活動又斬斷了扶峪寨溝一帶的維持敵終於被迫退回群衆又一次獲得了勝利四三年我即將敵緊緊的圍困在縣城及碉堡裡據點下面的村子城牆以外的關廟偽軍偽組織內部亦能進行抗日活動[illegible]偽

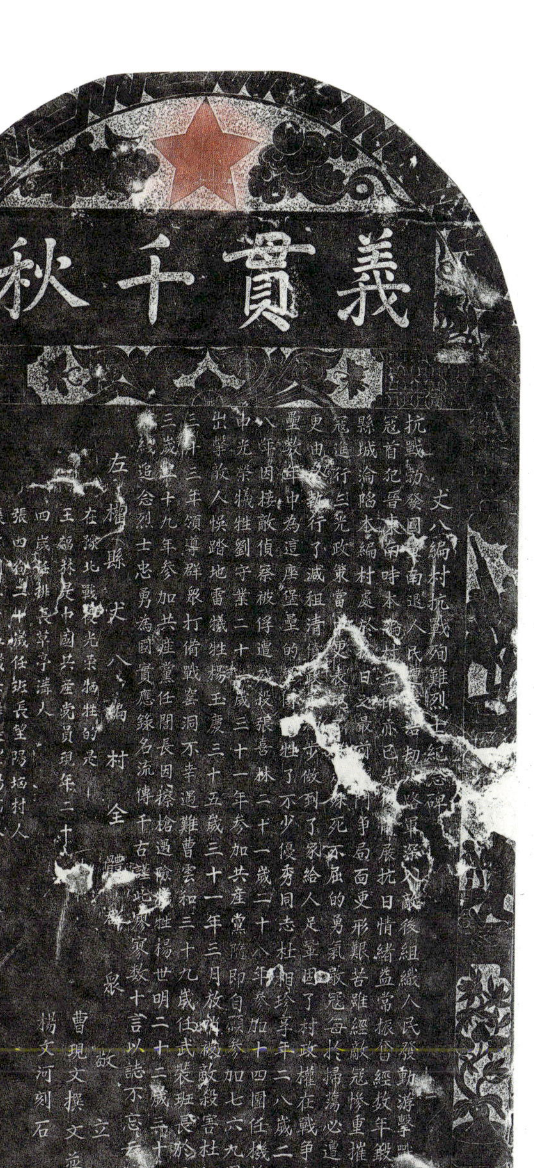
義貫千秋
左權縣丈八編村全體
敬立
曹現文撰文並書
楊文河刻石
中華民國三十五年十一月十五日

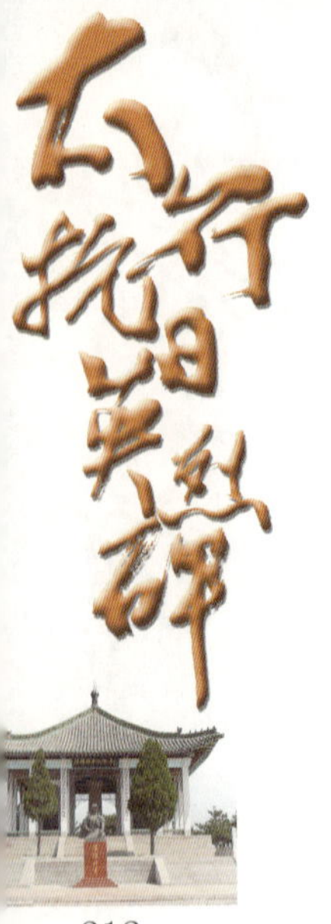

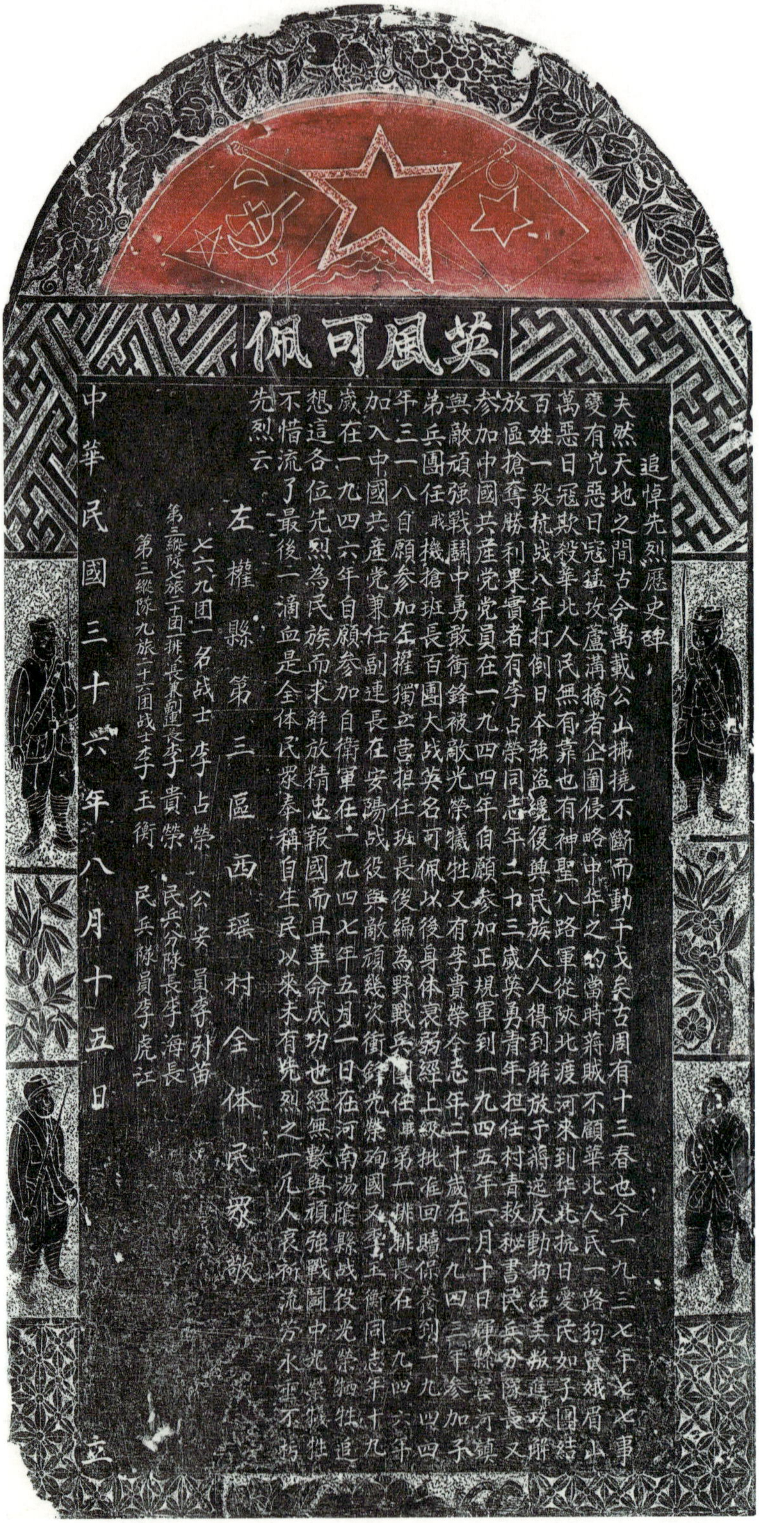

英風可佩

追悼先烈歷史碑，

夫然天地之間古今萬載公山拂撓不斷而動干戈矣古周有十三春也今一九三七年七七事變有党悪日冦猛攻蘆溝橋者企圖侵略中华之的當時蔣賊不顧華北人民一路狗竄娥眉山萬悪日冦欺殺華北人民無有靠也有神聖八路軍從陝北渡河來到华北抗日愛民如子團結百姓一致抗战八年打倒日本強盜𢀸復與民族人人得到解放于蔣逆反動狗結美叛進攻解放區搶奪勝利果實者有李占榮同志年二十三歲英勇青年担任村青救秘書民兵分隊長又参加中國共産党党員在一九四四年自願参加正規軍到一九四五年一月十日輝縣宮河鎮與敵頑強戰鬭中勇敢衝鋒被敵光榮犧牲又有李貴榮仝志年二十歲在一九四三年参加子弟兵團任戰機搶班長百團大战英名可佩以後身体衰弱經上級批准回贖保養到一九四四年三一八自願参加左權獨立營担任班長後編為野戰兵團任戰第一排排長在一九四六年加入中國共産党兼任副連長在安陽战役與敵頑幾次衝鋒光榮殉國又李玉衡同志年十九歲在一九四六年自願参加自衛軍在一九四七年五月一日在河南湯陰縣战役光榮犧牲追想這各位先烈為民族而求解放精忠報國而且革命成功也經無數與頑強戰鬭中光榮犧牲不惜流了最後一滴血是全体民衆奉稱自生民以來未有先烈之一凡人哀祢流芳永垂不朽先烈云

左權縣第三區西瑤村全体民衆敬

七六九团一名战士李占榮　公安員李列苗

第三縱隊七旅二十团一排長兼副連長李貴榮　民兵分隊長李海長

第三縱隊九旅二十六团战士李玉衡　民兵隊員李虎江

中華民國三十六年八月十五日　立

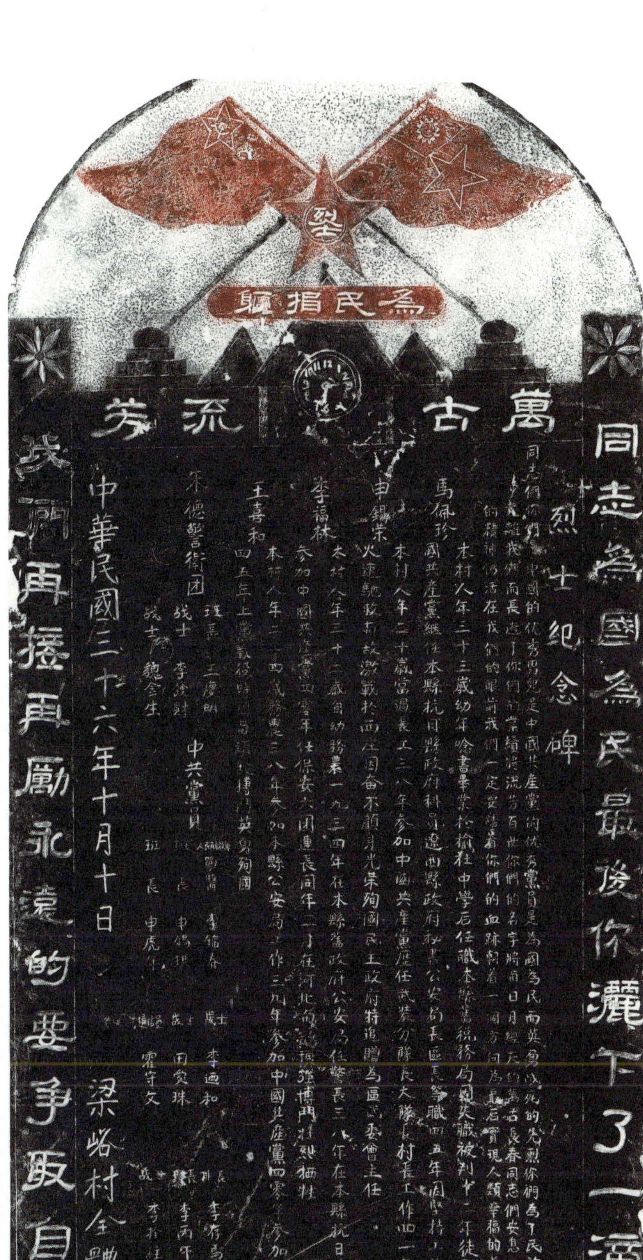
為民捐軀
萬古流芳
同志為國為民最後你灑下了一滴鮮血
烈士紀念碑
我們再接再勵永遠的要爭取自由和平
中華民國三十六年十月十日
梁峪村全體群衆 敬立

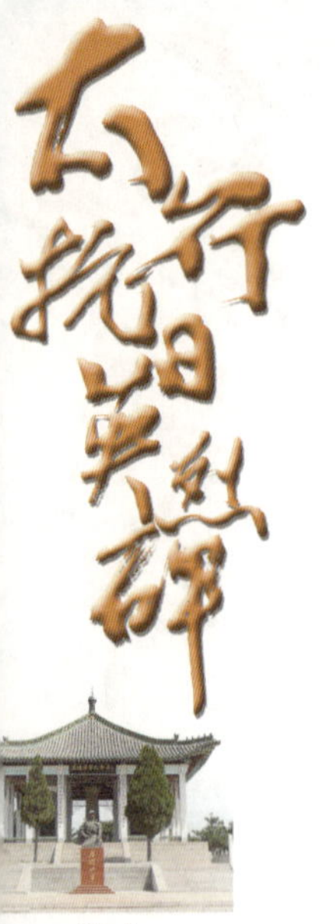

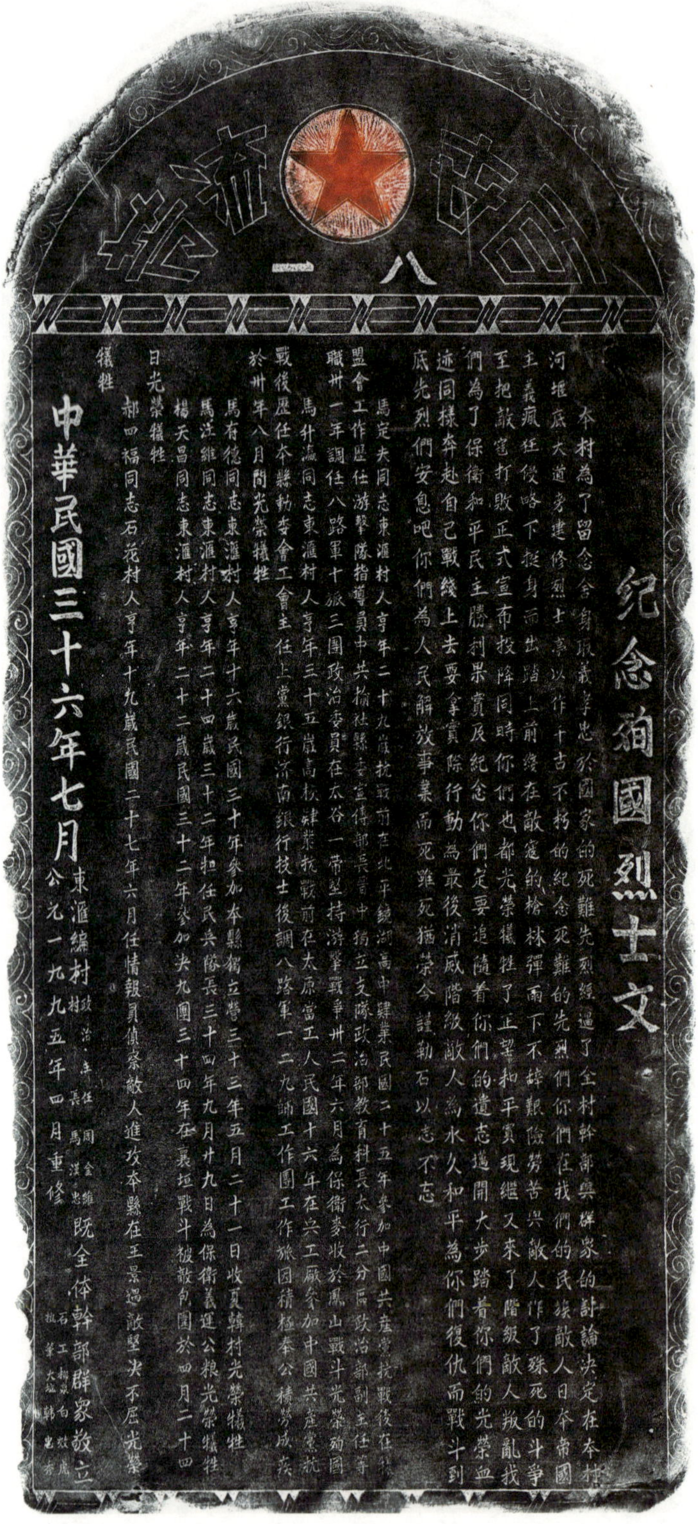

八一

纪念殉國烈士文

本村為了留念舍身取義享忠於國家的死難先烈經過了全村幹部與群衆的討論決定在本村河堰底大道旁建修烈士亭以作千古不朽的紀念死難的先烈們你們在我們的民族敵人日本帝國主義瘋狂侵略下挺身而出踏上前綫在敵寇的槍林彈雨下不辟艱險勞苦與敵人作了殊死的斗爭至把敵寇打敗正式宣布投降同時你們也都光榮犧牲了正當和平實現繼又來了階級敵人叛亂我們為了保衛和平民主勝利果實及紀念你們定要追隨着你們的遺志邁開大步踏着你們的光榮血迹同樣奔赴自己戰綫上去要拿實際行動為最後消滅階級敵人為永久和平為你們復仇而戰斗到底先烈們安息吧你們為人民解放事業而死雖死猶榮今謹勒石以志不忘

馬定夫同志東滙村人享年二十九歲抗戰前在北平鏡湖高中肄業民國二十五年參加中國共產黨抗戰後在犧盟會工作歷任游擊隊指導員中共榆社縣委宣傳部長晉中獨立支隊政治部教育科長太行二分區政治部副主任等職卅一年調任八路軍十旅三團政治委員在太谷一帶堅持游擊戰爭卅二年六月為保衛麥收於鳳山戰斗光榮殉國

馬升瀛同志東滙村人享年三十五歲高校肄業抗戰前在太原當工人民國十六年在兵工廠參加中國共產黨抗戰後歷任本縣動委會工會主任上黨銀行济南銀行技士後調八路軍一二九師工作團工作旅因積極奉公積勞成疾於卅年八月間光榮犧牲

馬有德同志東滙村人享年十六歲民國三十年參加本縣獨立營三十三年五月二十一日收夏韓村光榮犧牲

馬汪維同志東滙村人享年二十四歲三十二年担任民兵隊長三十四年九月廿九日為保衛義運公粮光榮犧牲

楊天昌同志東滙村人享年二十二歲民國三十二年參加决九團三十四年在裏垣戰斗被敵包圍於四月二十四日光榮犧牲

郝四福同志石花村人享年十九歲民國二十七年六月任情報員偵察敵人進攻本縣在王景遇敵堅决不屈光榮犧牲

中華民國三十六年七月 東滙編村 村政治主任周金維 村長馬漢忠 既全体幹部群衆敬立

石工 柳泉白效虎 批筆 大坵韓忠秀

公元一九九五年四月重修

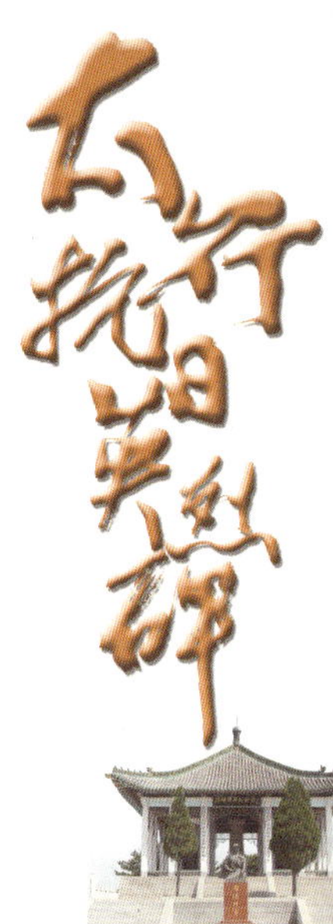

忠魂常昭

紀念人民功臣

回憶我盘垴編村在民族抗日战争中及人民解放自衛戰争中為人民求生存流血牺牲者有張國玉、趙雪庭　趙桂蘭　張堂保　張三成　張堂成　趙合小　董堂桂　等人

諸烈士出身虽然不同但各有功於革命例如烈士張國玉係富農成份都俱有無産階級的坚定立場全心全意為人民事業而服務我前曾任閭長為貧僱常給地主統治者作博鬥民國二十六年抗戰開始担任自衛隊隊長二十七年八月加入了中國共産黨继任基幹隊隊長及民兵指導員数年来開展工作不惜餘力民國三十年當選為村武委會主任党内任支部書記領導民兵破獲特務使全村得到安居民國三十六年春接受党的任務率領民兵参加正太戰役身先士卒奋勇殺敵壯烈牺牲於前綫張同志生平態度和藹作風民主忠實於党孝敬於民十年如一日始終為工農死后無不惋惜

死者有立功於前綫有致命於后方有頑强抗敌不屈而死有為工作積劳而亡死者雖死功蹟永存其精神萬世不朽

盘垴村全体群衆　敬

工人李有存　劉雨　敬刻

中華民國三十七年一月二日立

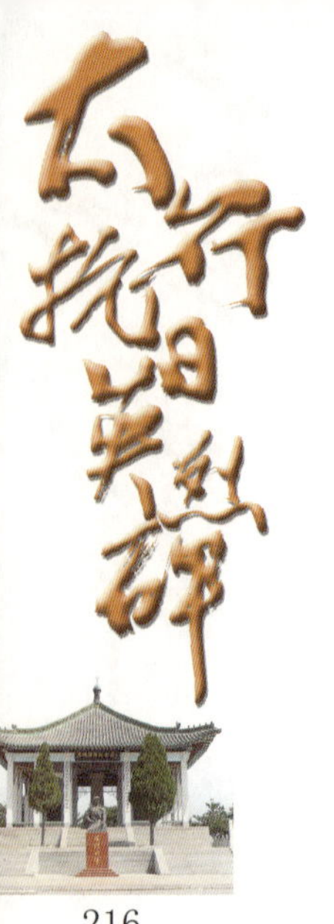

共產党萬歲

石暴編村抗戰殉難烈士紀念碑

日寇侵我國土殺我人民欲致中華民族於萬劫不復然我炎黃子孫却不為所欺而悍然奮起保衛疆土抗日怒潮遍及素為人所未知之山村凡我青年或奮戰於沙場抑或襄助於後方皆忠勇鋼毅臨危不屈前仆後繼發揮其堅忍之華命精神而我村人民當亦如是耳李奇才幼時貧窮戰後屢任民兵小隊長四一年參加本縣營兵四三年犧牲於暴落戰鬥中享年僅二十一歲郭嘉鎖家境極貧四三年自動參軍四五年於屯留戰役中陣亡卒年二十四歲張希明自幼以放羊維生三九年參加子弟兵團後編入二八五旅二團四三年我軍攻擊紅壯敵碉堡而殉國諸烈士忠勇犧牲其豐功偉業可與湖山並壽與日月爭光毋用追述茲寥綴數語以誌不朽云

左權第三區 石暴編村

三高參員 曹現文 撰文

郝效曾 書人

全体幹部 楊文河 石工

楊潤林

全体群衆 楊存林

中華民國叁拾捌年三月壹日 立

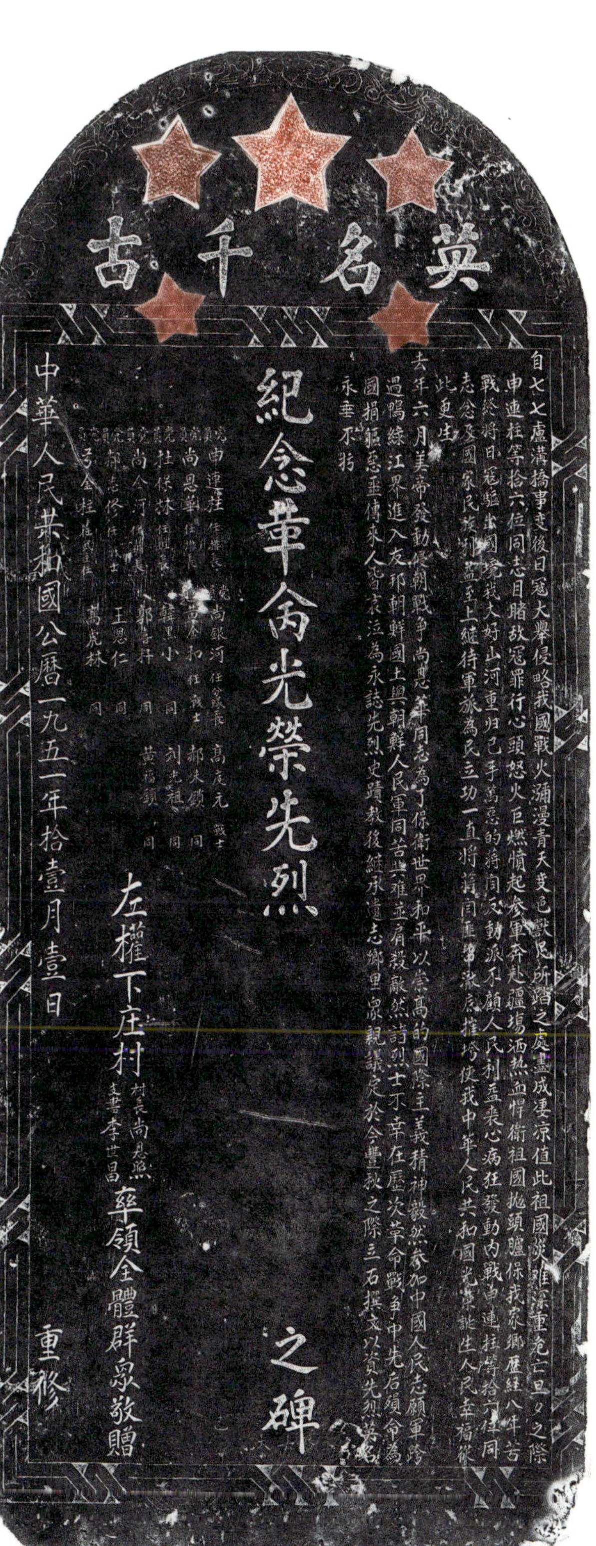

英名千古

紀念華命光榮先烈之碑

自七七盧溝橋事變後日寇大舉侵略我國戰火瀰漫青天變色獸足所踏之處盡成淒涼值此祖國災難深重危亡旦夕之際申連柱等拾六位同志目睹敌寇罪行心頭怒火巨燃憤起參軍奔赴疆場洒熱血捍衛祖國拋頭顱保我家鄉歷經八年苦戰終將日寇驅出國境我大好山河重归己手蔣惡的將自反動派不顧人民利益喪心病狂發動內戰申連柱等拾六位同志念及國家民族利益至上縱待軍旅為民立功一直將蔣同匪帮徹底摧垮使我中華人民共和國光榮誕生人民幸福從此更生

去年六月美帝發動侵朝戰爭尚恩華同志為了保衛世界和平以崇高的國際主義精神毅然參加中國人民志願軍跨過鴨綠江界進入友邦朝鮮國土與朝鮮人民軍同苦共難並肩殺敵然諸烈士不幸在歷次革命戰爭中先后殞命為國捐軀惡耗傳來人皆哀泣為永誌先烈史蹟教後繼承遺志鄉里眾親議定於今豐秋之際立石撰文以資先烈英名永垂不朽

党员 申連柱 任排長　党员 尚銀河 任分隊長　高彥元 戰士
党员 尚恩華 任排長　党员 尚金和 任戰士　郝夫鎖 同
党员 杜保林 任組長　韓黑小 同　刘光祖 同
党员 尚全河 任班長　郭吉抒 同　黄福锁 同
党员 郝忠修 任戰士　王恩仁 同
党员 弓金柱 任民兵主任　葛虎林 同

左權下庄村 村長尚恩照 主書李世昌 率領全體群眾敬贈

中華人民共和國公曆一九五一年拾壹月壹日

重修

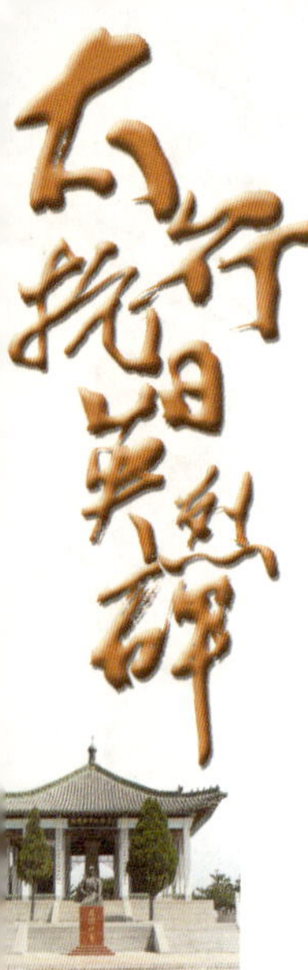

左权烈士陵园。（杨孝木 供图）

和顺县烈士陵园。
（弓宇杰 摄）

昔阳县烈士陵园。
（弓宇杰 摄）

榆社县烈士陵园。
（张卫兵 摄）

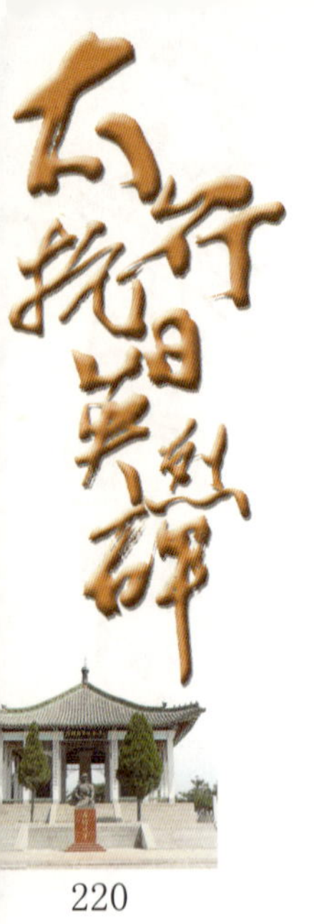

阳泉市烈士纪念碑。（弓宇杰 摄）

邯郸晋冀鲁豫烈士陵园。

太行英烈碑拓片展

时间 2019年9月3日（抗战胜利日）—9月12日

地点 山西大学美术馆

主办 山西大学美术学院 山西大学文学院 山西金石研究院 中共左权县委宣传部 左权县文化和旅游局 北京星河公益基金会

支持 中共晋中市委宣传部

题签 郭齐文

策展 弓宇杰

监制 毛上虎

拓碑 毛上虎（特邀） 姜杉 曹红亮 王淑萍

《太行英烈碑拓片展》海报。（郭齐文 题签，田甲 设计）

乡土文化纪录片《红碑》海报。（郭齐文 题签，田甲 设计）

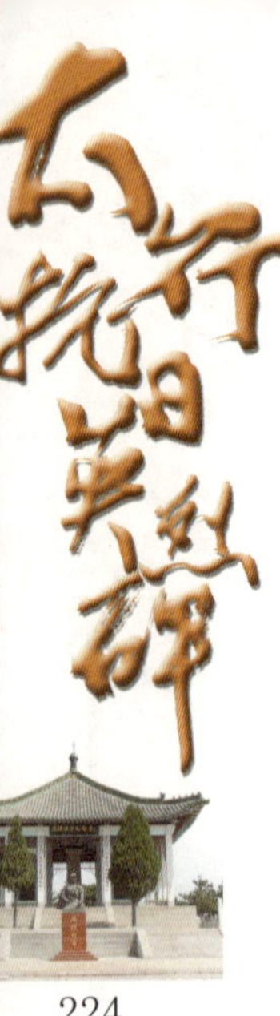

十字岭：左权将军殉国处。（邢兰富 摄）

十字岭：太行少年宣誓。（邢兰富 摄）

太行人缅怀太行英烈。（赵亚利 摄）

左权将军女儿左太北在十字岭献花。（邢兰富 摄）